数学教学论

战珊珊　编著

科 学 出 版 社
北 京

内 容 简 介

本书是基于当前大学基础课程的设置，参照教师资格考试大纲内容，总结并结合现有教材的优点进行编写的。

本书内容包括绪论，中学数学课程标准，中学数学课前教学基本技能，中学数学课堂教学基本技能，中学数学思想方法，听课、说课、评课，微格教学，教学模式的变革。全书采用理论与案例相结合的形式，注重理论与实践相结合，兼具科学性与时代性特点。

本书可作为高等院校师范类数学专业本科数学教学论、数学教育学等课程的教材，或研究生教育的参考资料和教师继续教育的教材，也可作为自学考试数学教育专业的选用教材。

图书在版编目(CIP)数据

数学教学论/战珊珊编著. —北京：科学出版社，2018.6

ISBN 978-7-03-056303-3

I. ①数… II. ①战… III. ①中学数学课-教学研究 IV. ①G633.602

中国版本图书馆 CIP 数据核字（2018）第 006911 号

责任编辑：戴 薇 王会明 / 责任校对：王万红

责任印制：吕春珉 / 封面设计：东方人华平面设计部

科学出版社 出版

北京东黄城根北街 16 号

邮政编码：100717

http://www.sciencep.com

北京九州迅驰传媒文化有限公司 印刷

科学出版社发行 各地新华书店经销

*

2018 年 6 月第 一 版 开本：787×1092 1/16

2021 年 3 月第二次印刷 印张：11 3/4

字数：266 000

定价：39.00 元

（如有印装质量问题，我社负责调换〈九州迅驰〉）

销售部电话 010-62136230 编辑部电话 010-62135397-2008

前　言

数学教学论是高等师范院校数学教育专业的必修课程，同时也是多学科交叉课程，涉及内容非常丰富，限于篇幅，本书在内容的取舍上侧重于保留数学教育教学相关的基本理论，适应新课程改革的需要，力求将新课程改革的新思想融合在数学教育教学理论和数学教学实践中，全面体现注重数学教育教学的实践性理念。

目前关于数学教学论的书籍多数以介绍理论为主，而且关于课程改革的内容有些陈旧，不能适应教师资格考试大纲要求，本书除了介绍数学教学的相关理论之外，还更新了课程改革内容，与实践环节相结合，更贴近教师资格考试大纲，特别是本书与其他同类书相比，加入了教学教案设计、微课、翻转课堂、慕课、化错教育等相关理论，更具教学改革的时代性与前沿性。

本书内容包括绪论和正文共八章，主要介绍中学数学课程标准和实践教学常用各项技能；同时为促进师范生素质优化，本书对数学教学中的一些实际问题也进行了研究，整理了一定的教学案例及点评，对提高数学教师的实际教学水平具有一定帮助。建议完成本书教学内容的学时为 40 学时。

本书的基本内容包括以下七个方面：

1）绪论，即数学教学论概述，主要介绍数学教学论的学科特点、研究内容和研究方法，以及学习数学教学论的重要意义。

2）中学数学课程标准，主要介绍中学数学课程的基本理念、总体目标、核心概念及中学数学教学的内容。

3）中学数学教学基本技能，主要从课前教学基本技能和课堂教学基本技能两方面进行介绍，综合分析研读课标技能，选择教学方法技能，教案编写技能，教具制作与使用技能，以及导入技能，提问技能，使用数学教学语言及讲解说明技能，启发诱导技能，接收反馈信息技能，练习、作业、考试的讲评技能，板书板画技能等主要技能。

4）中学数学思想方法，阐述了中学数学解题常见的数学思想方法、数学思想方法在教学中的渗透和应用案例。

5）听课、说课、评课，分别介绍听课、说课、评课的产生和发展、对应研究内容或项目、评价标准等。

6）微格教学，介绍微格教学的产生和发展，微格教学的概念、特点和程序，微格教学技能和微格教学的教学模式。

7）教学模式的变革，综合分析当前教育教学讨论的热点问题，如微课、翻转课堂、慕课、化错教育等。

在编写本书的过程中，编者参阅了许多同行前辈、专家的宝贵资料，如《数学教学论简明教程》（苗凤华著）等，在此谨向他们致以衷心的感谢。

本书内容虽然经过多次讨论和修改，但限于编者的水平，不妥之处仍会存在，期待广大教育工作者和读者批评指正。

战珊珊

2017 年 11 月

目　录

绪　　论

数学教学论是专门研究数学教学特有规律的一门学科。它是一门具有较强综合性、实践性且正在完善的独立学科。本部分通过对数学教学论的研究内容和研究方法的介绍，阐明学习数学教学论课程对数学专业师范生的重要意义。

第一节　数学教学论的学科特点

数学教学论是数学教育学的一个重要分支。数学教育学是研究数学教育特有规律的一门学科，它的研究范围非常广泛，包括数学教育概论、数学教学论、数学课程论、数学学习论、数学教育评价等。数学教学论是专门研究数学教学特有规律的一门学科，它的研究包括各个学段的数学教学现象和规律。本书侧重于通过阐述中学数学教学中的基本现象来揭示中学数学教学的基本规律[1]。

数学是研究空间形式和数量关系的科学，是刻画自然规律和社会规律的科学语言和有效工具，数学也是一种文化体系。数学是研究自然科学和社会科学不可缺少的工具，也是所有科学研究的高级语言。数学的应用越来越广泛，正在不断地渗透到社会生活的方方面面。随着信息时代的到来，数学与计算机技术的结合在许多方面直接为社会创造价值，推动社会生产力的发展。数学在形成人类理性思维和促进个人智力发展的过程中发挥着独特的、不可替代的作用。数学素养是现代社会公民必须具备的一种基本素养。

教学论是研究学校教学现象和问题，揭示一般教学规律的科学。教学论的任务就是探讨、揭示一般教学规律，阐明各种教学问题，建立教学科学理论体系，指导教学实践。

数学教学论是研究数学教学现象，揭示数学教学规律的一门学科。数学教学作为数学教育的重要组成部分，在促进人们形成正确的数学观和教学观方面，在发展和完善人类的教学活动中，以及在推进教育发展中起着重要的作用。数学教学在学校教育中占有特殊的地位，它不仅使学生掌握数学的基础知识、基本技能、基本思想方法，也使学生思维活跃、条理清晰，会用数学的思考方式解决问题，形成实事求是的科学态度和辩证唯物主义的世界观。

一、数学教学论是一门综合性很强的独立学科

数学教学论有自己的研究内容、研究方法和研究体系。但是它的研究却离不开其他学科，如数学、教育学、教学论、心理学、思维学、计算机科学、哲学等。首先，它要研究具体的数学教学理论、数学教学目的、数学教学内容和方法，既与数学的对象、特点、内容结构、方法和语言有关，又与教育学、教学论中所研究的一般教育目的、教学规律和方法有着密切的联系。其次，它要研究中学生数学学习的心理、数学思维特点及

数学思维的培养和数学学习的方法，既与心理学相联系，又与思维科学、方法论、逻辑学密不可分。再次，新一轮数学课程改革要求研究学生的学习方式和手段，这与计算机科学息息相关。最后，一切重大的教学论问题的解决都离不开唯物辩证法的指导，这又与哲学有着密切的联系。可见，数学教学论是一门综合性很强的学科。但是，数学教学论不能照搬相关学科的有关原理，或者照搬一些相应的数学教学实例，它应当针对自身的研究对象和需要解决的问题，在新一轮数学课程改革的教学实践和科学研究中总结出数学教学的具体规律，从而完善数学教学论的理论体系。因此，数学教学论又是一门独立的学科。

二、数学教学论是一门实践性很强的理论学科

数学教学是一种实践活动。数学教学论是人们把教学过程、学习过程作为认识过程来深刻分析的结果。数学教学论的理论知识，是由数学教学实践的需要而产生发展得来的。这种理论的意义在于指导教学实践，运用数学教学的基本原理总结出在教学实践中具体可行的教学方式和手段，并受教学实践的检验。任何一种理论的获得都来源于实践，且应用于实践，进而接受实践的检验。数学教学论所研究的诸多问题，从课程标准的设计、教材的编写到教学过程的实施，从数学教学规律的获得到数学学习规律的掌握及对数学教学的评价等，无一例外都离不开数学教学实践。数学教学实践既是数学教学论的出发点，也是数学教学论的归宿。

数学教学论的产生既是数学教育理论发展的必然结果，也是数学教学实践的产物。随着数学教育改革的深入发展，人们对数学教学倍加关注，数学教学改革被作为提高数学教育质量的重要手段而提升到了一个新的高度，数学教学工作者越来越需要了解和掌握有关能够帮助他们切合实际地解决数学教学问题的理论。数学教学论开始发展成为学科教学论中的重要分支学科之一。数学教学论揭示的是数学教学的基本原理、特有规律，而不是停留在教学论、心理学加数学例子的组合上。所以，数学教学论是一门实践性很强的理论学科。

三、数学教学论是一门正在完善的学科

由于社会的不断进步，社会对基础教育不断提出新的要求。随着社会、教育、科技的不断发展，数学教学论也在不断地发展，数学课程标准、数学课程内容、数学教学方法及数学教学评价等都要不断改进。教育科学、数学、教学论的研究不断有新的成果出现及教学经验的积累，使数学教学论的理论更加完善，内容更加丰富。

新一轮数学课程改革就是通过调研拿到第一手资料才开始实施的。数学教育专家们做了大量的工作。他们对国外数学教育情况进行了深入细致的研究，提出了我国课程改革的理念；通过研究西方数学学习理论，结合我国中学生的特点，提出了我国中学生数学学习的相应理论；通过分析国外数学教学评价的情况，提出我国数学教学评价的方法和手段；通过对现今社会生活进行研究，提出了我国数学课程内容的范围；通过对传统数学教育的现状进行分析，发现了我国数学教育的优点和不足；通过数学教学实践，逐

步形成了学生数学思维和数学能力的培养方案；等等。数学教育专家们的工作使数学教学论这一学科正在逐步地完善。

第二节　数学教学论的研究内容

中学数学教学论是研究中学数学教学系统中数学课程标准、数学教学规律、数学学习规律、数学教学评价、数学思维和能力培养等的一门学科。高等师范院校数学专业开设的中学数学教学论课程要求师范生学习数学教学论的基础知识、基本理论和教学基本技能，为教育实习和毕业后从事数学教育教学工作及开展数学教学研究做好必要的准备。这门课程的基本内容包括以下几个方面。

1. 中学数学教育改革与发展的历史进程

其目的是使师范生了解国外数学教育改革情况；知道我国数学教育改革的现状；真正体会现代数学教育的价值；理解数学家、数学教育家和数学教育的关系。

2. 中学数学新课程标准解读

其目的是使师范生了解新课程标准的制定背景；深刻体会新课程标准的内涵；知道新课程标准在实施中应该注意的问题；感受到数学教师在新课程实施中的重要作用；探索学生在新课程实施中的角色转变。

3. 数学、数学思维和数学能力的相关理论

其目的是使师范生了解数学与中学数学的关系及中学数学的特点；掌握数学思维的规律并能针对其特点进行教学；认识中学数学的思想方法；具备在数学教学中培养学生数学能力的技能。

4. 中学数学学习及教学的有关理论

其目的是使师范生了解中学数学学习的相关理论；分析影响学生数学学习的因素；体会数学教师在学生学习中的重要地位；认识在现代信息技术下如何指导数学学习；了解数学课程与数学教学的关系；知道数学教育理论及其如何指导数学教学；重点掌握我国的“双基”（基础知识和基本技能）数学教育理论。

5. 师范生综合素质优化

其目的是使师范生了解自我，认识到自己应该努力的方向；掌握数学课堂教学基本技能；会对学生的学习成绩进行统计分析；能够对数学教学进行科学评价。

数学教学论的内容非常丰富，不可能在有限的教学时间内掌握全部内容。在数学教学论课程中只要求重点掌握数学教学论中的基本理论、基本方法和中学数学新课程内容及数学新课程标准的基本理念。

第三节　数学教学论的研究方法

数学教学论是一门综合性和实践性较强的理论学科，对它的研究应该遵循复杂性、实践性和理论性的原则。针对这些原则，我们在研究过程中既要研究宏观情况，又要研究微观情况；既要用动态的观点进行研究，又要用静态的观点进行研究；既要用定性的方法进行研究，又要用定量的方法进行研究；既要有理论研究，又要有实践研究。因此，数学教学论的研究方法大致可以分为以下几种。

一、历史研究法

历史研究法是指运用历史资料，按照历史发展的顺序对过去事件进行研究的方法，亦称纵向研究法，是比较研究法的一种形式。在教育学领域中，它着重对以往的教育制度、教育思想、教育文化等进行研究。研究数学教学论就要研究数学教学论的发展历史、数学教育发展史和数学发展史。数学发展史给我们提供了数学概念、理论、思想、方法、语言的发展历史。学生通过学习数学发展史能够进一步认识数学。学生认识数学的过程符合人类一般认识过程规律。历史给出了数学发展的规律，进而使学生用历史的观点来认识数学。通过对数学史的学习研究，学生体会到数学教育与社会发展、人的成长、数学的发展是密不可分的。因此，要研究现今的数学教育教学首先就必须研究现今社会、数学的发展特点及学生的年龄特征等。同时，从数学的历史发展过程能够找到学生学习数学的合理程序，也能找到形成数学概念、理论、思想、方法和语言的途径。历史研究方法是要从历史中吸取教育思想，不是去重复和复制历史；把现实的研究问题放到数学和数学教育历史中，看清其历史地位；把历史资料和现实资料加以对比分析，从历史的全局上把握本质。

二、问卷调查法

问卷调查法是指调查者将事先设计好的问卷（调查提纲或询问表）通过邮政部门或依组织形式交给被调查者，让其在规定的时间内回答完毕，然后通过邮局寄回或由调查者收回，接着进行统计汇总，以取得所需的调查资料的调查方法。问卷调查法是一种间接的、书面的访问，调查者一般不与被调查者见面，而由被调查者自己填答问卷。根据调查目的设计好问卷是搞好调查的关键。 一份完美的问卷，必须问题具体，重点突出，使被调查者乐于合作，能准确地记录和反映被调查者回答的事实，而且便于资料的统计和整理。它省时、省力，匿名性强。

通过调查了解有关中学的数学教学工作，可以发现一些有价值的问题。对这些问题进行深入全面的分析，制订解决方案，进行教学实践。通过解决问题，可以总结出一些规律性的结论，充实数学教学论的内容。另外，通过调查可以了解学生对教师教学的意见，学生喜欢什么样的教师，以便教师改进自己的教学方式；可以了解调查者对现今的教育制度、教育改革的意见和建议；可以使学生知道新一轮课程改革对教师素质的要求；

可以检验教师素质在新一轮课程改革实施过程中的提高程度。

三、实验研究法

实验研究法是研究者按照研究目的提出设想，合理地控制或创设一定条件或因素（称为自变量），人为地干预、变革研究对象（称为因变量），从而验证假设，探讨教育现象成因（因果关系）的一种研究方法。要揭示教育教学规律，就必须通过控制某些因素，论证某种因果关系，即探索自变量和因变量二者间的因果联系，从而验证、修正、丰富、发展某种教育理论或主张，证明某种理论设想或主张的正确性、必然性。

数学教育实验研究具有一般科学实验特征，也具有其他研究所不具备的特点，如对因果关系的预见性（在所有方法中，是唯一能真正检验因果关系假设的研究）、推理模式的完整性、对数学教育活动的主动性干预等。具体来说，数学教育实验有下列功能：检验现有的教育理论和教学方法是否有效；检验自己的经验和设想是否有效，为发现和揭示新的教育特点和规律提供必要的基础；检验他人的经验和成果是否有效，以便在引进时进行改造、变通和发展，为新出现的教育理论假说应用于教育实践寻找可行的操作程序。这种方法比较接近学生的学习生活实际，易于实施，被广泛用于研究数学教育心理学和儿童学习心理学的大量课题，也是数学教学论研究不可或缺的研究方法。

四、个案研究法

个案研究法是指对某一学生、某一班级学生或某一年级学生在较长时间里连续进行调查，从而研究学生行为发展变化的全过程，这种研究方法也称为案例研究法。它是追踪研究某一学生个体或学生团体行为的一种方法，包括对一个或一些学生材料的收集、记录，并写出个案报告。它通常采用观察、面谈、收集文件证据、描述统计、测验、问卷、图片、影片或录像资料等方法进行研究。在大多数情况下，尽管个案研究以某个学生或某些学生作为研究的对象，但这并不排除将研究结果推广到一般情况，也不排除在个案之间做比较后在实际中加以应用。对个案研究结果的推广和应用属于判断范畴，而非分析范畴，个案研究的任务就是为这种判断提供经过整理的经验报告，并为判断提供依据。在这一点上，个案研究有点像历史研究，它在判断时常需描述或引证个案的情况。因此个案研究法亦称个案历史法。通过个案研究可以掌握学生的数学学习动态，了解学生数学学习的规律及学生在数学学习中遇到的困难等，以便更好地、有针对性地因材施教。

上述四种研究方法都有局限性。历史研究法不可能使用其他研究方法中用来控制影响研究内部效度因素的测量方法，并且要尽量避免研究者所处时代的文化、自己的知识结构等对历史认识的影响。问卷调查法中的封闭性问题限制了被调查者选择答案的范围，有可能使某些类型数据的有效性受损失，同时问卷调查法还要求被调查者有一定的文化水平。实验研究法通常只适合于自变量较少，且非常明确，可以操作的问题。教育研究的对象是人及与人有关的现象，很多因素无法进行有效控制，这就使教育实验难以精确量化，需要将定量方法与定性方法结合起来进行研究。个案研究法适用于放在一定自然背景中进行，也特别适用于因时间变化而变化的事件研究，但缺乏对变量的控制与操作。

综上所述，只有明确中学数学教学论的研究方法，并掌握这些方法的优缺点及具体步骤，根据所要研究的内容，有的放矢、因地制宜地实施，才能真正细致地研究数学教学理论。

第四节　学习数学教学论的重要意义

从数学教学论研究的内容及特点可以看出，数学教学论的理论与实践对于提高中学数学教学质量，培养优秀人才，落实新一轮基础教育改革关系重大。但是，在当前的数学教学领域，对它的重要意义还缺乏认识，没有引起人们的普遍关注。在中学数学教学实践中，往往由于忽视数学教学规律，教学方法不得当，造成学生对学习数学不感兴趣，影响学生的智力开发，使学生没有形成良好的数学思维习惯，导致学生在今后的学习生活、社会生活中出现各种各样的障碍。

一、学习数学教学论有助于缩短师范生转为教师的周期

数学教学论是师范生必修的专业课程，目的是使师范生尽快适应中学的数学教学工作。以往人们认为，不学数学教学论一样可以成为一名优秀的数学教师。事实上，那些没有经过师范教育的教师，在长期的数学教学工作中积累了大量的经验，这些经验就是他们数学教学的指导。他们知道遇到数学教育教学问题如何解决，但是不知道这样解决的理论根据。数学教学论就是在总结这些老教师在长期数学教学过程中形成的经验的前提下所进行的理论升华。学习了数学教学论的师范生就能在短时间内掌握大量的数学教育教学理论和实践经验，少走很多弯路，进而缩短师范生转为教师的周期。

二、学习数学教学论能提高师范生的数学教育理论水平

数学教学论是一门实践性很强的理论学科，它包含大量的数学教育教学理论。师范生通过学习数学教学论，能掌握数学教育教学的相关理论和学生数学学习的相关理论，知道自己在数学教育教学中的行为依据；能够用数学教育教学理论来分析自己教学设计的合理性，说明自己在开发学生智力方面的理论根据。同时，师范生可以利用数学教育教学理论来深层次地分析中学数学教材，进而提高自己的数学教育理论水平。

三、学习数学教学论能使师范生掌握数学课堂教学的基本技能

数学教学论是集理论和实践于一身的学科，它的实践性要求数学教学论必须研究数学课堂教学的基本技能。通过数学教学论的学习，师范生在掌握一般教学技能的前提下，可以进一步掌握数学课堂教学的基本技能，如导入技能、讲解技能、演示技能、板书技能等。掌握了这些技能，师范生就会尽早适应中学数学的教学工作。

四、学习数学教学论有利于师范生形成数学教育教学研究的能力

新一轮基础教育改革正在实施中，它要求中学数学教师必须有一定的数学教育科研

水平，成为新一代的研究型综合教师。在数学教学论学习中，师范生能够很容易地掌握数学教育教学的研究内容和方法，了解数学教育教学界最新的学术动态，关注数学教育教学的热点话题。事实上，对中学数学教学研究最有发言权的人当属中学数学教师，他们每天都在数学教学第一线，通过他们的观察、访谈、调查、实验等，可以准确地掌握中学生数学学习的基本情况，进而来研究中学数学教学规律。而师范生要具备这些研究能力，必须在学习数学教学论的过程中逐步培养。

五、学习数学教学论对普及新一轮基础教育改革有特殊意义

从我国实施新一轮基础教育改革以来，各级中学数学教师都进行了相应的新课程标准培训，但是，师范生毕业马上就进入中学数学教学，如果没有进行新课程标准培训，他们就会不适应现今中学数学教学实际。通过数学教学论的学习，师范生可以了解中学数学新课程标准的相关内容，知道数学课程改革的目标、内容、方式、原则及评价等；重要的是可以掌握中学数学新课程标准的基本理念，以便以后更好地指导自己的数学教学。

总之，一个新教师要能胜任中学数学教学工作，成为一名优秀的数学教师，不仅要学习数学专业知识，提高数学能力，而且要学习研究数学教学论的理论，提高数学教学能力。所以，学习、研究数学教学论对新教师的培养与成长有它特殊的重要意义。

思　考　题

1．数学教学论的主要研究对象是什么？
2．数学教学论的学科特点有哪些？
3．学习数学教学论有什么意义？
4．研究数学教学论的方法有哪些？

第一章　中学数学课程标准

中学数学教师资格考试《数学学科知识与教学能力》考试中，关于课程标准部分的考试目标为中学数学课程知识的掌握和运用。要求理解中学数学课程的性质、基本理念和目标，熟悉《义务教育数学课程标准（2011 年版）》[2]《普通高中数学课程标准（实验）》[3]规定的教学内容和要求。

第一节　中学数学课程的基本理念

一、初中数学课程的基本理念

1）数学课程应致力于实现义务教育阶段的培养目标，要面向全体学生，适应学生个性发展的需要，使人人都能获得良好的数学教育，不同的人在数学上得到不同的发展。

① 人人都能获得良好的数学教育。

a．良好的数学教育对于学生来说是适宜的、满足发展需求的教育。

义务教育阶段的数学教育对于学生具有数学启蒙和初步熏陶的作用，这一阶段的数学教育不是选拔适合数学教育的学生，而是提供适合每一个学生发展的课程条件。可以这样认为：适合学生发展的数学教育就是良好的数学教育。

b．良好的数学教育是全面实现育人目标的教育。

全面实现育人目标对学生来说就是要促使其全面发展。在学校教育中，数学往往被认为是训练思维、增长智力的学科。我们希望今天的数学教育是一个对学生发展全面体现其育人教育价值的教育，不仅关注数学知识、技能的传授，也关注思想的感悟及经验的积累；不仅关注数学能力的培养，也关注学生的情感态度与价值观的培养，即关注学生作为一个“全人”的智力与人格的全面协调的发展。

c．良好的数学教育是促进公平、注重质量的教育。

《国家中长期教育改革和发展规划纲要（2010—2020 年）》提出：“把促进公平作为国家基本教育政策。教育公平是社会公平的重要基础。”“把提高质量作为教育改革发展的核心任务。树立科学的质量观，把促进人的全面发展、适应社会需要作为衡量教育质量的根本标准。”它应达到这样几层基本要求：第一，希望为所有学生提供机会均等的数学教育。第二，在数学课程的实施过程中，教师应给予所有学生平等的关注与帮助，并针对学生的实际情况提供适应个性发展的课程教学，特别对于在数学学习方面处于弱势的学生，应给予更多的关照与辅导。第三，在数学学习评价中，对学生的学习状况和结果应给予科学、公正的评价，特别应改变“仅凭一纸试卷就将学生划分成三六九等”的做法。第四，使每个学生都能获得相对均衡的学习结果。

d. 良好的数学教育是促进学生可持续发展的教育。

义务教育阶段的数学教育是学生接受数学教育的奠基阶段，它不应是“毕其功于一役”的教育，而应是“风物长宜放眼量”的教育。可持续发展的数学教育要遵从学生心理发展应有的阶段性规律，循序渐进，逐步提高。

在数学教学中，教师除了要深钻教材、了解学情、研究教法外，更应该重视在课堂上构建一个有利于“创生”的具有自我生长性的数学学习环境。

② 不同的人在数学上得到不同的发展。

义务教育阶段的数学课程不仅要面向全体学生，而且要适应学生个性发展的需要，既要关注“人人”，也要关注“不同的人”，既要促使全体学生数学基本质量标准的达成，也要为不同学生的多样性发展提供空间。

每一个学生都有丰富的知识体验和生活积累，每一个学生都会有各自的思维方式和解决问题的策略，“不同的人在数学上得到不同的发展”是指数学课程要面对每一个有差异的个体，适应每一个学生的不同发展需要。因此，数学课程涉及的领域应该是广泛的，这些领域里既有可供学生思考、探究和具体动手操作的题材，也隐含着现代数学的一些原始生长点，让每一个学生都有机会接触、了解、钻研自己感兴趣的数学问题，最大限度地满足每一个学生的数学要求，最大限度地开启每一个学生的智慧潜能。而且，从面向全体出发，也才有可能为有特殊才能和爱好的学生提供更广阔的活动领域和更多的发展机会。在这个意义上，“英才教育”和“面向全体”并不矛盾。一方面，义务教育阶段的数学课程要面向全体，不能为少数精英而设；另一方面，人的发展不可能整齐划一，义务教育阶段的数学课程要为每一个学生提供不同的发展机会和可能。这样的数学课程要尊重学生已有的经验，将丰富的现实情境引入课堂，鼓励学生发展自己的解题策略，促进同伴间的合作与交流，使“不同的人在数学上得到不同的发展”。

我们在倡导数学课程要“面向全体”这一理念的时候，将要直面升学问题。毋庸讳言，面临升学就必然意味着“选拔”和“淘汰”。但我们务必清醒地认识到，教育有比“升学”更重要的目标，那就是使学生学会做人和学会生活，这方面的目标是容不得淘汰的。所以，“发展”才是硬道理，让数学课程瞄准自信心、责任感、求实态度、科学精神、创新意识，这对中华民族的伟大复兴，远比升学重要。数学课程必须立足于关注学生的一般发展，它应当是“为了每一个孩子”健康成长的课程，而不能成为专门用来淘汰的“筛子”。这一点，对数学课程来说非常重要。

a.“不同的人在数学上得到不同的发展”是对人的主体性地位的回归与尊重。

当今的教育领域在反思之后开始关注课程民主，其在哲学认识论上体现出对人的交互主体性地位的确认，反对教育中的绝对控制和支配。

b.“不同的人在数学上得到不同的发展”需要正视学生的差异，尊重学生的个性。

数学教育面对的是一个个不同的活生生的生命，它必然要面对个性与差异。“不同的人在数学上得到不同的发展”就是希望数学教育最大限度地满足每一个学生的数学需求，最大限度地开启每一个学生的智慧潜能，为每一个学生提供多样性的弹性发展空间，这里也包括数学特长生。课程设计考虑学生的个性需求，除了在课程类型和设置上有选择性外，数学课程可以安排多种可供学生选择的数学活动和选择课题，学习的程度要求也可以有弹性，如补习、补充、发展、深化等，以使不同发展水平的学生都有收益。

c.“不同的人在数学上得到不同的发展”应注重学生自主发展。

当前的基础教育课程改革对学生的自主发展极为重视，提出了具体的要求。例如，在教学改革方面，强调“教师应尊重学生的人格，关注个体差异，满足不同学生的学习需要……使每个学生都能得到充分发展”；在学习方式方面，强调学生“主动地、富有个性地学习”；在教材方面，强调“应有利于引导学生利用已有的知识与经验，主动探索知识发生与发展”；在评价方面，强调“不仅要关注学生的学业成绩，而且要发现和发展学生多方面的潜能，了解学生发展中的需求，帮助学生认识自我、确立自信”。在义务教育阶段，学生总要经历一个由“被动”到“主动”的转化过程，这需要我们采取恰当的教学手段和措施，从呵护、引领到放手、开放，使学生从逐步“学会”到自己“会学”，真正成为数学学习的主人。

2）课程内容要反映社会的需要、数学的特点，要符合学生的认知规律。它不仅包括数学的结果，也包括数学结果的形成过程和蕴含的数学思想方法。课程内容的选择要贴近学生的实际，有利于学生体验与理解、思考与探索。课程内容的组织要重视过程，处理好过程与结果的关系；要重视直观，处理好直观与抽象的关系；要重视直接经验，处理好直接经验与间接经验的关系。课程内容的呈现应注意层次性和多样性。

3）教学活动是师生积极参与、交往互动、共同发展的过程。有效的教学活动是学生学与教师教的统一，学生是学习的主体，教师是学习的组织者、引导者与合作者。

数学教学活动，特别是课堂教学应激发学生兴趣，调动学生积极性，引发学生的数学思考，鼓励学生的创造性思维；要注重培养学生良好的数学学习习惯，使学生掌握恰当的数学学习方法。

学生学习应当是一个生动活泼的、主动的和富有个性的过程。认真听讲、积极思考、动手实践、自主探索、合作交流等，都是学习数学的重要方式。学生应当有足够的时间和空间经历观察、实验、猜测、计算、推理、验证等活动过程。

教师教学应该以学生的认知发展水平和已有的经验为基础，面向全体学生，注重启发式和因材施教。教师要发挥主导作用，处理好讲授与学生自主学习的关系，引导学生独立思考、主动探索、合作交流，使学生理解和掌握基本的数学知识与技能，体会和运用数学思想与方法，获得基本的数学活动经验。

4）学习评价的主要目的是全面了解学生数学学习的过程和结果，激励学生学习和改进教师教学。应建立目标多元、方法多样的评价体系。评价既要关注学生学习的结果，也要重视学习的过程；既要关注学生数学学习的水平，也要重视学生在数学活动中所表现出来的情感与态度，帮助学生认识自我、建立信心。

5）信息技术的发展对数学教育的价值、目标、内容及教学方式产生了很大的影响。数学课程的设计与实施应根据实际情况合理地运用现代信息技术，要注意信息技术与课程内容的整合，注重实效。要充分考虑信息技术对数学学习内容和方式的影响，开发并向学生提供丰富的学习资源，把现代信息技术作为学生学习数学和解决问题的有力工具，有效地改进教与学的方式，使学生乐意并有可能投入到现实的、探索性的数学活动中去。

二、高中数学课程的基本理念

1. 构建共同基础，提供发展平台

高中教育属于基础教育。高中数学课程应具有基础性，它包括两方面的含义：第一，在义务教育阶段之后，为学生适应现代生活和未来发展提供更高水平的数学基础，使他们获得更高的数学素养；第二，为学生进一步学习提供必要的数学准备。高中数学课程由必修系列课程和选修系列课程组成：必修系列课程是为了满足所有学生的共同数学需求；选修系列课程是为了满足不同学生的不同数学需求，它仍然是学生发展所需要的基础性数学课程。

2. 提供多样课程，适应个性选择

高中数学课程应具有多样性与选择性，使不同的学生在数学上得到不同的发展。高中数学课程应为学生提供选择和发展的空间，为学生提供多层次、多种类的选择，以促进学生的个性发展和对未来人生规划的思考。学生可以在教师的指导下进行自主选择，必要时还可以进行适当的转换和调整。同时，高中数学课程也应给学校和教师留有一定的选择空间，他们可以根据学生的基本需求和自身的条件，制订课程发展计划，不断地丰富和完善学生选择的课程。

3. 倡导积极主动、勇于探索的学习方式

学生的数学学习活动不应只限于接受、记忆、模仿和练习，高中数学课程还应倡导自主探索、动手实践、合作交流、阅读自学等学习数学的方式。这些方式有助于发挥学生学习的主动性，使学生的学习过程成为在教师引导下的“再创造”过程。同时，高中数学课程设立“数学探究”“数学建模”等学习活动，为学生形成积极主动的、多样的学习方式进一步创造有利的条件，以激发学生的数学学习兴趣，鼓励学生在学习过程中，养成独立思考、积极探索的习惯。高中数学课程应力求通过各种不同形式的自主学习、探究活动，让学生体验数学发现和创造的历程，发展他们的创新意识。

4. 注重提高学生的数学思维能力

高中数学课程应注重提高学生的数学思维能力，这是数学教育的基本目标之一。人们在学习数学和运用数学解决问题时，不断地经历直观感知、观察发现、归纳类比、空间想象、抽象概括、符号表示、运算求解、数据处理、演绎证明、反思与构建等思维过程。这些过程是数学思维能力的具体体现，有助于学生对客观事物中蕴含的数学模式进行思考和做出判断。可以说，数学思维能力在形成理性思维中发挥着独特的作用。

5. 发展学生的数学应用意识

20 世纪下半叶以来，数学应用的巨大发展是数学发展的显著特征之一。当今知识经济时代，数学正在从幕后走向台前，数学和计算机技术的结合使数学能够在许多方面直

接为社会创造价值，同时，也为数学发展开拓了广阔的前景。我国的数学教育在很长一段时间内对于数学与实际、数学与其他学科的联系未能给予充分重视，因此，高中数学在数学应用和联系实际方面需要大力加强。近几年来，我国大学、中学数学建模的实践表明，开展数学应用的教学活动符合社会需要，有利于激发学生学习数学的兴趣，有利于增强学生的应用意识，有利于拓展学生的视野。

高中数学课程应提供基本内容的实际背景，反映数学的应用价值，开展“数学建模”的学习活动，设立体现数学某些重要应用的专题课程。高中数学课程应力求使学生体验数学在解决实际问题中的作用、数学与日常生活及其他学科的联系，促进学生逐步形成和发展数学应用意识，提高实践能力。

6. 与时俱进地认识“双基”

我国的数学教学具有重视基础知识教学、基本技能训练和能力培养的传统，现阶段的高中数学课程也应发扬这种传统。与此同时，随着时代的发展，特别是数学的广泛应用、计算机技术和现代信息技术的发展，数学课程的设置和实施应重新审视基础知识、基本技能和能力的内涵，形成符合时代要求的新的“双基”。例如，为了适应信息时代发展的需要，高中数学课程应增加算法的内容，把最基本的数据处理、统计知识等作为新的数学基础知识和基本技能。同时，应删减烦琐的计算、人为技巧化的难题和过分强调细枝末节的内容，克服“双基异化”的倾向。

7. 强调本质，注意适度形式化

形式化是数学的基本特征之一。在数学教学中，学习形式化的表达是一项基本要求，但是不能只限于形式化的表达，要强调对数学本质的认识，否则会将生动活泼的数学思维活动淹没在形式化的海洋里；数学的现代发展也表明，全盘形式化是不可能的。因此，高中数学课程应该返璞归真，努力揭示数学概念、法则、结论的发展过程和本质。数学课程要讲逻辑推理，更要讲道理，通过典型例子的分析和学生自主探索活动，使学生理解数学概念、结论逐步形成的过程，体会蕴含在其中的思想方法，追寻数学发展的历史足迹，把数学的学术形态转化为学生易于接受的教育形态。

8. 体现数学的文化价值

数学是人类文化的重要组成部分。数学课程应适当反映数学的历史、应用和发展趋势，数学推动社会发展的作用，数学的社会需求，社会发展对数学发展的推动作用，数学科学的思想体系，数学的美学价值，数学家的创新精神。数学课程应帮助学生了解数学在人类文明发展中的作用，逐步形成正确的数学观。为此，高中数学课程提倡体现数学文化价值，并在适当的内容中提出对“数学文化”的学习要求，设立“数学史选讲”等专题。

9. 注重信息技术与数学课程的整合

现代信息技术的广泛应用正在对数学课程内容、数学教学、数学学习等方面产生深刻的影响。高中数学课程应提倡实现信息技术与课程内容的有机整合，如把算法融入数学课程的各个相关部分，整合的基本原则是有利于学生认识数学的本质。高中数学课程应提倡利用信息技术来呈现以往数学中难以呈现的课程内容，在保证笔算训练的前提下，尽可能使用科学型计算器和各种数学教育平台，加强数学教学与信息技术的结合，鼓励学生运用计算机、计算器等工具进行探索和发现。

10. 建立合理、科学的评价体系

现代社会对人的发展的要求引起评价体系的深刻变化，高中数学课程应建立合理、科学的评价体系，包括评价理念、评价内容、评价形式和评价体制等方面。评价既要关注学生数学学习的结果，也要关注他们在数学活动中所表现出来的情感态度的变化。在数学教育中，评价应建立多元化的目标，关注学生个性与潜能的发展。例如，过程性评价应关注对学生理解数学概念、数学思想等过程的评价，以及在过程中表现出来的与人合作的态度、表达与交流的意识和探索的精神。对于数学探究、数学建模等学习活动，要建立相应的过程评价内容和方法。

三、基本理念对中学数学教学的作用

数学课程基本理念对中学数学教学的指导作用，体现在它是我们在中学数学教学中对数学与数学课程、学生学习、教师教学、教学评价及课堂教学技术与教学手段改革认识的基本准则，即它是指导我们中学数学教育教学的新的课程观、学习观、教学观、评价观和信息科技观。

1. 基本理念指导建立新的数学课程观

传统的中学数学课程过分强调数学科学的形式化特征，过分追求逻辑严谨和体系形式化，因而造成了中学数学学习内容在不同程度上存在“难、繁、偏、旧”的状况。

新课程的基本理念改变了我们对传统中学数学课程的认识。提“人人都能获得良好的数学教育，不同的人在数学上得到不同的发展”的观点，揭示了新的中学数学教学内容，这个内容体现出了义务教育的基础性、普及性和发展性的基本精神；提出“数学是人们生活、劳动和学习必不可少的工具”，阐明了新的中学数学课程要体现数学的工具性、语言性、创造性和文化性，即中学数学要体现人文价值。基本理念强调联系生活实际学习数学，强调数学的过程性内容，强调数学的实践性内容、探究性内容和合作性内容，使我国中学数学的教材发生根本性的改变。这些新特点正是在基本理念下新课程观的体现。

2. 基本理念指导教师和学生分别建立新的教学观和学习观

在教学教育中，教师的教学观和学生的学习观是互相影响的。传统的数学课程内容重结果轻过程，重理论轻实践，学生所熟悉的生动的生活数学资源与丰富多彩的数学应用往往被枯燥的公式、定理、定义等所排斥，所以在数学教学中有太多的机械、沉闷和程式化的模式，缺乏生气、乐趣和对学生好奇心的刺激，缺乏对学生是学习的主人的尊重，缺乏教师和学生平等、合作、共同学习，使学生在学习过程中应有的思考与个性、探究与合作、乐趣与创新被排斥掉了。新课程的基本理念改变了传统中学数学教育中对教师的教学观和学生学习观的认识，指导教师和学生建立符合素质教育要求的教学观和学习观。

教师的教学观——“学生是数学学习的主人，教师是数学学习的组织者、引导者和合作者。”

学生的学习观——“动手实践、自主探索与合作交流是学习数学的重要方式。”“学习活动应当是一个生动活泼的、主动的和富有个性的过程。”

3. 基本理念构建新的数学教育评价观

中学数学教育传统的评价以量化为特征。量化固然有其合理的一面，但把学生活生生的个性量化成一组组僵硬数字的做法则过于简单，而且在实践中量化又往往被处理成以挑错和“扣分”为特征的“排队”型考试。容易使那些原本充满学习热情的学生在一两次“掉队”后开始怀疑自己的能力，变得越来越不自信，使学生原有的学习热情和愿望一点点丢失。数学新课程的基本理念从根本上改变了我们对数学教育评价的认识，指导我们构建一种新的、有助于学生认识自我、建立自信，有助于教师改进教学的评价观。这种评价观的核心是要把学生的学习过程纳入评价的视野；要拓展多样化的评价目标和方法；要促进教师改进教学。

课程标准根据数学教育评价的基本理念，对中学数学教育提出了五条评价建议：注重对学生数学学习过程的评价；恰当评价学生的基础知识与基本技能；重视对学生发现问题、解决问题能力的评价；评价主体和方式要多样化；评价结果要采用定性与定量相结合的方式。这五条评价建议是基本理念对中学数学教育评价的具体指导。

4. 基本理念指导教师和学生树立现代信息科技观

信息科技观对于多数数学教师还是一个新的观念，因为在我国还有相当多的学校没有计算机和网络，学生没有计算器，但是应该看到，现代信息技术对数学课程的影响在观念上的意义远大于其实际意义，即使我们一些学校的数学课堂教学还是“粉笔+黑板”，学生的学习还是“一本书、一支笔、一本作业本”，也不能在观念上滞后和保守，因为我们学生的未来离不开信息科技。新课程的基本理念提出“把现代信息技术作为学生学习数学和解决问题的强有力的工具”，就是指导教师和学生要树立现代信息科技观，改变传统的教的方式和学的方式，这也是时代和社会发展的需要。

第二节　中学数学课程的总体目标

一、义务教育阶段课程标准总体目标

1. 总体目标内容

通过义务教育阶段的数学学习，学生能：

1）获得适应社会生活和进一步发展所必需的数学的基础知识、基本技能、基本思想、基本活动经验。

2）体会数学知识之间、数学与其他学科之间、数学与生活之间的联系，运用数学的思维方式进行思考，增强发现和提出问题的能力、分析和解决问题的能力。

3）了解数学的价值，提高学习数学的兴趣，增强学好数学的信心，养成良好的学习习惯，具有初步的创新意识和科学态度。

2. 总体目标具体要求

义务教育阶段课程标准总体目标从表 1-1 所示的四个方面进行具体要求。

表 1-1　义务教育阶段课程标准总体目标具体要求

目标	具体要求
知识技能	① 经历数与代数的抽象、运算与建模等过程，掌握数与代数的基础知识和基本技能。 ② 经历图形的抽象、分类、性质探讨、运动、位置确定等过程，掌握图形与几何的基础知识和基本技能。 ③ 经历在实际问题中收集和处理数据、利用数据分析问题、获取信息的过程，掌握统计与概率的基础知识和基本技能。 ④ 参与综合实践活动，积累综合运用数学知识、技能和方法等解决简单问题的数学活动经验
数学思考	① 建立数感、符号意识和空间观念，初步形成几何直观和运算能力，发展形象思维与抽象思维。 ② 体会统计方法的意义，发展数据分析观念，感受随机现象。 ③ 在参与观察、实验、猜想、证明、综合实践等数学活动中，发展合情推理和演绎推理能力，清晰地表达自己的想法。 ④ 学会独立思考，体会数学的基本思想和思维方式
问题解决	① 初步学会从数学的角度发现问题和提出问题，综合运用数学知识解决简单的实际问题，增强应用意识，提高实践能力。 ② 获得分析问题和解决问题的一些基本方法，体验解决问题方法的多样性，发展创新意识。 ③ 学会与他人合作交流。 ④ 初步形成评价与反思的意识
情感态度	① 积极参与数学活动，对数学有好奇心和求知欲。 ② 在数学学习过程中，体验获得成功的乐趣，锻炼克服困难的意志，建立自信心。 ③ 体会数学的特点，了解数学的价值。 ④ 养成认真勤奋、独立思考、合作交流、反思质疑等学习习惯。 ⑤ 形成坚持真理、修正错误、严谨求实的科学态度

总体目标的这四个方面，不是相互独立和割裂的，而是一个密切联系、相互交融的整体。在课程设计和教学活动组织中，应同时兼顾这四个方面的目标。这些目标的整体实现，是学生受到良好数学教育的标志，它对学生的全面、持续、和谐发展有着重要的意义。数学思考、问题解决、情感态度的发展离不开知识技能的学习，知识技能的学习必须有利于其他三个目标的实现。

3. 初中数学课程标准具体要求

初中（义务教育阶段第三学段，7～9 年级）数学课程标准具体要求如表 1-2 所示。

表 1-2 初中数学课程标准具体要求

目标	具体要求
知识技能	① 体验从具体情境中抽象出数学符号的过程，理解有理数、实数、代数式、方程、不等式、函数的概念；掌握必要的运算（包括估算）技能；探索具体问题中的数量关系和变化规律，掌握用代数式、方程、不等式、函数进行表述的方法。 ② 探索并掌握相交线、平行线、三角形、四边形和圆的基本性质与判定，掌握基本的证明方法和基本的作图技能；探索并理解平面图形的平移、旋转、轴对称；认识投影与视图；探索并理解平面直角坐标系及其应用。 ③ 体验数据收集、处理、分析和推断过程，理解抽样方法，体验用样本估计总体的过程；进一步认识随机现象，能计算一些简单事件的概率
数学思考	① 通过用代数式、方程、不等式、函数等表述数量关系的过程，体会模型的思想，建立符号意识；在研究图形性质和运动、确定物体位置等过程中，进一步发展空间观念；经历借助图形思考问题的过程，初步建立几何直观印象。 ② 了解利用数据进行统计推断的方法，发展建立数据分析观念；感受随机现象的特点。 ③ 体会通过合情推理探索数学结论，运用演绎推理加以证明的过程，在多种形式的数学活动中，发展合情推理与演绎推理的能力。 ④ 能独立思考，体会数学的基本思想和思维方式
问题解决	① 初步学会在具体的情境中从数学的角度发现问题和提出问题，并综合运用数学知识和方法等解决简单的实际问题，增强应用意识，提高实践能力。 ② 经历从不同角度寻求分析问题和解决问题的方法的过程，体验解决问题方法的多样性，掌握分析问题和解决问题的一些基本方法。 ③ 在与他人合作和交流过程中，能较好地理解他人的思考方法和结论。 ④ 能针对他人所提的问题进行反思，初步形成评价与反思的意识
情感态度	① 积极参与数学活动，对数学有好奇心和求知欲。 ② 感受成功的快乐，体验独自克服困难、解决数学问题的过程，有克服困难的勇气，具备学好数学的信心。 ③ 在运用数学表述和解决问题的过程中，认识数学具有抽象、严谨和应用广泛的特点，体会数学的价值。 ④ 敢于发表自己的想法、勇于质疑、敢于创新，养成认真勤奋、独立思考、合作交流的学习习惯，形成严谨求实的科学态度

二、高中数学课程的总目标

高中数学课程的总目标：使学生在九年义务教育数学课程的基础上，进一步提高作为未来公民所必要的数学素养，以满足个人发展与社会进步的需要。具体目标如下：

1）获得必要的数学基础知识和基本技能；理解基本的数学概念、数学结论的本质；了解概念、结论等产生的背景、应用，体会其中所蕴含的数学思想和方法及它们在后续学习中的作用；通过不同形式的自主学习、探究活动体验数学发现和创造的历程。

2）提高空间想象、抽象概括、推理论证、运算求解、数据处理等基本能力。

3）提高数学地提出、分析和解决问题（包括简单的实际问题）的能力，数学表达和交流的能力，发展独立获取数学知识的能力。

4）发展数学应用意识和创新意识，力求对现实世界中蕴含的一些数学模式进行思考和做出判断。

5）提高学习数学的兴趣，树立学好数学的信心，形成锲而不舍的钻研精神和科学态度。

6）具有一定的数学视野，逐步认识数学的科学价值、应用价值和文化价值，形成批判性的思维习惯，崇尚数学的理性精神，体会数学的美学意义，从而进一步树立辩证唯物主义和历史唯物主义世界观。

高中数学课程标准的目标要求包括三个方面：知识与技能，过程与方法，情感、态度与价值观。所涉及的行为动词与水平大致分类如表 1-3 所示。

表 1-3　高中数学课程标准的目标所涉及的行为动词与水平

目标领域	水平	行为动词
知识与技能	知道、了解、模仿	了解、体会、知道、识别、感知、认识、初步了解、初步体会、初步学会、初步理解
	理解、独立操作	描述、说明、表达、表述、表示、刻画、解释、推测、想象、理解、归纳、总结、抽象、提取、比较、对比、判定、会求、能够、运用、初步运用、初步讨论
	掌握、应用、迁移	掌握、导出、分析、推导、证明、研究、讨论、选择、决策、解决问题
过程与方法	经历、模仿	经历、观察、感知、体验、操作、查阅、借助、模仿、收集、回顾、复习、参与、尝试
	发现、探索	设计、梳理、整理、分析、发现、交流、研究、探索、探究、探求、解决、寻求
情感、态度与价值观	反应、认同	感受、认识、了解、初步体会、体会
	领悟、内化	获得、提高、增强、形成、养成、树立、发挥、发展

第三节　中学数学课程标准的核心概念

在第三学段的数学课程中，应当注重发展学生的数感、符号意识、空间观念、几何直观、数据分析观念、运算能力、推理能力和模型思想。为了适应时代发展对人才培养的需要，数学课程还要特别注重发展学生的应用意识和创新意识。

一、数感

数感主要是指关于数与数量、数量关系、运算结果估计等方面的感悟。建立数感有助于学生理解现实生活中数的意义，理解或表述具体情境中的数量关系。

“数感”一词的英文表述为“number sense”，可翻译为多种意思，如感觉、感官、理念、意识、领悟等。将数感表述为感悟不仅使这一概念有了较大的包容性，也使这一概念有了更实在的意义，有利于一线教师的理解和把握。

数感可以表现为三个方面：数与数量、数量关系、运算结果估计，这主要是基于义务教育阶段数学课程内容的范围并根据学生的实际做出的要求，这有利于教师在教学中更好地把握数感培养的几条主线。

1）重视低学段学生对数的感觉的建立，并在数感培养上处理好阶段性和发展性的关系。例如，刚入学的儿童在认识 10 以内的数的时候，应该通过实物、图片等，将数与物对应起来；以后在认识 20 以内、100 以内的数时，可以对具体实物通过估一估、数一数等活动帮助学生形成对十、百等数量大小的感觉。

2）紧密结合现实生活情境和实例，培养学生的数感。现实生活情境和实例与学生的实际生活经验密切相连，不仅能够为学生提供真实自然的数的感悟环境，也能让学生在数的认知上经历由具体到抽象的过程，逐步发展学生关于数的思维。反之，学生数感的提升也使他们能用数字的眼光看周围世界。例如，让学生通过调查、讨论，了解自己的学号、地区邮政编码、汽车牌照号、身份证编号的规律和意义。

3）让学生多经历有关数的活动过程，逐步积累数感经验。在具体的数学活动中，学生能动脑、动手、动口，多种感官协调活动，加之能相互交流，这对强化感知和思维，积累数感经验非常有益。例如，组织学生参加调查活动，让学生调查：从你家到学校的路程大约有多远？教室面积有多大？你家住房有多少平方米？你所在城市有多少人口？如何测量一张纸的厚度？这样的数学活动有利于学生在相互交流中从多角度去感悟数，丰富自己的数感经验。

二、符号意识

符号意识主要是指能够理解并且运用符号表示数、数量关系和变化规律；知道使用符号可以进行运算和推理，得到的结论具有一般性。建立符号意识有助于学生理解符号的使用是数学表达和进行数学思考的重要形式。

数学符号对于数学来说是特有的。它既是数学的语言，也是数学的工具，更是数学的方法。数学符号的功能特性是多方面的：它具有抽象性，这使数学能够超越数学对象的具体属性，从形式化的角度进行逻辑推演，并一步步把数学引向深入；它具有明确性，某一数学符号的意义一旦被赋予，它就在这确定的意义下被运用，不会含糊，不会产生歧义，从而带给数学极大的严谨性；它具有可操作性，数学过程往往体现于数学符号之间的“运算”。针对这种“运算”的算法是形式化的，“几乎是自动化的，不需要每次都从头做起”。

1）在各学段紧密结合概念、命题、公式的教学，培养学生的符号意识。例如，“理解符号<、=、>的含义，能用符号和词语描述万以内数的大小”“认识小括号”（第一学段）；“认识中括号”“在具体情境中能用字母表示数”“结合简单的实际情境，了解等量关系，并能用字母表示”“能用方程表示简单情境中的等量关系”（第二学段）；“能分析具体问题中的简单数量关系，并用代数式表示”“通过用代数式、方程、不等式、函数等表述数量关系的过程，体会模型的思想，建立符号意识”（第三学段）。

2）结合现实情境培养学生的符号意识。一方面，尽可能通过实际问题或现实情境的创设，引导、帮助学生理解符号及表达式、关系式的意义，或引导学生对现实情境问题进行符号的抽象和表达；另一方面，对某一特定的符号表达式，启发学生进行多样化的现实意义的填充和解读。这个过程有利于增强学生数学表达和数学符号思维的变通性、迁移性和灵活性。

3）在数学问题解决过程中发展学生的符号意识。

三、空间观念

空间观念主要是指根据物体特征抽象出几何图形，根据几何图形想象出所描述的实际物体；想象出物体的方位和相互之间的位置关系；描述图形的运动和变化；依据语言的描述画出图形等。

我国著名数学家曹才翰提出，空间想象力就是以现实世界为背景，对几何表象进行加工改造，创造新的形象的能力。同时指出，空间想象力对初中生来说要求太高了，所以义务教育阶段教学大纲中只提出培养学生的空间观念。空间观念至少反映了如下五个方面的要求：①由形状简单的实物抽取出空间图形；②由空间图形反映出实物；③由复杂图形中分解出简单的、基本的图形；④由基本的图形中寻找出基本元素及其关系；⑤由文字或符号作出或画出图形。

1）促进空间观念发展的课程内容。

2）促进空间观念发展的教学策略。例如，绘制学生自己房间或学校的平面图；描述从家到学校的路线图；描述观察到的情境的画面；描述游乐园中各种运动的现象；等等。

四、几何直观

几何直观主要是指利用图形描述和分析问题。借助几何直观可以把复杂的数学问题变得简明、形象，有助于探索解决问题的思路，预测结果。几何直观可以帮助学生直观地理解数学，在整个数学学习过程中都发挥着重要作用。

几何直观所指有两点：一是几何，在这里几何是指图形；二是直观，这里的直观不仅仅是指直接看到的东西（直接看到的是一个层次），更重要的是依托现在看到的东西、以前看到的东西进行思考、想象。综合起来，几何直观就是依托、利用图形进行数学的思考和想象。它在本质上是一种通过图形所展开的想象能力。

在数学课程中，几何内容是很重要的一部分。几何课程的教育价值，最主要的应该有两个方面：一方面，几何能培养学生的逻辑推理能力；另一方面，几何能培养学生的几何直观能力。

五、数据分析观念

数据分析观念包括：了解在现实生活中有许多问题应当先做调查研究，收集数据，再通过分析做出判断，体会数据中蕴含的信息；了解对于同样的数据可以有多种分析的方法，需要根据问题的背景选择合适的方法；了解通过数据分析体验随机性，一方面对于同样的事情每次收集到的数据可能不同，另一方面只要有足够的数据就可能从中发现规律。数据分析是统计的核心。

上述表述表明了两层意思。第一，统计的核心是数据分析。“数据是信息的载体，这个载体包括数，也包括语言、信号、图像。凡是能够承载事物信息的东西都构成数据，而统计学就是通过这些载体来提取信息进行分析的科学和艺术。”第二，数据分析观念的三个重要方面的要求：体会数据中蕴含着信息；根据问题的背景选择合适的方法；通过数据分析体验随机性。

六、运算能力

运算能力主要是指能够根据法则和运算律正确地进行运算的能力。培养运算能力有助于学生理解运算的算理，寻求合理简洁的运算途径解决问题。

运算是数学的重要内容，在义务教育阶段的数学课程的各个学段中，运算都占有很大的比例。

运算能力是在不断地运用数学概念、法则、公式，经过一定数量的练习而逐步形成的。要使学生通过各种运算和对代数式、方程、不等式的变形及重要公式的推导，通过用概念、法则、性质进行简单的推理，发展逻辑思维能力。

运算的正确、灵活、合理和简洁是运算能力的主要特征。

要充分重视估算。人民教育出版社数学教材在每个学段的学段目标和课程内容中都强调了估算，提出了具体的要求，配备了一定数量的例题。例如，在第一学段（1～3年级）数与代数中，其中一道例题为估计每分钟脉搏跳动的次数、阅读的字数、跳绳的次数、走路的步数。

说明：本例既可以帮助学生体验 1 分钟的长短，又是一个估计问题，需要实际测量，在测量的基础上进行简单计算。

可以用三类方法进行实际测量：测量半分钟，然后用测得的数据乘以 2；测量 1 分钟；测量 2 分钟，然后用测得的数据除以 2。对于学有余力的学生，可以引导他们领悟第一种方法省事，但可能不够准确；第三种方法费事，但可能更准确一些。这有助于学生建立选择策略的思想。

七、推理能力

推理能力的发展应贯穿整个数学学习过程中。推理是数学的基本思维方式，也是人们学习和生活中经常使用的思维方式。推理一般包括合情推理和演绎推理，合情推理是从已有的事实出发，凭借经验和直觉，通过归纳和类比等推断某些结果；演绎推理是从已有的事实（包括定义、公理、定理等）和确定的规则（包括运算的定义、法则、顺序等）出发，按照逻辑推理的法则证明和计算。在解决问题的过程中，合情推理用于探索思路，发现结论；演绎推理用于证明结论。

数学推理直接与命题有关。在数学中，我们随时会对思维对象做出一种断定。例如，“$\sqrt{2}$ 是无理数。”“$\triangle ABC$ 不是等腰三角形。”我们把这种对客观事物的情况有所肯定或否定的思维形式叫作判断。判断作为一种思维形式，与表示它的语句有密切关系。在数学中把表示判断的语句称为命题。

推理能力在数学中属于数学思考（思维）能力中的一种，因此《义务教育数学课程标准（2011 年版）》在数学思考的目标表述中做了明确的要求，指出：要“发展合情推理和演绎推理能力”。合情推理是美国著名数学家乔治·波利亚对归纳推理、类比推理等或然性推理（即推理的结论不一定成立的推理）的特称。而演绎推理是从已有的事实

（包括定义、公理、定理等）确定的规则出发，得到某个具体结论的推理，它是必然性推理（即只要推理前提真，得到的结论一定真）。它的思维进程是从一般到特殊。它的基本形式是三段论。合情推理与演绎推理功能不同，相辅相成。

推理能力的发展应贯穿在整个数学的学习过程中。它应贯穿于整个数学课程的各个学习内容中；它应贯穿于数学课堂教学的各种活动过程中；它应贯穿于整个数学学习的环节中，逐步要求学生做到言必有据，合乎逻辑。在数学教学中，教师可以：①通过多样化的活动，培养学生的推理能力；②使学生多经历“猜想—证明”的问题探索过程。在“猜想—证明”的问题探索过程中，学生能亲身经历用合情推理发现结论、用演绎推理证明结论的完整推理过程，在过程中感悟数学基本思想，积累数学活动经验，这对于学生数学素养的提升极为有利。

例 1-1　引导学生发现如下的运算规律：

$$15\times15=1\times2\times100+25=225$$

$$25\times25=2\times3\times100+25=625$$

$$35\times35=3\times4\times100+25=1225$$

观察后，引导学生思考是否有一般性的结论呢。可以猜想：如果用字母 a 代表一个正整数，则有如下结论：

$$(a\times10+5)^2=a(a+1)\times100+25$$

根据猜测结论给出证明，这是由特殊到一般的过程。这就是推理带给我们的乐趣。

八、模型思想

模型思想的建立是学生体会和理解数学与外部世界联系的基本途径。模型思想需要教师在教学中逐步渗透和引导学生不断感悟。建立和求解模型的过程包括：从现实生活或具体情境中抽象出数学问题，用数学符号建立方程、不等式、函数等表示数学问题中的数量关系和变化规律，求出结果并讨论结果的意义。这些内容的学习有助于学生初步形成模型思想，提高学习数学的兴趣和应用意识。

所谓数学模型，就是根据特定的研究目的，采用形式化的数学语言，去抽象地、概括地表征所研究对象的主要特征、关系所形成的一种数学结构。在义务教育阶段数学中，用字母、数字及其他数学符号建立起来的代数式、关系式、方程、函数、不等式，以及各种图表、图形等都是数学模型。

数学建模就是通过建立模型的方法来求得问题解决的数学活动过程。其作用如下：

1）学习数学建模可使学生经历“问题情境—建立模型—求解验证”的数学活动过程。例如，关于方程教学可以让学生从丰富多样的现实具体问题中，抽象出“方程”这个模型，从而解决具体问题。

2）通过数学建模可以改善学习方式，如小课题学习方式、协作式学习方式、开放式学习方式等。

九、应用意识

应用意识有两个方面的含义，一方面有意识利用数学的概念、原理和方法解释现实世界中的现象，解决现实世界中的问题；另一方面，认识到现实生活中蕴含着大量与数量和图形有关的问题，这些问题可以抽象成数学问题，用数学的方法予以解决。在整个数学教育的过程中都应该培养学生的应用意识，综合实践活动是培养应用意识很好的载体。

数学在渗透到各个学科领域的同时，也逐渐渗透到了人们生活的各个角落，面积、体积、对称、百分数、平均数、比例、角度、概率等成为社会生活中很常见的名词；人口增长率、生产统计图、股票趋势图等不断出现在报纸、电视等大众信息传播媒介中；而储蓄、保险、购物决策等更是成为人们在生活中不可回避的现实问题。现代社会比以往任何时候都更需要公民运用数学知识去面对生活和工作中的问题。因此，在整个数学教育的过程中都应该培养学生的应用意识。数学应用意识的培养应贯穿于整个数学教育全过程中。具体来说，在课程目标定位、课程内容设置、教学设计、课堂教学、课后作业、学习评价等数学教育诸环节都应关注应用意识的培养。

综合实践活动是培养应用意识很好的载体。综合实践活动有别于学习具体知识的探索活动，更有别于课堂上教师的直接讲授，是一类以问题为载体、以学生自主参与为主的学习活动，其教学目标是帮助学生积累数学活动经验，培养学生的应用意识与创新意识。

十、创新意识

创新是 21 世纪出现频率最高的词汇，简单地说，创新是指做一些新的事情。创新意识的培养是现代数学教育的基本任务，应体现在数学教与学的过程之中。学生自己发现和提出问题是创新的基础；独立思考、学会思考是创新的核心；归纳概括得到猜想和规律，并加以验证，是创新的重要方法。创新意识的培养应该从义务教育阶段做起，贯穿数学教育的始终。在培养创新意识过程中，教师应做到：

1）鼓励“质疑——发现问题和提出问题”。保护学生发现问题和提出问题的积极性，就像保护学生的好奇心一样，非常重要。学生可能一下子不会把问题说清楚，这就需要教师耐心引导。

2）鼓励“在做中积累经验”。

3）教师要带头做。

第四节　中学数学教学的内容

一、中学数学课程内容的选择

课程内容的选择与编排，是课程研究的重要问题，它不仅关系到培养人才的质量，而且直接影响培养目标的实现。

（一）中学数学课程内容的选择标准

中学数学的课程内容取自数学科学，但数学科学的知识成果如此丰富，绝非学生在校期间所能学完的。这就提出了课程内容的选择问题。一般来说，数学课程内容是根据中华人民共和国教育部颁发的《九年义务教育全日制小学、初级中学课程计划（试行）》中规定的中学教育的性质、任务和培养目标，以及数学学科设置的基本要求，根据数学教学大纲、数学课程标准规定的数学教学目的而确定的。但具体选择课程内容时还要受到社会、数学发展、教师水平、教育理论和课程的历史等多方面因素的制约。同时，数学教学大纲和数学课程标准中规定的教学时数有限，不可能选取过多的内容，需要确定一定的标准。

（二）内容标准

1. 基础性标准

即选取的课程内容在理论上、方法上、思想上都应是最基本的，是学生适应未来社会生活和进一步发展所必需的重要数学知识（包括数学事实、数学活动经验及基本的数学思想方法和必要的应用技能）。

2. 时代性与社会作用标准

即选取的课程内容应该是与时俱进的，能反映现代社会生活、生产和科学技术普遍需要的、广泛应用的数学基础知识（包括数学思想方法）。

3. 发展性标准

即选取的课程内容对于发展学生的数学思维和数学能力，对增进学生理解和体会数学的科学价值和文化价值，以及在培养学生情感、态度、价值观方面有重要的作用。

4. 后继作用标准

即选取的课程内容应该是学生后继学习和进一步发展所需要的数学基础知识。也就是说，中学数学课程内容应该是达到中等教育水平和升入高一级学校继续学习及自我发展所需要的数学知识。

5. 适度性标准

即选取的课程内容应该与学生的知识水平和接受能力相适应，应该是学生感兴趣的、富有挑战性的并能在中学教学计划时间内完成教与学的数学知识。

需要指出，根据以上五条主要标准选择课程内容时，还会遇到许多重要问题必须加以解决，主要有以下几点：

1）需要与可能的矛盾。社会生活、生产和学生的后继学习需要许多数学知识和方法，但教学时数和学生的认识水平又不允许把需要的数学知识都列入中学数学的教学内容，只能通过实践和教学经验，不断总结才能确定如何取舍、选择。一般来说，选取的课程内容既不能过少或过易，也不能过多或过难，要符合学生的认识水平和认知能力，要在确保绝大多数（或全体）学生能接受理解的前提下，着眼于学生最大限度的发展，选择的内容不仅要有一定的广度和深度，而且要符合面向现代化和面向未来的要求。

2）统一性和灵活性相结合的问题。国家对中学课程（包括数学课程）的内容需要有一个统一的要求，即所有中学生都必须达到的要求。否则，提高全民素质与培养合格建设人才的教育目标就会落空。但也应看到，不同地区、学校、班级及不同学生之间都有差异，教师的教学能力也存在差别，在选择课程内容时，如何缩小差异，将统一性与灵活性相结合，也是必须研究的问题。根据学生的学习水平、发展方向、后继学习的特点等设置必学内容与不同层次的选学内容，是培养多种规格人才的需要，也是体现统一性与灵活性相结合的重要措施之一。

3）精减和增加的关系问题。现代课程论的一个基本观点，就是既要使学生掌握各学科的基础知识与基本技能，又要在课程内容中反映科学技术的新发展，这也是选择课程内容的标准之一。为此就要不断提炼传统课程的内容，使学生学到最具价值的知识，同时又要增加近现代科学的新成果。如何辩证地处理好精减和增加的关系，对课程内容的选择至关重要。

4）课程内容的衔接问题。中学数学课程内容的选择必须从整体上来把握。一方面，作为学校教育的一个阶段，中学教育应当与小学和大学相衔接；另一方面，中学数学课程内部（初、高中各年级）及相邻学科（物理、化学等）在内容上必须相互衔接。就前者来说，中学数学课程内容应当是小学内容的发展，又是高等学校数学课程内容的基础；就后者来说，由于数学具有内在的逻辑性与系统性，因而前后内容必须相继，同时要适应物理、化学等相关学科对数学工具的需要，在各门课程的总体内容上要达到协调和统一。如何在知识、思想、方法及内在的逻辑规律方面更好地衔接起来，需要不断地研究加以解决。

根据以上选择标准，我国现行的中学数学课程内容是经过长期教学实践而逐步总结筛选出来的，其中的主要部分是 19 世纪之前形成的代数、几何、三角、解析几何等学科的基本内容，即传统的中学数学内容，此外还包括一些现代生产和科学技术广泛应用的知识，如概率统计和微积分初步知识及向量、简易逻辑等方面的知识。

二、《全日制义务教育数学课程标准》的内容领域和标准

我国初中数学课程在《全日制义务教育数学课程标准》中属于第三学段（7～9 年级）部分，《全日制义务教育数学课程标准》明确地提出了第三学段数学课程内容领域和内容标准。

（一）《全日制义务教育数学课程标准》的内容领域

《全日制义务教育数学课程标准》的内容领域主要包括数与代数、图形与几何、统计与概率、综合与实践。

1. 数与代数

数与代数的主要内容包括：数的认识、数的表示、数的大小、数的运算、数量的估计；字母表示数、代数式及其运算；方程、方程组、不等式、函数等。

在数与代数的教学中，应帮助学生建立数感和符号意识，发展运算能力，树立模型

思想。

数感主要是指关于数与数量表示、数量大小比较、数量和运算结果的估计等方面的直观感觉。建立数感有助于学生理解现实生活中数的意义，理解或表述具体情境中的数量关系。

符号意识主要是指能够理解并且运用符号表示数、数量关系和变化规律；知道使用符号可以进行一般性的运算和推理。建立符号意识有助于学生理解符号的使用是数学表达和进行数学思考的重要形式。

运算是数与代数的重要内容，运算是基于法则进行的，通常运算满足一定的运算律。学习这些内容有助于理解运算律，培养运算能力。

模型也是数与代数的重要内容，方程、方程组、不等式、函数等都是基本的数学模型。从现实生活或者具体情境中抽象出数学问题，是建立模型的出发点；用符号表示数量关系和变化规律，是建立模型的过程；求出模型的结果并讨论结果的意义，是求解模型的过程。这些内容有助于培养学生的学习兴趣和应用意识，体会数学建模的过程，树立模型思想。

2. 图形与几何

图形与几何的主要内容包括：空间和平面的基本图形、图形的性质和分类；平面图形基本性质的证明；图形的平移、旋转、轴对称、相似和投影；运用坐标描述图形的位置和图形的运动。

在图形与几何的学习中，应帮助学生建立空间观念。空间观念是指根据物体特征抽象出几何图形，根据几何图形想象出所描述的实际物体；能够想象出空间物体的方位和相互之间的位置关系；根据语言描述或通过想象画出图形等。

直观与推理是图形与几何学习中的两个重要方面。几何直观是指利用图形描述几何或者其他数学问题，探索解决问题的思路，预测结果。在许多情况下，借助几何直观可以把复杂的数学问题变得简明、形象。几何直观不仅在图形与几何的学习中发挥着不可替代的作用，并且贯穿在整个数学学习中。

推理是数学的基本思维方式，也是人们学习和生活中经常使用的思维方式，因此，与直观一样，推理也贯穿在整个数学学习中。推理一般包括合情推理和演绎推理。合情推理是从已有的事实出发，凭借经验和直觉，通过归纳和类比等推测某些结果，是由特殊到一般的过程。演绎推理是从已有的事实（包括定义、公理、定理等）出发，按照规定的法则（包括逻辑和运算）验证结论，是由一般到特殊的过程。在解决问题的过程中，合情推理有助于探索解决问题的思路、发现结论；演绎推理用于验证结论的正确性。

3. 统计与概率

统计与概率的主要内容包括：收集、整理和描述数据，包括简单抽样、记录调查数据、绘制统计图表等；处理数据，包括计算平均数、中位数、众数、极差、方差等；从数据中提取信息并进行简单的推断；简单随机事件及其发生的概率。

在统计与概率中，帮助学生逐渐建立起数据分析的观念是很重要的。数据分析包括：

了解在现实生活中有许多问题应当先做调查研究、收集数据，通过分析做出判断，体会数据中是蕴含着信息的；体验数据是随机的和有规律的，一方面对于同样的事情每次收集到的数据可能会是不同的，另一方面只要有足够的数据就可能从中发现规律；了解对于同样的数据可以有多种分析的方法，需要根据问题的背景选择合适的方法。在概率的学习中，所涉及的随机现象都基于简单事件：所有可能发生的结果是有限的、每个结果发生的可能性是相同的。统计与概率的内容与现实生活联系密切，必须结合具体案例组织教学。

4. 综合与实践

综合与实践是一类以问题为载体，学生主动参与的学习活动，是帮助学生积累数学活动经验的重要途径。针对问题情境，学生借助所学的知识和生活经验，独立思考或与他人合作，经历发现问题和提出问题、分析问题和解决问题的全过程，感悟数学各部分内容之间、数学与生活实际之间及与其他学科之间的联系，激发学生学习数学的兴趣，加深学生对所学数学内容的理解。

这种类型的课程对于培养学生的抽象能力和逻辑思维能力，以及培养学生的创新意识和应用能力是有益处的，而且还有利于培养学生的合作精神。合理地设计课程内容及教学方法是达到教学目标的关键，这里既要考虑学生的直接经验，能够启发学生思考，也要考虑问题的数学实质、培养学生的数学素养。

这种类型的课程对教师是一种挑战，教师应努力把握住问题的本质，能够引导学生思考，同时，教师又应努力帮助学生整理清楚自己的思路，指导学生以不同的形式展示自己的成果或报告自己的工作。

这种类型的课程应当贯彻“少而精”的原则，保证每学期至少一次。它可以在课堂上完成，也可以课内外相结合。

（二）《全日制义务教育数学课程标准》第三学段（7～9 年级）内容标准

1. 数与代数

（1）数与式

1）有理数：

① 理解有理数的意义，能用数轴上的点表示有理数，能比较有理数的大小。

② 借助数轴理解相反数和绝对值的意义，掌握求有理数的相反数与绝对值的方法，知道 $|a|$ 的含义（这里 a 表示有理数）。

③ 理解乘方的意义，掌握有理数的加、减、乘、除、乘方及简单的混合运算（以三步以内为主）。

④ 理解有理数的运算律，能运用运算律简化运算。

⑤ 能运用有理数的运算解决简单的问题。

2）实数：

① 了解平方根、算术平方根、立方根的概念，会用根号表示数的平方根、算术平

方根、立方根。

② 了解乘方与开方互为逆运算，会用平方运算求百以内整数的平方根，会用立方运算求百以内整数（对应的负整数）的立方根，会用计算器求平方根和立方根。

③ 了解无理数和实数的概念，知道实数与数轴上的点一一对应，能求实数的相反数与绝对值。

④ 能用有理数估计一个无理数的大致范围。

⑤ 了解近似数，在解决实际问题中，能用计算器进行近似计算，并会按问题的要求对结果取近似值。

⑥ 了解二次根式、最简二次根式的概念，了解二次根式（根号下仅限于数）加、减、乘、除运算法则，会用它们进行简单四则运算。

3）代数式：

① 借助现实情境了解代数式，进一步理解用字母表示数的意义。

② 能分析简单问题中的数量关系，并用代数式表示。

③ 会求代数式的值；能根据特定的问题查阅资料，找到所需要的公式，并会代入具体的值进行计算。

4）整式与分式：

① 了解整数指数幂的意义和基本性质；会用科学记数法表示数（包括在计算器上表示）。

② 理解整式的概念，掌握合并同类项和去括号的法则，能进行简单的整式加法和减法运算；能进行简单的整式乘法运算（其中多项式相乘仅指一次式之间及一次式与二次式相乘）。

③ 能推导乘法公式$(a+b)(a-b)=a^2-b^2$，$(a\pm b)^2=a^2\pm 2ab+b^2$，了解公式的几何背景，并能利用公式进行简单计算。

④ 能用提公因式法、公式法（直接利用公式不超过二次）进行因式分解（指数是正整数）。

⑤ 了解分式和最简分式的概念，能利用分式的基本性质进行约分和通分；能进行简单的分式加、减、乘、除运算。

（2）方程与不等式

1）方程与方程组：

① 能根据具体问题中的数量关系列出方程，体会方程是刻画现实世界数量关系的有效模型。

② 经历估计方程解的过程。

③ 掌握等式的基本性质。

④ 能解一元一次方程和可化为一元一次方程的分式方程。

⑤ 掌握代入消元法和加减消元法，能解二元一次方程组。

⑥ 能解简单的三元一次方程组。

⑦ 理解配方法，能用配方法、公式法、因式分解法解数字系数的一元二次方程。

⑧ 会用一元二次方程根的判别式判别方程是否有实根和两个实根是否相等。

⑨ 了解一元二次方程的根与系数的关系（不要求应用这个关系解决其他问题）。

⑩ 能根据具体问题的实际意义，检验方程的解是否合理。

2）不等式与不等式组：

① 结合具体问题，了解不等式的意义，探索不等式的基本性质。

② 能解数字系数的一元一次不等式，并能在数轴上表示出解集；会用数轴确定由两个一元一次不等式组成的不等式组的解集。

③ 能根据具体问题中的数量关系，列出一元一次不等式，解决简单的问题。

（3）函数

1）函数的概述：

① 探索简单实例中的数量关系和变化规律，了解常量、变量的意义。

② 结合实例，了解函数的概念和三种表示法，能举出函数的实例。

③ 能结合图像对简单实际问题中的函数关系进行分析。

④ 能确定简单实际问题中函数自变量的取值范围，并会求出函数值。

⑤ 能用适当的函数表示法刻画简单实际问题中变量之间的关系。

⑥ 结合对函数关系的分析，能对变量的变化情况进行初步讨论。

2）一次函数：

① 结合具体情境体会一次函数的意义，能根据已知条件确定一次函数的表达式。

② 会利用待定系数法确定一次函数的表达式。

③ 能画出一次函数的图像，根据一次函数的图像和表达式 $y=kx+b(k\neq 0)$ 探索并理解 $k>0$ 和 $k<0$ 时，图像的变化情况。

④ 理解正比例函数。

⑤ 体会一次函数与二元一次方程的关系。

⑥ 能用一次函数解决简单实际问题。

3）反比例函数：

① 结合具体情境体会反比例函数的意义，能根据已知条件确定反比例函数的表达式。

② 能画出反比例函数的图像，根据图像和表达式 $y=\dfrac{k}{x}(k\neq 0)$ 探索并理解 $k>0$ 和 $k<0$ 时，图像的变化情况。

③ 能用反比例函数解决简单实际问题。

4）二次函数：

① 通过对实际问题的分析，体会二次函数的意义。

② 会用描点法画出二次函数的图像，通过图像了解二次函数的性质。

③ 会用配方法将数字系数的二次函数的表达式化为 $y=a(x-h)^2+k$ 的形式，并能由此得到二次函数图像的顶点坐标，说出图像的开口方向，画出图像的对称轴，并能解决简单实际问题。

④ 会利用二次函数的图像求一元二次方程的近似解。

⑤ 知道给定不共线三点的坐标可以确定一个二次函数。

2. 图形与几何

(1) 图形的性质

1）点、线、面、角：

① 通过实物和具体模型，了解从物体抽象出来的几何体、平面、直线和点等。

② 会比较线段的长短，理解线段的和、差，以及线段中点的意义。

③ 掌握基本事实：两点确定一条直线。

④ 掌握基本事实：两点之间线段最短。

⑤ 理解两点间距离的意义，能度量两点间的距离。

⑥ 理解角的概念，能比较角的大小。

⑦ 认识度、分、秒，会对度、分、秒进行简单的换算，并会计算角的和、差。

2）相交线与平行线：

① 理解对顶角、余角、补角等概念，探索并掌握对顶角相等、同角（等角）的余角相等，同角（等角）的补角相等的性质。

② 理解垂线、垂线段等概念，能用三角尺或量角器过一点画已知直线的垂线。

③ 理解点到直线的距离的意义，能度量点到直线的距离。

④ 掌握基本事实：过一点有且只有一条直线与已知直线垂直。

⑤ 识别同位角、内错角、同旁内角。

⑥ 理解平行线概念；掌握基本事实：两条直线被第三条直线所截，如果同位角相等，那么两直线平行。

⑦ 掌握基本事实：过直线外一点有且只有一条直线与这条直线平行。

⑧ 掌握平行线的性质定理：两条平行直线被第三条直线所截，同位角相等；了解平行线性质定理的证明。

⑨ 能用三角尺和直尺过已知直线外一点画这条直线的平行线。

⑩ 探索并证明平行线的判定定理：两条直线被第三条直线所截，如果内错角相等（或同旁内角互补），那么两直线平行；平行线的性质定理：两条平行直线被第三条直线所截，内错角相等（或同旁内角互补）。

⑪ 了解平行于同一条直线的两条直线平行。

3）三角形：

① 理解三角形及其内角、外角、中线、高线、角平分线等概念，了解三角形的稳定性。

② 探索并证明三角形的内角和定理。掌握它的推论：三角形的外角等于与它不相邻的两个内角的和。证明三角形的任意两边之和大于第三边。

③ 理解全等三角形的概念，能识别全等三角形中的对应边、对应角。

④ 掌握基本事实：两边及其夹角分别相等的两个三角形全等。

⑤ 掌握基本事实：两角及其夹边分别相等的两个三角形全等。

⑥ 掌握基本事实：三边分别相等的两个三角形全等。

⑦ 证明定理：两角及其中一组等角的对边分别相等的两个三角形全等。

⑧ 探索并证明角平分线的性质定理：角平分线上的点到角两边的距离相等；反之，角的内部到角两边距离相等的点在角的平分线上。

⑨ 理解线段垂直平分线的概念，探索并证明线段垂直平分线的性质定理：线段垂直平分线上的点到线段两端的距离相等；反之，到线段两端距离相等的点在线段的垂直平分线上。

⑩ 了解等腰三角形的概念，探索并证明等腰三角形的性质定理：等腰三角形的两底角相等；底边上的高线、中线及顶角平分线重合。探索并掌握等腰三角形的判定定理：有两个角相等的三角形是等腰三角形。探索等边三角形的性质定理：等边三角形的各角都等于 60°，以及等边三角形的判定定理：三个角都相等的三角形（或有一个角是 60°的等腰三角形）是等边三角形。

⑪ 了解直角三角形的概念，探索并掌握直角三角形的性质定理：直角三角形的两个锐角互余，直角三角形斜边上的中线等于斜边的一半。掌握有两个角互余的三角形是直角三角形。

⑫ 探索勾股定理及其逆定理，并能运用它们解决一些简单的实际问题。

⑬ 探索并掌握判定直角三角形全等的“斜边、直角边”定理。

⑭ 了解三角形重心的概念。

4）四边形：

① 了解多边形的定义，多边形的顶点、边、内角、外角、对角线等概念；探索并掌握多边形内角和与外角和公式。

② 理解平行四边形、矩形、菱形、正方形的概念，以及它们之间的关系；了解四边形的不稳定性。

③ 探索并证明平行四边形的性质定理：平行四边形的对边相等、对角相等、对角线互相平分；探索并证明平行四边形的判定定理：一组对边平行且相等的四边形是平行四边形；两组对边分别相等的四边形是平行四边形；对角线互相平分的四边形是平行四边形。

④ 了解两条平行线之间距离的意义，能度量两条平行线之间的距离。

⑤ 探索并证明矩形、菱形、正方形的性质定理：矩形的四个角都是直角，对角线相等；菱形的四条边相等，对角线互相垂直。

⑥ 探索并证明矩形、菱形、正方形的判定定理：三个角是直角的四边形是矩形，对角线相等的平行四边形是矩形；四边相等的四边形是菱形，对角线互相垂直的平行四边形是菱形；正方形具有矩形和菱形的一切性质。

⑦ 探索并证明三角形的中位线定理。

5）圆：

① 理解圆、弧、弦、圆心角、圆周角的概念，了解等圆、等弧的概念；探索并了解点与圆的位置关系。

② 探索并证明垂径定理：垂直于弦的直径平分弦及弦所对的两条弧。

③ 探索圆周角与圆心角及其所对弧的关系，了解并证明圆周角定理及其推论：圆周角的度数等于它所对弧上的圆心角度数的一半；直径所对的圆周角是直角；90° 的圆周角所对的弦是直径；圆内接四边形的对角互补。

④ 知道三角形的内心和外心。

⑤ 了解直线和圆的位置关系，掌握切线的概念，探索切线与过切点的半径的关系，会用三角尺过圆上一点画圆的切线。

⑥ 探索并证明切线长定理：过圆外一点所画的圆的两条切线长相等。

⑦ 会计算圆的弧长、扇形的面积。

⑧ 了解正多边形的概念及正多边形与圆的关系。

6）尺规作图：

① 能用尺规完成以下基本作图：作一条线段等于已知线段；作一个角等于已知角；作一个角的平分线；作一条线段的垂直平分线；过一点作已知直线的垂线。

② 会利用基本作图作三角形：已知三边、两边及其夹角、两角及其夹边作三角形；已知底边及底边上的高线作等腰三角形；已知一直角边和斜边作直角三角形。

③ 会利用基本作图完成：过不在同一直线上的三点作圆；作三角形的外接圆、内切圆；作圆的内接正方形和正六边形。

④ 在尺规作图中，了解作图的原理，保留作图的痕迹，不要求写出作法。

7）定义、命题、定理：

① 通过具体实例，了解定义、命题、定理、推论的意义。

② 结合具体实例，会区分命题的条件和结论，了解原命题及其逆命题的概念。会识别两个互逆的命题，知道原命题成立其逆命题不一定成立。

③ 知道证明的意义和证明的必要性，知道证明要合乎逻辑，知道证明的过程可以有不同的表达形式，会综合法证明的格式。

④ 了解反例的作用，知道利用反例可以判断一个命题是错误的。

⑤ 通过实例体会反证法的含义。

（2）图形的变化

1）图形的轴对称：

① 通过具体实例了解轴对称的概念，探索它的基本性质：成轴对称的两个图形中，对应点的连线被对称轴垂直平分。

② 能画出简单平面图形（点、线段、直线、三角形等）关于给定对称轴的对称图形。

③ 了解轴对称图形的概念；探索等腰三角形、矩形、菱形、正多边形、圆的轴对称性质。

④ 认识并欣赏自然界和现实生活中的轴对称图形。

2）图形的旋转：

① 通过具体实例认识平面图形关于旋转中心的旋转。探索它的基本性质：一个图形和它经过旋转所得到的图形中，对应点到旋转中心距离相等，两组对应点分别与旋转中心连线所成的角相等。

② 了解中心对称、中心对称图形的概念，探索它的基本性质：成中心对称的两个图形中，对应点的连线经过对称中心，且被对称中心平分。

③ 探索线段、平行四边形、正多边形、圆的中心对称性质。

④ 认识并欣赏自然界和现实生活中的中心对称图形。

3）图形的平移：

① 通过具体实例认识平移，探索它的基本性质：一个图形和它经过平移所得的图形中，两组对应点的连线平行（或在同一条直线上）且相等。

② 认识并欣赏平移在自然界和现实生活中的应用。

③ 运用图形的轴对称、旋转、平移进行图案设计。

4）图形的相似：

① 了解比例的基本性质、线段的比、成比例的线段；通过建筑、艺术上的实例了解黄金分割。

② 通过具体实例认识图形的相似。了解相似多边形和相似比。

③ 掌握基本事实：两条直线被一组平行线所截，所得的对应线段成比例。

④ 了解相似三角形的判定定理：两角分别相等的两个三角形相似；两边成比例且夹角相等的两个三角形相似；三边成比例的两个三角形相似。了解相似三角形判定定理的证明方法。

⑤ 了解相似三角形的性质定理：相似三角形对应线段的比等于相似比；面积比等于相似比的平方。

⑥ 了解图形的位似，知道利用位似可以将一个图形放大或缩小。

⑦ 会利用图形的相似解决一些简单的实际问题。

⑧ 利用相似的直角三角形，探索并认识锐角三角函数（$\sin A$、$\cos A$、$\tan A$），知道 30°、45°、60° 角的三角函数值。

⑨ 会使用计算器由已知锐角求它的三角函数值，由已知三角函数值求它的对应锐角。

⑩ 能用锐角三角函数解直角三角形，能用相关知识解决一些简单的实际问题。

5）图形的投影：

① 通过丰富的实例，了解中心投影和平行投影的概念。

② 会画直棱柱、圆柱、圆锥、球的主视图、左视图、俯视图，能判断简单物体的视图，并会根据视图描述简单的几何体。

③ 了解直棱柱、圆锥的侧面展开图，能根据展开图想象和制作实物模型。

④ 通过实例，了解上述视图与展开图在现实生活中的应用。

（3）图形与坐标

1）坐标与图形位置：

① 结合实例进一步体会用有序数对可以表示物体的位置。

② 理解平面直角坐标系的有关概念，能画出直角坐标系；在给定的直角坐标系中，能根据坐标描出点的位置、由点的位置写出它的坐标。

③ 在实际问题中，能建立适当的直角坐标系，描述物体的位置。

④ 会写出矩形的顶点坐标，体会可以用坐标刻画一个简单图形。

⑤ 在平面上，能用方位角和距离刻画两个物体的相对位置。

2）坐标与图形运动：

① 在直角坐标系中，以坐标轴为对称轴，能写出一个已知顶点坐标的多边形的对

称图形的顶点坐标，并知道对应顶点坐标之间的关系。

② 在直角坐标系中，能写出一个已知顶点坐标的多边形沿坐标轴方向平移后图形的顶点坐标，并知道对应顶点坐标之间的关系。

③ 在直角坐标系中，探索并了解将一个多边形依次沿两个坐标轴方向平移后所得到的图形与原来的图形具有平移关系，体会图形顶点坐标的变化。

④ 在直角坐标系中，探索并了解将一个多边形的顶点坐标（有一个顶点为原点、有一个边在横坐标轴上）分别扩大或缩小相同倍数时所对应的图形与原图形是位似的。

3. 统计与概率

（1）抽样与数据分析

1）经历收集、整理、描述和分析数据的活动，了解数据处理的过程；能用计算器处理较为复杂的数据。

2）体会抽样的必要性，通过实例了解简单随机抽样。

3）会制作扇形统计图，能用统计图直观、有效地描述数据。

4）理解平均数的意义，能计算中位数、众数、加权平均数，了解它们是数据集中趋势的描述。

5）体会刻画数据离散程度的意义，会计算简单数据的方差。

6）通过实例，了解频数和频数分布的意义，能画频数直方图，能利用频数直方图解释数据中蕴含的信息。

7）体会样本与总体的关系，知道可以通过样本平均数、样本方差推断总体平均数、总体方差。

8）能解释统计结果，根据结果做出简单的判断和预测，并能进行交流。

9）通过表格、折线图、趋势图等，感受随机现象的变化趋势。

（2）事件的概率

1）能通过列表、画树状图等方法列出简单随机事件所有可能的结果，以及指定事件发生的所有可能结果，了解事件的概率。

2）知道通过大量的重复试验，可以用频率来估计概率。

4. 综合与实践

1）结合实际情境，经历设计解决具体问题的方案，并加以实施的过程，体验建立模型、解决问题的过程，并在此过程中，尝试发现和提出问题。

2）会反映参与活动的全过程，将研究的过程和结果形成报告或小论文，并能进行交流，进一步获得数学活动经验。

3）通过对有关问题的探讨，了解所学过知识（包括其他学科知识）之间的关联，进一步理解有关知识，发展应用意识和能力。

三、《普通高中数学课程标准》的内容框架

高中数学课程分成必修和选修两部分。必修课程是每个学生都必须学习的，共五个

模块，计 10 学分。选修课程共有四个系列：选修系列 1、系列 2 的模块（共五个模块，计 10 学分）和选修系列 3、系列 4 的专题（共十六个专题，计 16 学分）。学生可以根据自己的兴趣和对未来发展的愿望进行选择。每个模块 2 学分（授课 36 学时），每个专题 1 学分（授课 18 学时），每两个专题可组成一个模块[2]。

（一）必修课程

必修课程是整个高中数学课程的基础，是所有学生都要学习的内容。其内容的确定遵循两个原则：一是满足人们日常生活的基本数学需求，二是为学生进一步的学习提供必要的数学准备。

五个模块的内容如下：

数学 1：集合、函数概念与基本初等函数 I（指数函数、对数函数、幂函数）；

数学 2：立体几何初步、平面解析几何初步；

数学 3：算法初步、统计、概率；

数学 4：基本初等函数 II（三角函数）、平面上的向量、三角恒等交换；

数学 5：解三角形、数列、不等式。

上述内容覆盖了高中阶段传统的数学基础知识和基本技能的主要部分，其中包括集合、函数、数列、不等式、解三角形、立体几何初步、平面解析几何初步等。不同的是进一步强调了这些知识的发生、发展过程和实际应用，而不在技巧与难度上做过高的要求。

此外，基础内容还增加了向量、算法、概率、统计等内容。向量是近代数学非常重要和基本的概念之一，是沟通几何、代数、三角等内容的桥梁，它具有丰富的实际背景和广泛的应用。

现代社会是一个信息化的社会，人们常常需要根据所获取的数据提取信息，做出合理的决策。在必修课程中将学习统计与概率的基本思想和基础知识，它们是人们日常生活的必备常识。

算法是一个全新的课题，已经成为计算科学的重要基础，它在科学技术和社会发展中起着越来越重要的作用。算法的思想和初步知识，也正在成为人们的常识。在必修课程中将学习算法的基本思想和初步知识，算法思想将贯穿高中数学课程的相关部分。

（二）选修课程

选修课程由系列 1、系列 2、系列 3 和系列 4 四个系列组成。

1. 选修系列 1、系列 2

在完成必修课程学习的基础上，希望进一步学习数学的学生，可以根据自己的兴趣和需求，选择学习系列 1、系列 2，这是选修课程中的基础性内容。

系列 1 是为希望在人文、社会科学等方面发展的学生而设置的，包括两个模块，共 4 学分。

系列 1 的内容如下：

选修 1-1：常用逻辑用语、圆锥曲线与方程、导数及其应用。

选修 1-2：统计案例、推理与证明、数系的扩充与复数的引入、框图。

系列 2 则是为希望在理工、经济等方面发展的学生设置的，包括 3 个模块，共 6 学分。

系列 2 的内容如下：

选修 2-1：常用逻辑用语、圆锥曲线与方程、空间中的向量与立体几何。

选修 2-2：导数及其应用、推理与证明、数系的扩充与复数的引入。

选修 2-3：计数原理、统计案例、概率。

在系列 1、系列 2 的课程中，有一些内容及要求是相同的，如常用逻辑用语、统计案例、数系的扩充与复数的引入等；有一些内容基本相同，但要求不同，如导数及其应用、圆锥曲线与方程、推理与证明；还有一些内容是不同的，如系列 1 中安排了框图等内容，系列 2 中安排了空间中的向量与立体几何、计数原理等内容。

2. 选修系列 3、系列 4

系列 3、系列 4 分别由十六个专题组成，共 16 学分。

系列 3 包括数学史选讲、信息安全与密码、球面上的几何、对称与群、欧拉公式与闭曲面分类、三等分角与数域扩充六个专题。

系列 4 包括几何证明选讲、矩阵与变换、数列与差分、坐标系与参数方程、不等式选讲、初等数论初步、优选法与试验设计初步、统筹法与图论初步、风险与决策、开关电路与布尔代数 10 个专题。

系列 3、系列 4 的素材比较丰富，随着课程的发展，这些内容将进一步拓展、丰富和完善。

系列 3、系列 4 所涉及的内容都是基础性的数学内容，不仅应鼓励那些希望在理工、经济等方面发展的学生积极选修，同时也应鼓励那些希望在人文、社会科学方面发展的学生选修这些课程。

系列 3 和系列 4 是为对数学有兴趣和希望进一步提高数学素养的学生而设置的，所涉及的内容都是数学的基础性内容，反映了某些重要的数学思想。有些专题是中学课程某些内容的延伸，有些专题是通过典型实例介绍数学的一些应用方法。这些专题的学习有利于学生的终身发展，有利于扩展学生的数学视野，有利于提高学生对数学的科学价值、应用价值、文化价值的认识，有助于学生进一步打好数学基础，提高应用意识。

专题力求深入浅出、通俗易懂，进一步提高学生分析和解决问题的能力，让学生掌握和体会一些重要的概念、结论和思想方法，体会数学的作用，发展应用意识。

对于系列 3、系列 4 的学习，应提倡多样化的学习方式，可以是教师讲授，也可以是在教师指导下学生的自主探索和合作交流，还应鼓励学生独立阅读、写专题总结报告等，力求使学生切身体会“做数学”是学好数学的有效途径，独立思考是“做数学”的基础。

思　考　题

1. 初中数学课程标准的基本理念是什么?
2. 高中数学课程标准的基本理念是什么?
3. 中学数学课程的总体目标是什么?
4. 中学数学课程内容的选择标准主要有哪些?
5. 简述《全日制义务教育数学课程标准》的内容领域。

第二章　中学数学课前教学基本技能

教师的课前教学技能对完成教学任务有着重要的作用。本章将详细介绍研读课标技能、选择教学方法技能、教案编写技能、教具制作与使用技能。

第一节　研读课标技能

课标是课程标准的简称，针对数学课程教学，特指数学课程标准，它是数学教学的指导性文件，是编写教材和进行教学的依据。数学课程标准对数学课程性质、基本理念、设计思路、目标、内容标准、实施建议和课程资源的开发与利用、教学目的要求及教学安排、教学中应该注意的问题均做出了规定性说明。教师应认真研读课标，正确全面地理解、把握数学课程标准内容，掌握研读课标的技能。

一、掌握教学目的

数学教育教学的根本目的是提高学生的数学素养，数学知识技能是数学素养的基础要素，加强数学知识技能的研究与教学至关重要。中学数学的教学目的是使学生学好当代社会中每一个公民适应日常生活、参加生产和进一步学习所必需的代数、几何的基础知识与基本技能，进一步培养运算能力，发展逻辑思维能力和空间观念，并能够运用所学知识解决简单的实际问题，培养学生良好的个性品质和初步的辩证唯物主义观点。课标对教学目的中的“基础知识”“基本技能”“逻辑思维能力”“数学地思考”等进一步做了具体说明。教学目的是指导数学教学的总方针，作为数学教师必须熟练掌握，认真研究，并很好地贯彻到教学中去。

二、掌握教学内容

中学数学教学内容精选的是人们日常生活和工作中所必需的代数、几何中基本有用的部分。高中数学课标把数学教学内容划分为必修课程和选修课程。选修课程分为文科生选修内容（系列 1）、理科生选修内容（系列 2）和专题内容（系列 3 和系列 4）三个部分。

三、掌握教学中应注意的问题

教师应面向全体学生问题；教师应结合教学内容对学生进行思想品德教育的问题；教师须重视数学基础知识的教学，注重对学生进行基本技能训练和各种能力培养的问题；教师应重视改进教学方法的问题；教师还应能够正确组织学生进行数学知识练习，并能够合理对学生进行数学成绩考查和评定。在数学教学中如何面对以上这几个问题，中学数学课程标准给予了精辟的阐述，并提出了教学的方向、方式和方法，教师应在教学中认真加以领会，充分体会课标的思想。

四、掌握教学要求

课标在阐述教学要求中，把要求分为“了解”“理解”“掌握”和“灵活运用”四个层次，并对它们的含义做了阐释。教师在教学中应遵照课标要求，很好地区分哪些知识是需要“了解”的，哪些知识是需要“理解”的，等等。掌握教学要求程度的不同，才能做到有的放矢，分清主次，合理分配教学时间与课时数，避免达不到课标的要求或出现超出课标要求的现象。

第二节　选择教学方法技能

笛卡儿曾经说过：“最有价值的知识是方法的知识。”数学是基础科学，不仅高度抽象，而且有严密的逻辑体系。教师要提高教学质量，达到教学目的，不仅要具有高的数学素养，强的教学技能，还要有好的教学方法。所谓“教学有法，但无定法，贵在得法”。教师要根据学情、教学内容、教材及课标要求选择合适的教学方法。

一、选择教学方法的原则

1）依据学生的年龄特征选择教学方法。初中阶段，学生的大脑用一种方法刺激多了，容易产生“惰性”。因此，应选择多种教学方法，尽可能交替使用，这样容易引起学生的兴趣。

2）依据教材内容和教学目标选择教学方法。初中教材有的例题可采用“启发式”或“讲练结合法”；有的公式和定理可采用“自学辅导法”或“讨论法”。小结课可采用“自学辅导法”“纲要信号法”等。当要检查学生对某些知识的学习效果时常用“提问法”“练习法”“答卷法”。

3）依据学生基础选择教学方法。正如巴班斯基所讲，任何一种教学方法是否属于最佳是相对学生基础而言的。它是根据学生水平的变化而加以综合运用所决定的。在学生知识基础较差的班级里，要多使用“讲解法”“启发式”教学方法。在学生知识基础较好的班级里，可多用“自学辅导法”“引导探究法”等教学方法。

4）确定教学方法，要考虑教师的自身因素，即教师的知识水平、教学经验、教学能力等。例如，教师要采用“发现法”教学，这就不仅要对有关题材的各种联系事先尽可能做周密的设计与安排，更重要的是教师必须掌握丰富的知识，具有高度的教学机敏性，灵活恰当地处理学生可能提出的各种问题，才能将学生引上“再创造”的道路上来。如果教师不具备以上素质，就达不到预期的教学效果。

教师在选择和运用数学教学方法时，对上面提出的四条原则要综合考虑，如果忽视其中任何一条都可能影响教学效果。

二、做好选择运用教学方法的基础工作

教师要选择运用最优的教学方法，必须注意虚心学习研究各种先进的教学方法，做好选择教学方法的基础工作。

1）深入钻研数学教材和课程标准，深刻理解教材的编写意图和教材的特点，明确教材的教学目标、重点、难点、关键点。

2）教师要自觉提高自身专业文化素质，更新教育观点。

数学教育的目的之一是培养学生具有创造性思维能力，这就要求教师本身具有创造性思维能力。正如波利亚所说："一个没有亲自体验过某种创造性工作的教师，决不能期望他能够去启发、引导、帮助，甚至鉴别他的学生的创造性活动。"

3）要掌握影响学生学习的因素。影响学生学习的因素主要有学习者自身因素及客观环境因素。

学习者自身因素：年龄、生理、心理状态；原有认识结构，这是同化、顺应新知识的基础；智力因素，包括观察力、记忆力、想象力、注意力、思维力等；非智力因素，包括学习动机、态度、习惯、兴趣。

学习者客观环境因素：教学内容的科学性、教育性、趣味性、实用性、启发性；练习与评价，练习要有顺序性、针对性、启发性、综合性，评价要有诊断作用、交流作用、调节作用、鼓励作用；教师素质，教师要崇德、博识、爱生、会教、善处；集体与社会、学校和班级、家庭与社会的风尚。

三、教学模式

教学模式问题是现代教学论中的一个重要研究领域，它产生于教学活动之中，又应用于教学活动。教育界对教学模式概念的界定所持观点不同，教学模式是教学过程的模式，不是教学过程，也不是教学方法，它与一定的教学方法的策略体系相关。教学模式是一种既包含一定教育思想，又能便于实施于具体教学之中，结构和程序相对稳定的教学方式。教学模式主要有布鲁纳的发现学习的教学模式、以德国教育家根舍因为代表的范例方式教学模式、以美国心理学家布鲁姆为代表的"指导—回授"教学模式。数学教学模式包括指导思想、教学目标、操作程序、运用策略和评价体系五个主要要素[1]。

（一）传统教学模式

1. 讲解—传授模式

讲解—传授模式是我国常用的教学模式，这种教学模式可以节省教授实践，但不利于培养学生的逻辑思维能力。它包括诱导学生动机、领会新教材、巩固知识、应用知识、检查反馈五个操作程序。

2. 自学—辅导模式

自学—辅导模式（简称学导式模式）提倡教学中以学生自学为主，教师辅导为辅。

它包括教师提出自学任务和要求、学生自学、教师精讲、学生演练、归纳总结等环节。该模式依据哲学原理，把开发学生智慧作为首位。

3. 引导—发现模式

引导—发现模式（也称探究—研讨模式）在教学活动中不是把知识直接教给学生，而是通过一个个问题启发学生，培养学生兴趣，培养学生提出问题、分析问题和解决问题的能力。它包括问题、假设、推理、验证和总结等环节。

4. 活动—参与模式

活动—参与模式依据皮亚杰的“发生认知论”，教师让学生通过自己的实践学习数学，尽可能让学生在阅读、讨论、作图、制作模型，甚至实验、调查等实践活动中学习数学。它包括数学调查、数学实验、测量活动、模型制作、数学游戏和问题解决等形式。其目的是培养与提高学生的参与意识和应用意识。

（二）传统教学法

1. 谈话法

教师不直接讲授现成的教材，而用谈话的方式，引导学生自己主动去获得新知识的方法称为谈话法。

运用谈话法，必须设计好谈话的资料。为此，教师要深入钻研教材，掌握教材的重点，了解问题的关键所在，并了解学生解决这个问题的预备知识是否具备，有哪些模糊的认识等，以便在谈话过程中逐一解决。

谈话法的根本优点是突出课堂教学的双边活动，有利于促使学生积极思考、努力进取。

要成功地使用谈话法，必须具备下列的条件：首先，教师必须对教材理解深透，对问题系统明确，对学生估计正确，又善于调动全班学生学习的积极性。只有在这个基础上，才能设计好谈话资料。其次，教师需要有较高的教学技巧，善于应变。学生的思维是变化、发展的，谈话进行过程中，可能出现各种各样的意外情况。如果教师不能根据变化了的情况冷静对待，及时设法排除障碍，就可能使这堂课的教学失败。再次，用谈话法需要有较充裕的时间，因此，一堂课新授的内容不能太多，一般来说，这一方法宜于在低年级使用。

使用谈话法时，还应注意下面几点：

1）教师提出的问题应该由浅入深，彼此衔接、逻辑性强，问题要明确，但又要使学生经过一番思考才能回答。

2）要使全班学生都处于积极思维的状态。一般来说，为了促使学生主动地思考问题，应该向全班学生发问，经过学生思考后，再有目的地让某一个学生面向全班回答。避免出现这样的局面：教师置全班多数学生于不顾，只与少数几个答问的学生在进行谈话。

3）要善于爱护学生肯动脑的积极性，不要怕学生在发问或答问时出“乱子”。往往有这样的情况：一个学生鼓起勇气谈了自己的看法，结果说错了，便会引起哄堂大笑，甚至下课后还要受到同学的嘲讽。于是，这个同学再也不敢发言了，别人也会引以为戒，认为一定要有绝对把握才能发表意见。要避免这种情况的发生，关键在于教师如何进行诱导。必须明确，错误意见往往是具有教育性与启发性的，既能启发思路，用来调动学生的积极性，引导他们进行正确的思考，又能教育学生要吸取教训、总结经验、少走弯路。

4）要防止形式主义的谈话。常见的有这样两种现象：一种是提问过于简单，学生只需信口回答“是”或“不是”，无须动脑；另一种是为了赶进度，抢时间，对一些关键性的或难度稍大的问题，不给学生足够的思考时间，教师也不愿做适当的启发诱导，而是一提出问题就马上催促学生作答，一看到被问学生目瞪口呆，不知怎样回答时，教师就自行讲述，包办代替了。这两种都是形式主义的谈话，不符合启发性教学原则和学生为主体的双边活动精神。

2. 指导作业法

指导作业法的特点是教师在课堂上指导学生独立作业，使学生通过独立作业掌握基础知识与基本技能。这个方法的好处是可以培养学生独立研究的能力，使他们养成认真钻研课本的习惯，使他们自觉地掌握知识，应用知识。这个方法适用于解答习题，也可用来分析某些新定理和新公式等。

3. 读书指导法

读书指导法的特点是教师指导学生直接阅读教科书来获得知识和技能，从而培养和提高自学能力。数学教科书是按照数学教学大纲和教学法的要求，为学生编写的数学专门用书。对学生来说，它是加深和巩固课堂所学知识的基本工具，是学生知识的主要源泉之一。指导学生学会独立阅读数学教科书，是教会学生自己进行学习的一个基本方法。

指导学生阅读教科书，一般有三种形式：预习阅读、复习阅读和新课进行中的阅读。教师对学生的每一种阅读都必须进行指导，使学生逐步积累阅读的方法，提高自学能力。

1）预习阅读可以按下述方式进行：阅读开始前，先准备好笔和纸，然后按教科书的顺序边读、边想、边动手。阅读中要特别注意对概念的定义、定理、公式、法则及说明性质的例题和习题等的理解和识记，并及时翻阅有关的已学知识，建立一定的知识体系，强化记忆。遇到读不懂或不甚理解的地方，可以做出标记，留待课上去解决。当仔细阅读完指定内容后，还要小结一下内容的要点，提炼出解决每一个问题的基本思路。

预习阅读既能培养学生良好的读书习惯，又能使学生带着自己预习中的问题上课，教师的讲解或学生的讨论就会更加突出重点，更有针对性，从而大大提高课堂教学的效率。

2）复习阅读就是在一堂新课或一个单元学习结束之后，或在期中、期末的总复习阶段进行的阅读。这种阅读的目的，除了进一步理解课堂所学的知识之外，还要理解知识之间的前后联系，掌握知识的体系和结构，熟记那些必须记忆的东西，如定义、定理、公式和法则等。此外，还应尽可能研究各个命题可能的变化。研究某个定理或问题是否还有其他更好的证法或解法，把命题尽可能地加以推广或引申，对某些重要概念，还可以自己补充一些课本上没有的、正反两方面的例子。

复习阅读时，除了使用课本外，还要充分利用自己的课堂笔记，回忆课堂上的讨论或分析。复习阅读做得好，不仅可以提高独立作业的效率，而且对于增强学生的记忆力，培养和发展学生的综合能力、概括能力及创造性思维能力都有一定的作用。

3）新课进行中的阅读是教师有目的、有计划地培养学生阅读能力的另一种方式。教师自己先对教科书做深入钻研，然后根据学生的实际情况，在新课进行中有指导地让学生当堂阅读一些完全可以明白的内容，并引导他们进行讨论，把握内容要点。这样会使学生逐步学会钻研教科书，不断提高自学能力，对他们以后的工作、学习将是十分有益的。

以上介绍的只是三种常用的教学方法，这几种教学方法之间是有机联系的，在使用中互相渗透、互相配合，每种方法都不是孤立的。应该说，丰富多彩的教学方法，绝不止这三种，而每一种方法也绝不是万能的。只有根据教学目的、教材内容和学生实际，合理地将多样性的教学方法结合起来，才能灵活运用，选择一整套方法使课堂教学更生动、有效，才能使每一堂课成功，也才能创造出多种多样的方法把整个教学过程演示得更有成效。

（三）我国主要的新教学模式

1. “诱导—尝试—归纳—回授—调节”教学模式

“诱导—尝试—归纳—回授—调节”教学模式是顾泠沅在 20 世纪 80 年代初在上海青浦县（现青浦区）所进行的数学教学改革的实践成果。这种教学模式一般是由教师将教材组织成一定的尝试层次，学生在教师的指导下，通过尝试来进行学习，培养学生获得和应用知识的能力。该模式包括创设问题情境、启发诱导、探究知识、归纳结论、纳入知识系统、变式训练尝试、回授尝试效果七个环节。

2. “尝试法”教学模式

“尝试法”教学模式是邱学华经过 20 年反复实践和研究、不断探索和升华而形成的一种教学模式。其特点是让学生在尝试中学习，在尝试中成功。一般由教师提出问题，学生在旧知识的基础上，自学课本和相互讨论，依靠自己努力，初步解决问题。即“学生能尝试，尝试能成功，成功能创新”。该教学模式的基本结构是准备联系、出示尝试题、自学课本、尝试练习、学生讨论、教师讲解、第二次尝试练习。

3. “质疑法”教学模式

“质疑法”教学模式通过创新的教学思想、新颖的教学方法、人性化的教学设计实现数学教学目的。其特点是教师在教学中不断提出问题，组织课堂讨论，以此来完善教师的教学方式和学生的学习方式，让学生在学习过程中自己提出问题、发现问题和解决问题。该教学模式的基本结构是设疑、激疑、启发、析疑、评价。

（四）国内外教学方法的改革与实验

近年来，国内外在各种教学方法不断完善的情况下，都在注意改革和发展着更有成效的一些方法，以适应当前要求，更好地培养学生独立的探索知识的能力。

在教学方法的改革中，围绕着"如何加强课堂教学的师生双边活动，实现教学过程的最优化，从而达到学好基础知识，培养基本能力和进行思想教育的目的"的总方向，国内外的不少组织与个人针对以下几方面的问题进行了大量实验，提出了很多有价值的教学方法，都值得我们在实践中参考。

例如，如何体现学生学习的主体作用与教师的主导作用？如何处理好教与学的关系？如何提高学习效率？搞活课堂教学？如何培养学生的自学能力？如何在班级授课的条件下，照顾学生发展的个性差异，使学生学习更加积极、主动？如何利用现代化教学手段，提高教学质量？

本着教学既要有原则性（即遵从教学规律），又要有灵活性（即教学过程由教师调控）的精神，对近年来国内外正在进行实验的几种教学方法扼要介绍如下。

1. 发现法

发现法是指教师不直接把现成的知识传授给学生，而是引导学生根据教师和教科书提供的课题、资料，通过积极主动的思考，亲自去独立地发现相应的命题和法则的一种教学方法。

发现法的突出特点是重视知识发生过程的教学，有利于培养和提高学生的智力，特别是有利于发展学生的创造性思维能力。另外，学生在学习过程中看到自己有所发现，可以大大地激发学习兴趣，产生自行学习的内在动力。但是，采用这种教学方法需要花费很多时间，同时也不能做到一切都让学生自己去发现。因此，这种方法要与其他的教学方法配合，互相补充，才能扬长避短，取得较好效果。

2. 程序教学法

程序教学法是让学生按照一定程序独立获得知识的一种教学方法。

程序教学法的基本思想在于管理学生掌握知识、技能与技巧的过程，以及提高学生在教学中的独立性。这种教学方法是把教材分成许多不长的小段，布置便于检查学生对每段教材掌握情况的作业，指明进一步学习的内容。因此，按这种方法教学，不要求所有学生同步，不限定统一的进度，只要求最终达到同一目标。

这种教学方法主要有以下特点：首先，这种教学方法实质上是一种个体化教学，十分有利于照顾个体差异，做到因材施教。其次，由于这种教学方法是以学生的独立学习方式进行，因而可以充分调动学生学习的积极性和主动性，同时培养了他们的自学能力。此外，采用程序教学法时，学生学习过程的内在反馈和外部反馈之间紧密联系，可以及时防止遗漏知识，有利于提高教育质量。但是，采用程序教学法不能完全达到教育和教养两方面的目的，同时也削弱了班集体在学生学习过程中的作用。

3. 自学辅导法

自学辅导法的基本思想是突出教学中学生的主体作用和教师的主导作用，提高学生的自学能力。这种教学方法的基本做法是动员学生肯于自学，教会学生阅读，能够自学，指导学生会自学，启发学生爱自学。

在教学中，运用这种教学方法，需要具备专门编写的自学教材、练习本和测验本，三本结合使用，因此还有人把它叫作“三本教学法”。

目前，这种方法已在国内不少学校试验、推广，也正在不断总结、不断完善。

4. 读读、议议、讲讲、练练教学法

读读、议议、讲讲、练练教学法是国内一些学校在总结传统教学经验的基础上提出来的一种教学方法。它的基本精神就是充分认识到学生在学习过程中的主体地位，使教师的主导作用更有针对性，以便教学更有成效。

这种方法的基本做法：学生读书；议论；教师重点讲解；学生练习。

这种方法的好处包括：有利于培养学生的科学读书方法和良好的读书习惯；有利于提高学生的自学能力；有利于因材施教；有利于发挥班集体在学习过程中的作用；有利于教学相长。

5. 研究法

研究法的基本思想也是为了充分调动学生学习的积极性、自觉性、主动性，着重培养学生的探究能力。

这种方法的基本做法：教师提出问题；学生独立思考、探索；学生相互研究；回答教师的问题；教师总结提高。

研究法的特点是适用于各种课型，着力于课堂教学的师生双边活动，有利于提高学生的各种探究能力。

6. 单元教学法

单元教学法的基本精神是在组织和安排教学内容时，改变传统的按课时划分教学任务的做法，代之以根据知识的整体内在联系，将教学内容划分为若干单元，对一个单元的教学内容进行整体设计，安排教学过程。

目前的具体做法有两种形式：一种是将一个单元的教学分为自学探究、重点讲授、综合练习、总结提高四个步骤；另一种是每个单元依次通过自学课、启发课、复习课、作业课、改错课和总结课六种课型的教学完成。

这种方法的形式不同，但都有共同特点，在教学中应注意师生的双边活动，注意知识的整体联系和综合运用，这将有利于知识的完整掌握和灵活应用能力的提高。

第三节　教案编写技能

一、编写教案的目的、意义

教案是教师根据教学课标、教学内容和教学对象，为达到预定的教学目标而设计的在课堂教学中组织、指导学生进行有效学习活动的方案。编写教案的过程也是深入理解课标、钻研教材、分析学生而采取合理教学方法和手段的过程，是教师上课的依据。一篇好的数学教案，第一，可以增强数学课堂教学的目的性，避免盲目性。教学目的、重点、难点的确定，教学方法、手段的选取，例题、习题的精心筛选都为一堂课取得良好的教学效果奠定了基础。第二，可以增强数学课堂教学的条理性，避免随意性。经过慎重考虑的教学过程，使一堂课的教学重点更加突出，难点逐步攻破。何处详讲、何处略讲，何处精练，如何遵循教学原则、规律，怎样教与学才更适应学生年龄特点、不同层次学生实际，在编写教案过程中，教师都应做到有序安排，从而避免了教师上课过程中的随意性。第三，可以积累数学教学资料、总结经验和教训。记载在纸面上的教学内容，可以起备忘录作用，教师可以从中吸取好的教学经验，并克服不足，不断改进教学方法，提高课堂教学效率。

二、编写教案的基本要求

编写教案应该做到以下几点。

（一）深入钻研教材和课标，这是写好教案的基础

只有全面熟悉、吃透教材和课标，才能掌握教材的逻辑系统、重点和难点，才能对教材做整体分析，全面贯彻课标的精神，深刻地理解教学的目的和任务。也只有这样，才能把知识、技能、能力和思想品德等的培养目标具体化，并把它们合理地分配到全学期各单元及每堂课的教学中去。

（二）了解学生

教师对所教班级的学生的情况，应深入了解两个方面：一是学生掌握数学基础知识和具备的能力方面的情况；二是思想状况和思维特点。

关于第一方面的情况，应弄清学生对已学过的哪些基础知识掌握得比较牢固，哪些知识还不够熟练或者还存在缺漏，其中特别是与新课内容直接相关的知识掌握得如何，学生哪方面的能力较强，哪方面的能力较弱，造成知识缺陷和能力不强的原因是什么，等等。通过这方面情况的了解和分析，要确定课堂教学中的重点、难点和关键，以及突出重点、抓住关键、突破难点的途径和方法。

关于思想状况和思维特点，主要指学生对待数学课的态度和学生的个性特征。应该了解哪些学生懒散，哪些学生勤奋踏实，哪些喜欢在课堂上发言，哪些不善于表达，哪些学生有傲气，哪些学生对学好数学缺乏信心，哪些学生思维敏捷，哪些学生思维

迟钝，等等。

掌握以上情况后，一般可将全班学生按优、中、差归为三类。课堂教学的设计是以大多数中等水平学生的情况为基本出发点，同时又适当注意照顾两头来考虑的。

教师了解学生的途径，可以间接根据经验和一般规律，估计学生可能出现的情况。这就要向有经验的教师学习他们凭历年教学的实践，摸索并掌握了的各个年级学生学习数学的规律特点，从而大致估计到学生对哪些数学知识的学习会有困难，学生作业中容易出现的错误是哪些类型，等等。也可以直接深入了解学生的个性差异和不同班级的特点。课堂提问、课后辅导、批改作业、分析试卷、个别谈话、开座谈会等都是直接了解学生的方式。教师应充分利用以上方式及时地全面了解与分析学生情况，发现学生的疑难所在，以便在备课中从实际出发设计教学方案，采取相应的教学措施。

（三）确定教学目的和要求

在深入钻研教材和了解学生的基础上，就可以确定各章、各节、各个课题的教学目的和要求了。

教学目的和要求应考虑到下列几个方面：教材的思想性体现在哪一方面？对基础知识和基本技能、技巧的掌握应达到何种程度？应提出何种水平的要求？如何为今后学习有关知识作准备？如何结合教材内容进行思想教育？应着重培养学生的哪些能力？等等。

教学目的要明确、具体，要求要恰如其分。如果提得太宽，过于笼统，针对性不强，显不出本课的特点，这是不好的；如果提得太窄，只注意一些细枝末节，而把重要的忽略了，这样会因小失大，更不恰当。目的和要求也不能偏高或偏低，偏高不能兑现，偏低达不到教学大纲所规定的要求。一些定性的措辞，如“了解”“理解”“透彻理解”“初步掌握”“会”“熟练掌握”等，就是反映要求的高低程度的，要根据实际情况仔细斟酌，适当选用。

（四）选择和组织教学内容

选择和组织教学内容就是根据教学目的和要求，把教材加工成课堂上便于师生双边活动的程序材料。这些内容大致包括复习、检查的材料；引入新课题的材料；抽象出概念或发现定理、法则、公式的材料；配备的例题和课堂练习、课外作业内容；等等。

选择和组织教学内容时，要特别注意解决好如何突出重点、突破难点、抓住关键等问题。

一章、一节或一个课题的重点是什么，钻研教材时已经明确。现在的任务是要考虑如何突出这个重点，使学生很好地理解和掌握。

要突破教学中的难点，必须让学生有一个“从感性到理性，从量变到质变”的认识过程。要分散难点，各个击破。还要注意充分利用与已知的知识类比，或在既有知识的基础上充分酝酿，逐步渡过难关。这样，就能使学生对于新知识、新问题不觉其难，难点就会较容易突破。例如，在几何教学中，一开始的推理证明是一个难点：学生初次接触到推理证明，不明白证明的意义，不知道证明的方法。对待这一难点，最好是分散难点，采用较长时期有计划的训练和逐步突破的办法。首先，通过例题示范，让学生初步认识证明的意义，初步了解证明的方法，通过要求在括号中填写每步理由，初步明确证明的格式。接着，让学生模仿例题，试着写出证明格式。经过一段时期的准备，从三角形全等的判定开始，由简到繁、由易到难地逐步训练学生，使他们自己能写出全部证明。在教学中，由只要求学生能找出判定条件，证明两个三角形全等，到要求在证明两个三角形全等的基础上，再证明另一对三角形全等。所选的题目，由不必作辅助线直接应用定理的，逐步过渡到需要作辅助线创造条件应用定理的，由题目中已经写明已知什么、求证什么的，过渡到要求学生写出已知什么、求证什么的。同时，要特别注意训练学生会根据题意自己画山图形，标明字母，写出已知、求证。经验证明，采取上面这样逐步过渡的方法进行训练，对于引导学生突破推理论证这一难点，是比较行之有效的。

在组织教学内容时，对于关键内容，要采取措施紧紧抓住，为此，引导学生探求证明思路前或分析过程中，可以用复习提问的方式使学生熟悉这一知识，以便扫清障碍。

当然，选择和组织教学内容时，基本材料来源于教科书和教学参考书。但是，随着教学改革的深入发展，还应根据实际情况和需要，补充适当材料。

（五）选择教学方法

在选择和组织教学内容时，实际上同时考虑了教学方法。一般来说，任何一堂课都不会采用某种单一的教学方法，往往是多种教学方法的结合使用。如前所述，各种教学方法都有其自身特点，有它们各自的长处和短处。考虑一堂课或一个单元的教学方法时，要根据材料的具体内容、教学目的、学生的年龄特征、知识基础和能力水平、教师本身的素养等因素来决定。考虑教学方法时，应该提倡新的教学方法的实验。只有勇于实践，大胆创新，反复比较、鉴别，才能探索出更符合现代教学目的的有效教学方法。

（六）制订切实可行的教学计划

要保证教学质量，就要从全局出发，认真备课，制订有效可行的工作计划，在此基础上写出每堂课的教案。

1. 学期教学工作计划

数学教学大纲里对于每学年的教学内容和教学进度都有明确规定，教学要求和课时安排也有说明。但是由于学生的实际情况存在地区和班级之间的千差万别，加之教材也经常有所变化，因而如何结合实际情况实现大纲中的规定和要求，还需要教师认真地调查研究和细致地设计安排，制订出切合实际的学期工作计划。学期教学工作计划包括两部分，即教学进度表及说明。

各地的教学进度表格式不完全一致，表 2-1 是这些格式中的一种。

表 2-1　教学进度表

周次	日期	教学内容	执行情况

填写进度表时，在“教学内容”这个项目下，应根据教学大纲中所指定的内容列出课题，指明各个课题属于教科书的何章何节及所在的页次。初当教师的人最好按课时顺序一堂一堂地在表上编写授课的题材，这样做可以使自己对将来要进行的教学工作胸有成竹。以后检查，就容易发现自己的计划是否准确，执行是否恰当。这样的教学工作计划就能起到督促与指导作用。

“教学内容”项目下，还要注意在适当的时候列入课堂练习及书面检查。课堂练习和书面检查的次数要恰当。如果次数过多，占用的教学时间就会多，会使在教学大纲规定的时数内无法完成教学任务；如果次数过少，对学生各种能力的培养与成绩的考查就做不到应有的深入，影响教学质量。这一栏还应当考虑复习工作，列入专门的复习课。

填好“教学内容”这一栏，需要对各个项目的教学时数做出恰当的估计。这种估计必须根据课标的规定和学生的实际予以适当的、灵活的分配，并保证课标规定的整个学年进度不受影响。

“执行情况”这一栏是课后记录工作执行情况的。各个项目是否按计划完成了？如果未能完成，原因何在？都应一一记录下来，以便总结经验、教训，在以后授课中予以补救、提高。

在计划的说明部分中，应当指出上述进度表中哪些地方与教学大纲稍有出入，为什么？计划具有哪些特点，为什么？此外，还可列举在某些工作中需要应用哪些辅助工具，进行哪些实践性工作。对第二课堂的工作最好也在这部分做出规划。

教学工作计划的制订，通常由同年级的教师在钻研课标和通读教材的基础上，先个人草拟，再集体讨论修订，求大同、存小异，最后由教研组长审查，报教导处批准。在实际执行中，如果要做较大变更，应该经过仔细考虑和讨论，再通过审批手续。计划执行情况要有详细、完整的记录，既可作为期末总结工作的重要依据，也是今后工作的参考。

2. 单元教学计划

这种计划是在学期教学工作计划的基础上，将各个单元的教学安排进一步具体化。每一个单元的教学开始前，先由教师根据学期总计划和本班学生的实际学习情况，拟出该单元的具体教学安排，然后通过同年级备课组的集体讨论做到大致统一。

单元教学计划的内容一般包括单元教学目的、单元教学课时划分，每一课的教学内容、教学目的和要求、课的类型、例题和习题的配备及单元考查等。为了鼓励教师开展教学改革，在完成学期总计划教学任务的前提下，允许在单元计划中有不同的处理方案。如采用单元教学法，这种单元教学计划与各课时教案实际上已合为一体。因此，需将计划编写得更为详细。

三、教案内容及编写教案应注意的问题

（一）教案内容

教案是课堂教学的设计图，它应该力求反映出课堂教学全过程的概貌。由于每堂课

的具体任务不同，课型不一，教学方法各式各样，教学过程千差万别，因此没有一个统一的编写教案的模式。但是，一篇完整的教案应该包括课题、教学目的、教学重点和难点、教学过程、教学后记等项内容。其中，教学过程是最核心的内容。

一般来说，教案都必须包括下列两项基本内容：一是说明这堂课的目的要求；二是拟订教学过程中各个步骤的进行计划。由于各个教师的经验有多有少，驾驭课堂教学的能力有强有弱，所以，教案有详简之分。以新课为例，详细的教案应当写明如何检查家庭作业，复习哪些具体内容，提问哪几个学生；新课题的任务如何提出，如何逐步启发诱导，一步一步地完成新知识的学习任务，巩固阶段的内容安排，课堂练习内容布置，课堂小结进行方法，布置家庭作业的内容和必要的提示与解释，等等。此外，教学中需要使用哪些教具，板书如何计划，各个环节需要多少时间，也可以在教案中说明。至于简略的教案，则相当于详细教案的提纲。它虽然简短扼要，但也必须包含教师和学生进行活动的基本步骤，并简要说明教学内容和教学方法。

教案的最后还可以附教学后记，以便上课后记载这堂课的教学经验和问题。一般说来，新教师宜写出详细的教案。这样，一方面可以促使自己备课更加仔细，另一方面也有利于逐步积累教学经验。那些写得详细，又认真做了教学后记的教案，将来再教同一内容时，将是宝贵的参考，备课就可以事半功倍。此外，观摩教学与示范教学的教案，一般应写得比较详细，以便大家学习和讨论。当然，对于教学经验丰富的教师，教案可以写得简单些，因为他们在课堂上能够灵活而富于创造性地掌握好各个教学环节，完满地完成教学任务。

在编写一堂课的教案的同时，连带考虑好后面几堂课的教学细节，不仅有助于更好地利用时间，而且可以对一个阶段的教学工作做到通盘筹划、有机结合，从而提高教学工作整体的计划性，保证教学质量。

缺乏教学经验的教师，在教案编写完毕之后，应当在上课前按照教案进行试讲，必要时可以约请有经验的教师给予指导。

（二）编写教案应注意的问题

1. 广泛参阅资料，但不照抄照搬

目前，有关参考教案、现成案例的文章、书籍比较多见。这为广大数学教师从事教学提供了很好的参阅资料。但有的教师捧着现成的教案，视为经典，照本宣科，结果一篇优秀教案在实施中却未收到理想的教学效果。这里教师的错误是忽视了教学对象，在编写教案时没有把自己的教学对象真正考虑进去。正确的做法是教师要广泛借鉴既成教案适合教师自身和所教学生实际的东西，并加以发挥，融入自己的教案，为我所用，才能收到较好的教学效果。

2. 教案应切实可用

教案不是摆设，写教案也不是走形式。一篇教案是教师备课的体现，无论是新教师还是老教师，都必须先备课写教案，后上课。教案形式不限，按照教材内容的特点和班

级学生的实际，力求完备简约，以实用为准，教学上需要的就写，不需要的就不写，可详可略。一般来说，新教师要写得详细些，有经验的教师对教材教法比较熟悉，可以简略些。但切忌空洞笼统。

3. 教学后记栏不能少

一堂课结束后，教师应对实施教案的情况进行反思，把实践的体会（成功的或失败的）及时写在教案后记栏内，作为以后完善教案、改进教学、总结经验和探索规律的参考。因此，教学后记栏不能少。

4. 教案应体现数学课的任务和基本要求

（1）体现数学课的任务

编写教案要体现数学课的任务。中学数学课的任务是由中学数学教学的总目的和教学过程的客观规律确定的。数学教学的主要目的之一就是使学生掌握必要的数学基础知识，所以数学课的一项首要任务就是学习数学新知识（主要是指新的数学概念、数学命题、数学思想和数学方法）。数学课的第二项任务就是组织和引导学生对已学知识的复习巩固。数学课的第三个主要目的是培养和形成学生的技能技巧，培养和发展学生的能力，特别是数学能力。除此之外，数学课还负有对学生进行数学知识、技能和技巧的检查和指导学生课后复习等任务。

（2）反映数学课应具有的基本要求

教案编写要反映数学课的基本要求。数学课的任务是一堂课连着一堂课综合完成的，每一堂课都是教学总体中相对独立的一环，都应该体现出目的、内容、手段、方法、组织等基本因素之间的相互关系。数学课应具有的基本要求，实质上就是对上述基本因素的要求：第一，每堂数学课要有一个主要的教学目的；第二，每堂数学课要在完成智能教育任务的同时，完成一定的思想教育任务；第三，每堂数学课的教学材料的选择要有根据。一般来说，选择一堂课的教学材料时，至少要满足如下要求：材料的内容符合这一堂课的基本教学目的，材料的分量恰到好处——保证能完成这堂课的教学目的而时间上又十分紧凑，材料的安排符合学生的认识规律（从具体到抽象再到具体，理论和实践相结合）；第四，每一堂课的教学方法要应用恰当，确保学生积极、主动地学习；第五，每一堂课的教学过程要组织得周密。此外，教师写教案时，还要自如地掌握一堂课的教材和整个教学科目的内容，要熟悉和恰当选择各种教学方法和手段，要掌握所教班级学生的特点，估计他们可能会遇到的困难及克服这些困难的办法；要周密地考虑教学过程中各个环节的时间分配、教与学工作量的分配，以及板书计划、教学辅助手段的合理运用等。

5. 应明确数学课的类型和结构

学生学习任何一种新知识都必须经过领会—建立—巩固—发展的认识过程。要使学生真正做到主动地学习，课堂教学的结构就应该与学生的这种认识过程同步。依据每堂课的主要教学目的和任务，可以将数学课分为以下几种结构不同的主要类型：新知课、练习课、复习课、讲评课、考查课及导言课、测量实习课等。编写每堂课的教案时要明确这堂数学课的类型和结构。

经常使用的四种主要课型的结构和特征如下。

(1) 传授新知识课（简称新知课）

新知课的主要任务是学习新的数学基础知识。它的特征是以学生获取新知识、新技能为主，使学生积极活动，主动进取。因此，这类课的结构是由复习已有知识，讲解、认知新知识，巩固新知识和布置作业等环节组成。

认知新知识是这种课的基本组成部分。认知新知识包括领会、建立两个阶段。因为学生是学习的主体，所以学生获取知识必须通过他们自己的一系列心理活动来完成。课堂上教师的作用主要在于给学生设计好符合他们学习心理过程的学习程序，这就是：

1）领会阶段，指的是在教师的适当讲解和启发下尽可能做到让学生经历对新课主要内容的探索过程，即对概念产生的具体背景、概念的形成，概念定义的合理性，定理的条件、结论、证明途径及解题的思路等，进行有目的、有计划的探索、概括，达到领会知识的目的。

2）建立阶段，指的是要让学生对本课要学习的主要新知识有一个清晰、鲜明的认识，即认识概念的本质属性，掌握它的确切定义，弄清定理的条件、结论及证明方法，总结出解题规律等。这里要注意的是，凡是学生自己经过努力能做到的事，最好让他们自己完成。教师的工作主要是启发、疏导和必要的讲解，而不是包办代替和注入。

巩固新学的知识也是这种课的必要组成部分。当学生认知新的知识以后，应当要求初步巩固这些知识，这就要求按所学内容的不同，采用不同的教学形式进行巩固：可根据定义判断概念，或应用概念的定义解决有关计算、作图、证明等问题；可进一步理解、分辨定理的条件和结论，回忆定理的证明思路，初步应用定理解决有关的问题；可整理和应用新课中所确立的算法等。巩固，既可以培养应用新知识的初步技能、技巧，又能及时检查学生对新知识掌握的情况，便于及时发现知识的缺陷，有利于新知识的深入理解。因此，在一般情况下，这类课型还应该有一个复习、检查已有知识的组成部分，由于数学是一门完整的演绎体系学科，学习新知识，必然要以一些已有知识为基础，这种复习检查可以通过多种方式灵活进行：可以在新课前复习提问、板演，可以在新课进行中随时提问，还可以检查学生的作业等。

最后，布置家庭作业也是这种课的必要组成部分。

根据学生的年龄特征和教学任务的轻重，在中学的不同年级的新课中，上述几个必要的组成部分在时间的分配和进行方式上都有所不同。一般说来，每一堂新课学习的新知识，低年级比高年级要少，因而认知这一环节所占的时间也要少，相应地，复习和巩固练习的时间却要多些。在低年级，复习阶段通常包括检查学生的课外作业，复习的内容多用提问或笔练的方式；在高年级，课外作业的检查不一定放在课堂上进行，除非那些特地为新课作准备的作业，才有必要在课堂上加以询问，以便引出新课或为新课的顺利进行铺平道路。复习的方式除了提问或笔练外，还可以由教师自问自答或简要复述。巩固阶段，低年级通常要安排课堂练习，高年级往往以师生一起研究范例，或启发学生一起归纳、概括、小结及应用所学知识等形式进行。

值得注意的是，新课必须以认知新知识一环为主，复习和巩固都是围绕掌握新知识这一中心而进行的，不能搞得过多、喧宾夺主，也不能简单重复和让学生死记硬背。应着重于基础知识的理解、方法的运用及对学生辨析能力、概括能力的培养。

（2）练习课

练习课的目的是巩固所学的知识，培养技能技巧，主要任务是解答数学习题。它的特征是教师对练习作专门的、有针对性的指导。它的结构一般是复习、练习、小结、布置家庭作业。

课堂练习应该培养学生看书的习惯和良好的解题作风，使学生养成“在掌握基础知识的前提下，进行有目的的练习”和“重视基本理论在解题中的指导作用”等良好习惯。所以，在做练习之前，教师首先要引导学生回忆前几课所学的基础知识，使学生明确做练习时所需要的知识范围。

在进入练习时，题目应逐道安排和布置，可以先由师生共同讨论解出一题，并由教师板书示范，做出明确要求，然后学生进行有计划、有目的的练习；也可以首先略做解题分析，启发学生思维，接着就由学生自己独立去做。学生独立解题时，每题可指定一个学生板演，然后大家对照，共同改正。这样，通过板演可使全班学生都看到解题过程，不仅锻炼了板演的学生，而且促使全班学生认真去检查分析自己的解题过程。教师要特别注意对成绩较差学生的个别启示和辅导。

练习完毕教师要做出适当小结，既可以分析学生练习中存在的问题，也可以总结解题规律，并归纳出一些常用的解题方法。

最后，还要布置作业。练习课的作业一般是课堂练习的延续深化或补充提高。还要指出，练习课的适用范围不只限于解答习题，也可用于对教材中某些新内容的学习。例如，在新课中学习了两角和与差的正弦和余弦之后，就可采用练习课的课型进而学习两角和与差的正切和余切。

（3）复习课

复习课的目的是巩固和加深学过的知识，使之系统化。复习课有阶段复习、期末复习和新学年开始的复习三种形式。阶段复习课的任务是对某一章或某一单元的教材作总结性的复习。其结构一般是提出复习提纲、重点讲述或讨论、总结、布置作业。

复习提纲是教师事先准备好的。在低年级，教师在上课一开始就可以向全班学生提出，然后引导学生边回忆边看提纲；在高年级，为了使学生在复习中获得系统知识和分析综合、抽象概括的能力，课前可指定范围让他们去独立钻研。课堂上，教师用一串精心设计好的提问，要求学生依次回答，在答问中把这一部分教材所包括的主要知识及各个项目之间的逻辑联系揭示出来，然后教师根据学生的回答，系统地做出总结。

重点讲述或讨论的内容应在课前进行深入细致的调查研究来确定。教师通过复习提问、批改作业、课外辅导等工作，了解学生已经牢固地掌握了哪些知识，已经解决了哪些疑难问题，还有哪些地方不懂或者懂得不透，哪些方法还不熟练及哪些知识需要补充等，然后归纳出几个主要的、基本的问题，在复习课上重点讲述或组织讨论，以便堵漏补缺，解决疑难，加深对基础知识的理解和数学方法的掌握。

教师的总结应该以更全面的、概括的方法，揭示各基础知识之间的内在联系，并指出在理解和运用这些知识方面应注意的问题，以及在理解的基础上记忆有关知识的方式方法等。

复习课的作业比一般新课的作业应该更带有综合性，学期复习课一般要连续进行若干课时。通常的结构是先着重系统复习教材内容，牢固掌握基础知识；然后重点放在知识的综合运用上，通过系统练习，着重培养学生分析问题、解决问题的能力。

对于高年级，还有一种非常有用的复习课——专题讲座，这种复习既可以使知识系统化，又可以使知识深化。例如，关于函数的概念、方程的理论和解法、三角式的恒等变形、几何证题法等，就可以分专题进行讲座式的复习。

新学年开始，有时也需要安排复习课，目的在于帮助学生解决一些在过去学习中所存在的问题，并为新学年的学习做好准备，使他们对今后的学习树立信心。这种课型一般是在教师的主导作用下，以指导学生解题的方式带动对已学重点内容的复习。

（4）讲评课

这种课的任务是对某一阶段的课外作业情况进行总结，或者是对某次考试的结果进行分析。它的目的在于介绍作业或考试中出现的最佳解法及纠正带普遍性的缺点和错误。发挥优秀生作业的榜样作用，总结经验教训，鼓励先进，启发后进，以利今后进一步学习。

学生在作业中出现的典型错误和好的解法，有些虽然是属于个别人的，但从教育性的角度来看，都带有一定的普遍指导意义。如果教师能够对这些内容进行理论上的分析，找出产生的原因，给予具体指导，将会激发学生学好数学的兴趣和信心，尤其对后进生更有帮助。因此，在适当时候进行一次作业讲评课很有必要。考试完毕，教师通过评卷，既可以发现学生存在的一些主要问题，也会发现个别学生的突出优点，有利于及时树立榜样，纠正错误，弥补知识上的缺陷，为下阶段的学习铺平道路。

讲评课的结构大致如下：首先，说明完成作业的数量和质量概况或者考试的评分结果，并就作业或试卷中出现的错误进行归类，将各类典型错误和正确答案公布给学生，让学生分辨；然后分析产生错误的原因，寻找改正的方法，同时介绍学生作业或试卷中的最优解法；最后，总结经验教训，必要时，还可适当布置一些补充作业。

需要指出的是，以上介绍了几种主要课型的结构，并不意味着教这些类型的课时只能按所述的程序进行。事实上，在教学实践中由于教师所教班级的具体情况的差异，教师所采用的教学方法的多样性，因而每种课型的结构大体上有一定要求，但都可以有多种不同的组织形式和教学活动程序。只有根据具体情况，灵活掌握应用，才能收到良好的教学效果，这一点教师编写教案时应予以注意。

四、编写教案的基本方法

（一）教学目的的确定

中学数学课程标准和中学数学教师教学用书中，对数学课的教学目的、各章的教学要求都提出了较明确的要求，教师在备课时必须认真阅读和钻研，这是确定每一堂课的教学目的的基础。因为，总的教学目的要到每一堂数学课时中去落实。只有通盘掌握数学课的教学目的，各章、单元的教学目的，才能对总的教学目的做恰当的分解，合理地落实到每一堂课当中。一堂课的教学目的和要求，一般情况下可从基础知识、基本技能、基本方法、数学能力、思想教育等几个方面考虑确定。例如，“勾股定理”一课的教学目的可确定为使学生正确掌握勾股定理的内容及其证明，并能初步应用；使学生初步学会面积法和比较法；使学生体会由特殊到一般，由具体到抽象的认识规律；培养学生的逻辑思维和发现、分析及解决问题的能力；使学生了解一些数学史方面的内容，进而进行爱国主义教育。

（二）重点、难点的确定

确定好教学重点，就是抓住了教学的主旨；确定好难点，才能突破难点，进而更好地掌握重点，达到对知识的全面理解掌握。确定教材的重点可通过对教学大纲、教材的编排意图、单元教学要求和课后作业训练内容的仔细分析得出。确定教材的难点，一方面从教材本身分析，知识上确定存在难以理解的部分；另一方面从教学对象学生入手，因学生年龄偏低、知识水平及生活经验的不足，对一些比较抽象的、离生活实际较远的、过程复杂的知识，仍难于理解，这部分也是教学的难点。突破难点，一般可采用分散难点、联系实际、抓住特征不断强化等方法来解决。

（三）教学内容的设置

一堂课要教多少内容，这是教师编写教案时首先必须考虑的，应根据教材要求、课时计划和学生的接受能力恰当地分配教学时数，使重点突出、难点分散，既要完成教学任务，又要取得最佳的教学效果。

（四）教学过程的安排

课堂教学的安排要讲究逻辑性，教学过程要适合学生的年龄特点和认识规律；从导入新课到揭示课题、进行新课、课堂练习、小结等各个教学环节都要力争做到前后衔接自然；授课多长时间，要做到合理分配，张弛有度，保持学生的学习兴致；何处提出有分寸的设问，“学优生”和“学差生”会有什么反应，教师应如何处理，编写教案时都应周密地考虑到；从思考题、问题探讨、作业题的安排到讲授知识、培养能力、发展智力的方法，以及教具、学具的利用，板书设计、教学效果的检查等都应通盘合理布置，以实现课堂结构的最优化。

知识拓展　编写教案模板及案例

（一）编写教案模板

教案模板 1

时间：　　　　姓名：　　　　学科：

课题章节	

续表

<table>
<tr><td rowspan="3">教学目标</td><td colspan="6">知识与技能：</td></tr>
<tr><td colspan="6">过程与方法：</td></tr>
<tr><td colspan="6">情感态度：</td></tr>
<tr><td>教学重点难点</td><td colspan="6"></td></tr>
<tr><td>课型</td><td></td><td>教法</td><td></td><td>教学手段</td><td colspan="2"></td></tr>
<tr><td colspan="6">教学过程</td><td>设计意图</td></tr>
<tr><td colspan="6"></td><td></td></tr>
<tr><td>课后记</td><td colspan="6"></td></tr>
</table>

教案模板 2

<table>
<tr><td>课题</td><td>（所授课题名称）</td><td>课型</td><td>（所授课堂的类型）</td></tr>
<tr><td>教材分析</td><td colspan="3">（说明本堂课在教材中的特点及作用，以及在教材知识体系中的位置，包括学习任务和学习方式的分析）</td></tr>
<tr><td>学习者分析</td><td colspan="3">（浅析学生的知识能力状况、学生学习心理与认知水平，以及基础知识与技能的掌握程度、学习起点的能力与学习特点等）</td></tr>
<tr><td>教学目标</td><td colspan="3">（体现知识、能力、情感三维目标，注重培养学生的创新精神与实践能力）</td></tr>
<tr><td>教学重点</td><td colspan="3"></td></tr>
<tr><td>教学难点</td><td colspan="3"></td></tr>
<tr><td>教学设计思想</td><td colspan="3">（主要解决“如何教、如何学”，简述采用何种教学模式、教学方法等教学策略）</td></tr>
<tr><td>媒体设计思路</td><td colspan="3">（教具准备、教学媒体的选用等）</td></tr>
</table>

续表

教学活动过程				
教学流程	教师活动	学生活动	教学媒体（资源）和教学方式	备注
	（与教学步骤相对应的教师活动）	（与教师活动相对应的学生活动）	（与教学活动相对应，较为详细地说明在教学活动中使用的教学媒体、教学资源和所使用的教学方式）	
板书设计				
作业（测验）设计				
教学评价（反思）	（包括备课及课后反思、学生课后反馈、评价教学目标是否实现、教学策略是否合理、教学效果如何等）			
补充说明	（如果还有需要进一步说明的内容写在此处）			

教案模板 3

周次		时间	年　月　日　第　节
章节名称			
授课性质	理论课（　）、实践课（　）、实习（　）	教学时数	
教学目的			
教学重点难点			
教学要求			
教学方法			
教学内容			
讨论练习作业			
参考资料			
备注			

教案模板 4（电子教案模板）

年　　月　　日

学科		年级		设计者	
课题					
教学目标					
教学重难点					
教学媒体		课时安排			
教学设计（教学内容、重难点突破方法或手段、小结、作业等）					个人设想
板书设计：					
教后记：					

教案模板5（研究型课）

一、确定问题或提出更多问题

向学生们展示一个不容易解决的问题。此部分的目的在于确定一个可以发展学生综合能力的问题。确定较高层次问题的关键，是要保证解决这个问题时需要学生做出选择。

在这一步骤中，学生们要分析即将解决的主要问题，然后提出一个问题列表，这些问题将指导他们在资料收集过程中选择恰当的信息。教师可能有必要确定问题或帮助学生们提出他们的指导性问题。

二、组织分工

小组成员要一起确定所应承担的责任，决定谁将做什么工作，以及他们将如何合作。他们还将决定利用什么资源，以及如何收集信息。成员们需要一定的合作技巧。

三、收集信息

小组成员收集有助于回答或解决主要问题的相关信息。如何收集事实是一个需要传授的技巧。小组工作时应确保每一个人都能参与并能很好地合作。

四、整理分析信息

当小组成员们认为他们已经收集到足以回答或解决问题的信息时，他们将在一起将所收集到的信息分类。

为了分析所收集的信息，小组成员需要明确回答以下问题：

1．所收集的信息是否有助于我们回答主要问题？

2．我们的信息充足吗？是否需要收集更多的信息？

3．所收集的信息是否足以做出决定或解决问题？

在这一步骤中，小组成员需要更为深入地研究所收集到的信息。学生们（或在教师的帮助下）将利用以问题形式组成的标准列表来分析事实。他们要根据这个标准来研究所收集到的事实，这将有助于他们筛选有用的信息，以便获得最终的答案和解决方案。

五、创建答案/解决方案

在这一步骤中，小组成员们要思考下面一些问题：同学们怎样才能利用已有的观点和所收集的资料创建一个新的答案或解决方案？最终结果（产品）将是怎样的？这段时间将是富有创意的，但小组成员们必须记住这一切要基于他们根据已收集并分析的信息所产生的答案或解决方案。

六、评价与展示作品

小组之间共享他们所创建的答案或解决方案，评价他们在这个项目上的表现。评价需要关注研究过程的每一步骤。在项目结束的时候，多花一些时间确定一个新项目的目标，这点很重要，因为学生们正盼着按照这样的研究步骤在下一次研究中提高自己的表现。

（二）编写教案案例

教案案例1

时间：　　　　　　　　姓名：　　　　　　　　学科：

课题章节	集合（一）				
教学目标	1．集合的概念和性质。 2．集合的元素特征。 3．有关数的集合。				
教学重点难点	1．集合的概念。 2．集合元素的三个特征。				
课型	新授课	教法	讲练结合	教学手段	多媒体课件

续表

教学过程	设计意图
一、复习回顾 回顾初中代数中涉及“集合”的提法。 一般地说，一个含有未知数的不等式的所有的解，组成这个不等式的解的集合，简称这个不等式的解集。 不等式的解集中涉及“集合”。 二、新课讲授 实例： ① 数组：1，3，5，7。 ② 到两定点距离的和等于两定点间距离的点。 ③ 满足 $3x-2>x+3$ 的全体实数。 ④ 所有直角三角形。 ⑤ 高一（3）班全体男同学。 ⑥ 所有绝对值等于 6 的数的集合。 ⑦ 所有绝对值小于 3 的整数的集合。 ⑧ 中国足球男队的队员。 通过以上实例，教师指出： 1．定义 一般地，某些指定对象集在一起就成为一个集合（集）。 集合中每个对象叫作这个集合的元素。 上述集合的元素是什么？ 例①的元素为 1，3，5，7。 例②的元素为到两定点距离的和等于两定点间距离的点。 例③的元素为满足不等式 $3x-2>x+3$ 的实数 x 。 例④的元素为所有直角三角形。 例⑤的元素为高一（3）班全体男同学。 例⑥的元素为-6，6。 例⑦的元素为-2，-1，0，1，2。 例⑧的元素为中国足球男队的队员。 请同学们举出三个例子，并指出其元素。 一般来讲，用大括号表示集合。 例①为{1，3，5，7}。 例②为{到两定点距离的和等于两定点间距离的点}。 例③为{ $3x-2>x+3$ 的实解}。 例④为{直角三角形}。 例⑤为{高一（3）班全体男同学}。 例⑥为{-6，6}。 例⑦为{-2，-1，0，1，2}。 例⑧为{中国足球男队的队员}。 2．集合元素的三个特征 问题及解释： ① A={1，3}，问 3，5 哪个是 A 的元素？ ② A={所有素质好的人}能否表示为集合？ ③ A={2，2，4}表示是否准确？ ④ A={太平洋，大西洋}和 B={大西洋，太平洋}是否表示为同一集合？	略

续表

教学过程	设计意图
教师指导： 例①中 3 是集合 A 的元素，5 不是集合 A 的元素。例②中由于素质好的人标准不可量化，故 A 不能表示为集合。例③中的表示不准确，应表示为 $A=\{2, 4\}$。例④的 A 与 B 表示同一集合，因其元素相同。 由此可知，集合元素具有以下三个特征： （1）确定性 集合中的元素必须是确定的，也就是说，对于一个给定的集合，其元素的意义是明确的。 （2）互异性 集合中的元素必须是互异的，也就是说，对于一个给定的集合，它的任何两个元素都是不同的。 （3）无序性 集合中的元素无先后顺序，也就是说，对于一个给定集合，它的任何两个元素都是可以交换的。 如上例①中元素与集合的关系有“属于 $\in$ ”及“不属于 $\notin$ ”两种。 例如，$A=\{2, 4, 8, 16\}$，$4\in A$，$8\in A$，$32\notin A$。 请同学们考虑：$A=\{2, 4\}$，$B=\{\{1, 2\}, \{2, 3\}, \{2, 4\}, \{3, 5\}\}$。 A 与 B 的关系如何？ 虽然 A 本身是一个集合，但相对 B 来讲，A 是 B 的一个元素，故 $A\in B$。 3．常见数集的专用符号 **N**：非负整数集（或自然数集）（全体非负整数的集合）。 $\mathbf{N}^*$或$\mathbf{N}^+$：正整数集（非负整数集 **N** 内排除 0 的集合）。 **Z**：整数集（全体整数的集合）。 **Q**：有理数集（全体有理数的集合）。 **R**：实数集（全体实数的集合）。 请同学们熟记上述符号及其意义。 三、课堂练习 1）（口答）说出下面集合中的元素。 ① {大于 3 小于 11 的偶数}。 其元素为 4，6，8，10。 ② {平方等于 1 的数}。 其元素为-1，1。 ③ {15 的正约数}。 其元素为 1，3，5，15。 2）用符号 $\in$ 填空。 $1\in\mathbf{N}$，$0\notin\mathbf{N}^+$，$-3\in\mathbf{Z}$，$0.5\notin\mathbf{Z}$，$0.8\in\mathbf{Q}$，$2\in\mathbf{R}$ 四、课时小结 1）集合的概念中，“某些指定的对象”，可以是任意的具体确定的事物，如数、式、点、形、物等。 2）集合元素的三个特征：确定性、互异性、无序性，要熟练运用之。 五、课后作业 1．练习内容 习题 1.1 第 1 题。 2．预习内容 1）课本 P5～P6。 2）预习提纲： ① 集合的表示方法有几种？怎样表示？ ② 集合如何分类？依据是什么？	略

续表

课后记	

教案案例 2

时间：　　　　　　姓名：　　　　　　学科：

<table>
<tr><td>课题章节</td><td colspan="5">第七章第二节　二元一次方程组的解法（1）
（华东师大版七年级下）</td></tr>
<tr><td rowspan="3">教学目标</td><td colspan="5">知识与技能：
1．使学生学会用代入消元法解二元一次方程组。
2．理解代入消元法体现的化未知为已知的化归思想方法。</td></tr>
<tr><td colspan="5">过程与方法：通过探究与交流，会用类比与化归的思想来解二元一次方程组。</td></tr>
<tr><td colspan="5">情感态度：通过列二元一次方程组解决简单的实际问题，体会数学知识与现实世界的联系。</td></tr>
<tr><td>教学重点
难点</td><td colspan="5">重点：用代入法解二元一次方程组。
难点：代入消元法的基本思想。</td></tr>
<tr><td>课型</td><td>新课型</td><td>教法</td><td>启发引导式</td><td>教学手段</td><td>多媒体课件</td></tr>
</table>

<table>
<tr><th>教学过程</th><th>设计意图</th></tr>
<tr><td>一、创设情境，引入课题
播放学生篮球赛录像剪辑。
体育节要到了，篮球是初一（1）班的拳头项目，为了取得好名次，他们想在全部的 22 场比赛中得到 40 分。已知每场比赛必须分出胜负，胜队得 2 分，负队得 1 分。那么初一（1）班应该胜负各几场呢？
你会用二元一次方程组解决这个问题吗？
根据问题中的等量关系设胜 x 场，负 y 场，可以更容易地列出方程组
$$\begin{cases} x+y=22 & ① \\ 2x+y=40 & ② \end{cases}$$
那么用什么方法可以求得二元一次方程组的解呢？</td><td>问题情境是学生喜闻乐见的体育活动，容易吸引学生的注意力，增强求知欲，对所学知识产生亲切感。</td></tr>
<tr><td>二、探究新知
引导什么是二元一次方程组的解（方程组中各个方程的公共解）。满足方程①的解有
$$\begin{cases} x=21 \\ y=1 \end{cases} \begin{cases} x=20 \\ y=2 \end{cases} \begin{cases} x=19 \\ y=3 \end{cases} \begin{cases} x=18 \\ y=4 \end{cases} \begin{cases} x=17 \\ y=5 \end{cases} \begin{cases} x=16 \\ y=6 \end{cases} \cdots$$
满足方程②的解有
$$\begin{cases} x=19 \\ y=2 \end{cases} \begin{cases} x=18 \\ y=4 \end{cases} \begin{cases} x=17 \\ y=6 \end{cases} \begin{cases} x=16 \\ y=8 \end{cases} \cdots$$
所以这两个方程的公共解是
$$\begin{cases} x=18 \\ y=4 \end{cases}$$
师：这个问题能用一元一次方程来解决吗？</td><td>可以用观察估计的方法，但是很麻烦，故要引导学生产生寻找新方法的需求。</td></tr>
</table>

续表

教学过程	设计意图
学生思考并列出式子： 设胜 x 场，负（ $22-x$ ）场，解方程 $2x+(22-x)=40$ ③ 解法略。 观察：上面的二元一次方程组和一元一次方程有什么联系？ 若学生感到困难，教师可通过提问进一步引导。 1）在一元一次方程解法中，列方程时所用的等量关系是什么？ 2）方程组中方程②所表示的等量关系是什么？ 3）方程②与③的等量关系相同，那么它们的区别在哪里？ 4）怎样使方程②中含有的两个未知数变为只含有一个未知数呢？ 结合学生的回答，教师做出讲解。	以退为进的思想。
由方程①进行移项，得 $y=22-x$ 由于方程中②的 y 与方程中①的 y 都表示负的场数，故可以把方程②中的 y 用 $22-x$ 来代换，二元方程化为了一元方程。 解得 $x=18$ 。 问题解完了吗？怎样求 y ？ 将 $x=18$ 代入 $y=22-x$ ，得 $y=4$ 。 能代入原方程组中的方程①②来求 y 吗？代入哪个方程更简便？ 这样，二元一次方程组的解是 $\begin{cases} x=18 \\ y=4 \end{cases}$ 归纳：这种通过代入消去一个未知数，使二元方程转化为一元方程，从而方程组得以求解的方法叫作代入消元法，简称代入法。（板书课题）	重视知识的发生过程，让学生了解代入消元法解二元一次方程组的过程及依据。体会未知向已知、陌生向熟悉转化这一重要思想——化归思想。
三、巩固新知 例 1　用代入消元法解方程组 $\begin{cases} x=y+3 & ① \\ 3x-8y=14 & ② \end{cases}$ 本题较简单，直接由学生板演，师生共同评价。 解：把①代入②，得 $3(y+3)-8y=14$ 所以 $y=-1$ 。把 $y=-1$ 代入①，得 $x=2$ 。所以方程组的解为 $\begin{cases} x=2 \\ y=-1 \end{cases}$ 解后反思，教师引导学生思考下列问题： 1）选择哪个方程代入另一个方程？其目的是什么？ 2）为什么能代入？ 3）只求出一个未知数的值，方程组解完了吗？ 4）把已求出的未知数的值，代入哪个方程来求另一个未知数的值较方便？ 5）怎样知道你运算的结果是否正确呢？ （与解一元一次方程一样，需检验，其方法是将求得的一对未知数的值分别代入原方程组里的每一个方程中，看看方程的左、右两边是否相等，检验可以口算，也可以在草纸上验算） 例 2　（为例 1 的变式）解方程组 $\begin{cases} \frac{1}{2}x-y=3 & ① \\ 3x-8y=14 & ② \end{cases}$ 分析： 1）从方程的结构来看：例 2 与例 1 有什么不同？ 例 1 是用 $x=y+3$ 直接代入②的，而例 2 的两个方程都不具备这样的条件，都不能直接代入另一个方程。	例 1 暂时省略了“用含一个未知数的式子去表示另一未知数”这一步骤，而将其放在例 2 中介绍。这样处理降低了难度，利于分阶段达成本课的知识目标。本例的重点在于让学生掌握代入法的基本步骤。

续表

教学过程	设计意图
2）如何变形？ 把一个方程变形为用含有 x 的式子表示 y（或含 y 的式子表示 x）。 3）那么选用哪个方程变形较方便呢？ 通过观察，发现方程①中 y 的系数为-1，因此，可先将方程①变形，用含 x 的代数式表示 y，再代入方程②求解。 解：由①得 $y=\frac{1}{2}x-3$ ③ 把③代入②，得（问：能否代入①中？） $3x-8\left(\frac{1}{2}x-3\right)=14$ 解得 $-x=-10$，即 $x=10$。 把 $x=10$ 代入③，得 $y=\frac{1}{2}\times10-3$ 所以 $y=2$。 所以方程组的解为 $\begin{cases}x=10\\y=2\end{cases}$ （本题可由一名学生口述，教师板书完成） 四、小结提高 合作交流：你从上面的学习中体会到代入法的基本思路是什么？主要步骤有哪些呢？与你的同伴交流。 学生畅所欲言，互相补充，小组派中心发言人进行总结发言，最后由教师出示幻灯片。 代入法的实质是消元，使两个未知数转化为一个未知数。一般步骤如下： 1）从方程中选一个未知数系数比较简单的方程，将这个方程中的一个未知数，如 y，用含 x 的式子表示出来，也就是化成 $y=ax+b$ 的形式。 2）将 $y=ax+b$ 代入方程组中的另一个方程中，消去 y，得到关于 x 的一元一次方程。 3）解这个一元一次方程，求出 x 的值。 4）把求得的 x 值代入方程 $y=ax+b$ 中，求出 y 的值，再写出方程组解的形式。 5）检验。这一步不是完全必要的，若能肯定解题无误，这一步可以省略。 五、反馈练习 1）教材 105 页练习 1。 （补充）再改写成用含 y 的式子表示 x。 2）教材 105 页练习 2 用代入法解二元一次方程组。 3）教材 107 页练习 3 应用题。 教师巡视、指导，师生共同讲评。 六、布置作业 1）必做题：教材 111 页习题 8.2 第 1 题，112 页习题 8.2 第 2 题（1）（2）。 2）选做题：教材 112 页习题 8.2 第 6 题。 3）备选题： ① 求满足 $5x+3y=x+2y=7$ 的 x，y 的值。 ② 求解下列诗歌中的数学问题：一百馒头一百僧，大僧三个更无争，小僧三人分一个，几多大僧几小僧？	例 2 进一步巩固代入法的步骤。重点在于说明解二元一次方程组的一些技巧问题，主要表现在如何选择一个方程，如何用含一个未知数的式子去表示另一未知数。 及时梳理知识，形成模型——用代入法解二元一次方程组的一般步骤。 不同层次的学生根据自身的需要选择不同的备用题，达到因材施教的目的。 本课按照“身边的数学问题引入→寻求一元一次方程的解法→探索二元一次方程组的代入消元法→典型例题→归纳代入法的一般步骤”的思路进行设计。 代入消元法体现了数学学习中的“化未知为已知”的化归思想方法，化归的原则就是将不熟悉的问题化归为比较熟悉的问题，从而充分调动已有的知识和经验，用于解决新问题。

课后记	

教案案例 3

时间：　　　　　　姓名：　　　　　　学科：

<table>
<tr><td>课题章节</td><td colspan="5">第一章第八节　完全平方公式（北师大版七年级下）</td></tr>
<tr><td rowspan="3">教学目标</td><td colspan="5">知识与技能：
1．学生通过推导完全平方公式，掌握公式结构。
2．正确运用完全平方公式进行计算。</td></tr>
<tr><td colspan="5">过程与方法：探究完全平方公式，体会数形结合的思想。</td></tr>
<tr><td colspan="5">情感态度：通过学生自己分析得出结论，让他们感受成功的喜悦，从而激发学生的学习兴趣。</td></tr>
<tr><td>教学重点
难点</td><td colspan="5">重点：弄清完全平方公式的推导及其结构特点。
难点：正确运用完全平方公式进行运算。</td></tr>
<tr><td>课型</td><td>新知课</td><td>教法</td><td>启发式</td><td>教学手段</td><td>黑板、多媒体教学</td></tr>
</table>

<table>
<tr><th>教学过程</th><th>设计意图</th></tr>
<tr><td>一、复习回顾
复习上一堂课“两数和乘以这两数的差”内容：上一堂课里，我们学习了乘法公式的第一种类型，$(a+b)(a-b)$等于什么？　a^2-b^2
不错，看来大家回家有复习！那么好，我们趁热打铁，一起来探究乘法公式的第二种类型，完全平方公式。</td><td>温故知新。</td></tr>
<tr><td>二、创设情境
现在，我们观察图 1，一块边长为 a m 的正方形实验田，因需要将边长增加 b m（边读题边操作计算机，显示图形），这样就形成四块实验田，以种植不同的新品种。
方法一：直接求，总面积$=(a+b)^2$。
方法二：间接求，总面积 = ？
形成的四块实验田是由哪几个部分组成的呢？边长为 a 的正方形，边长为 b 的正方形及两个长为 a、宽为 b 的长方形。
真聪明，那么我们不难得出，间接求总面积$=a^2+ab+ab+b^2$。
根据面积相同，填出等式：
$$(a+b)^2=a^2+2ab+b^2$$
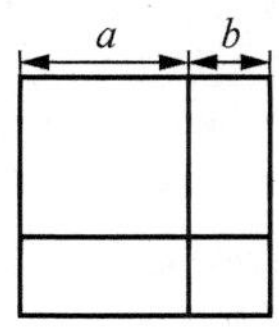
图 1</td><td>运用直观图形，推出完全平方公式。</td></tr>
<tr><td>三、讲授新课
1．两数和的平方公式
我们把等式$(a+b)^2=a^2+2ab+b^2$叫作两数和的平方公式。运用多项式的乘法对两数和的平方公式进行验证。
2．两数差的平方公式
利用多项式的乘法计算出$(a-b)^2=a^2-2ab+b^2$。
提示同学们还可以运用换元的思想把$(a-b)^2$转化为$[a+(-b)]^2$，最后得出$(a-b)^2=a^2-2ab+b^2$，这个等式即为两数差的平方公式。</td><td>不限定思维，从多种角度解决同一问题。</td></tr>
<tr><td>3．完全平方公式
$$\text{完全平方公式}\begin{cases}\text{两数和的平方公式}(a+b)^2=a^2+2ab+b^2\\\text{两数差的平方公式}(a-b)^2=a^2-2ab+b^2\end{cases}$$
【结构特征】：左边是二项式（两数和的平方）；
右边是二次三项式（两数的平方和加上或减去它们乘积的 2 倍）。
【叙述】：两数和（或差）的平方等于它们的平方和，加上（或减去）它们的乘积的 2 倍。
【顺口溜】：首平方，尾平方，首尾两倍放中央，中间是加就加，是减就减。</td><td>顺口溜目的在于可以速记，加深学生对公式中字母含义的理解，明确字母意义的广泛性。</td></tr>
</table>

续表

教学过程	设计意图
从形式上理解公式： $(\boxed{a}+\blacktriangle)^2=\boxed{a}^2+2\boxed{a}\blacktriangle+\blacktriangle^2$ $(\boxed{a}-\blacktriangle)^2=\boxed{a}^2-2\boxed{a}\blacktriangle+\blacktriangle^2$ 例　利用完全平方公式计算： （1）$(4a+b)^2$；（2）$\left(y-\frac{1}{2}\right)^2$。	
四、练习 1）下列计算是否正确？如不正确应如何改正？ ① $(a+b)^2=a^2+b^2$； ② $(a-b)^2=a^2-b^2-2ab$； ③ $(a+2b)^2=a^2+2ab+b^2$。 2）填空。 ① a^2+b^2+________$=(a+b)^2$； ② a^2+4b^2+________$=(a-2b)^2$； ③ $9m^2+4n^2-$________$=(3m+2n)^2$； ④ $4x^2-4xy+$________$=(2x-2y)^2$。	巩固练习，加强概念理解。
五、小结 1）进行学习反馈活动：我的收获我来说。 2）教师总结： ① 完全平方公式 $\begin{cases}\text{两数和的平方公式}(a+b)^2=a^2+2ab+b^2\\ \text{两数差的平方公式}(a-b)^2=a^2-2ab+b^2\end{cases}$ ② 完全平方公式的结构特征。 ③ 完全平方公式的叙述。 ④ 顺口溜。	
六、作业 要给以边为 a 的正方形的桌子铺桌布，桌布四周均超出桌面 0.1m，问：需要多大面积的桌布？	训练学生的归纳总结能力。
课后记	这堂课自我感觉良好，学生基本上能套用完全平方公式进行运算，部分学生用已学过的乘法法则计算，短时间内不能理解公式里每个字母表示数的意义，即不会用新知识去解决问题。所以，对数学公式的学习需要学生认真体会，加强练习。

第四节　教具制作与使用技能

教师根据教学需要，自己动手设计制作教具，并在课堂上通过教具演示生动地进行教学，也是一项重要的教学技能。一件好的教具，可以胜过许多冥思苦想的计算或证明，不但能节省教学时间，而且能取得好的教学效果。尤其是在平面几何的教学中，借助实物教具，结合图形，往往能使一些较复杂的概念、定理简单明了地表现出来，从而容易为初中学生接受。同时，通过教具的演示，可以提高学生的学习兴趣，培养学生的直觉思维能力，发展学生的智力。下面介绍一些教具制作与使用的方法。

一、实物教具的妙用

例如，在平面几何第一章“基本概念”中，可借助于实物教具，如竹竿、圆规等进行线、角的教学，从而消除学生对几何的陌生感、恐惧感，为几何的入门教学打下良好的基础。

二、利用剪纸、折纸活动代替教具

利用剪纸、折纸活动辅助几何教学不仅简单易行，而且效果显著。

例 2-1　剪一个任意三角形，折纸求三角形的内心、重心、垂心、外心。

折叠如图 2-1 所示，过 A 作一折叠使 AB 与 AC 重合，然后展开得折痕 AD（$\angle A$ 的平分线），类似地作 $\angle B$ 的平分线 BE，此时 AD 与 BE 交于 I，过 C、I 折叠，必使 CA 与 CB 重合，I 为三条角平分线的交点，即为三角形的内心。其他三心的折纸活动，图略。

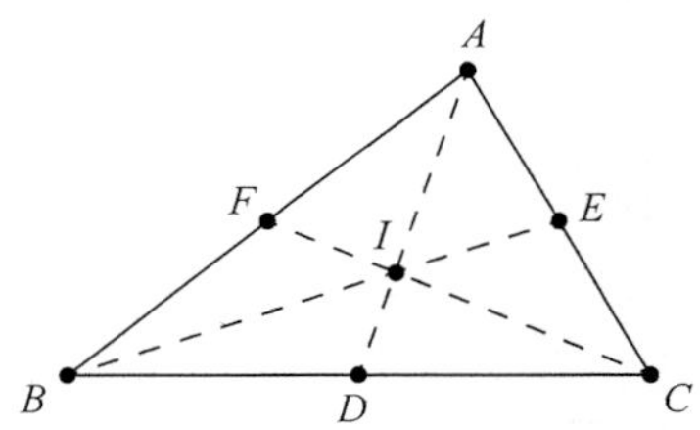

图 2-1

例 2-2　用折纸证明三角形内角和定理与三角形中位线定理。

用纸剪一个任意三角形（图 2-2），对折 AB、AC 得 AB、AC 的中点 E、F，沿 EF 将顶点 A 向下对折（A 点必落在 BC 上），再将 B、C 分别折向 A 点，所落位置如图 2-3 所示，此时 BE 必重合于 EA，CF 必重合于 FA。此活动可验证三角形内角和定理与三角形中位线定理（折纸过程中，教师适时提出问题，引导学生发现验证）。

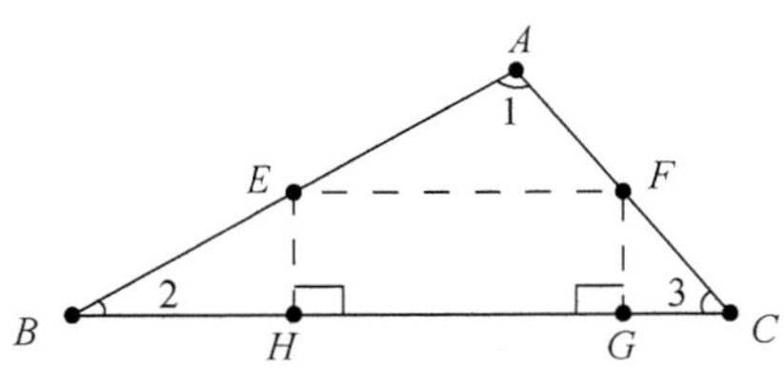

图 2-2

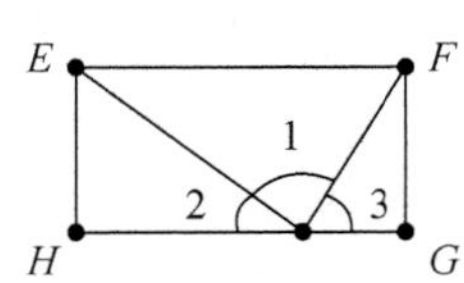

图 2-3

问题：

1）$\triangle ABC$ 三个内角（$\angle 1$、$\angle 2$、$\angle 3$）到什么位置去了？$\angle 1+\angle 2+\angle 3=$？学生容易从自己手中的模型中回答这些问题，从而得出三角形内角和定理。

2）EF 是$\triangle ABC$ 的什么线？$EFGH$ 是什么图形（四个内角均为直角）？EF 与 GH 有什么关系？GH 与 BC 有什么关系？学生自然得出三角形中位线定理。

3）矩形 $EFGH$ 的面积等于多少？若$\triangle ABC$ 中 BC 边上的高为 h，BC 为 a，则可以

推得矩形 $EFGH$ 面积等于三角形面积的一半。

例 2-3 用折纸验证定理：①直角三角形斜边的中线等于斜边的一半；②直角三角形的两个锐角互为余角。

剪一个直角三角形（图 2-4）。将 A、B 分别折向 C，使点 A、点 B 和点 C 重合，从而有 AD、BD 均与 CD 重合。

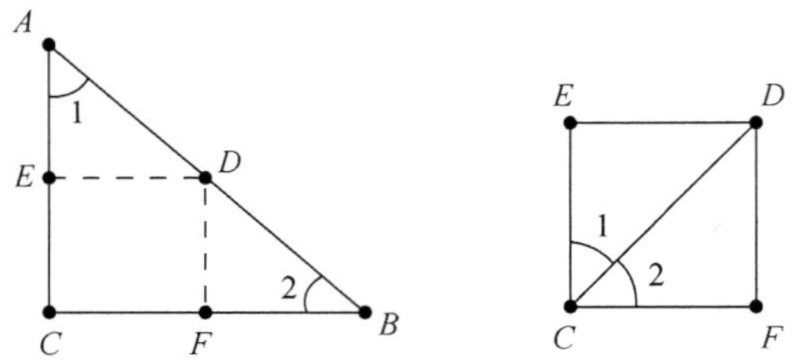

图 2-4

问题：

1）Rt$\triangle ABC$ 的两个锐角（$\angle 1$、$\angle 2$）到哪里去了？$\angle 1$ 与 $\angle 2$ 的和与 $\angle C$ 有什么关系？从而得出直角三角形的两个锐角互为余角的结论。

2）D 是斜边 AB 的什么点（中点）？CD 是什么线？AD、BD、CD 有什么关系？从而得到直角三角形斜边上的中线等于斜边的一半的结论。

例 2-4 用折纸法验证勾股定理。

拿一张边长为$(a+b)$的正方形纸，把它的四个角折出直角边分别为 a、b 的四个全等三角形（图 2-5）。

问题：$EFGH$ 是什么图形（正方形）？面积为多少？这个面积等于边长为$(a+b)$的正方形面积，减去折去的四个直角三角形的面积之和，即

$$c^2=(a+b)^2-4\times\frac{1}{2}ab=a^2+b^2$$

图 2-6 上的 $ABCD$ 是边长为（$a-b$）的正方形。

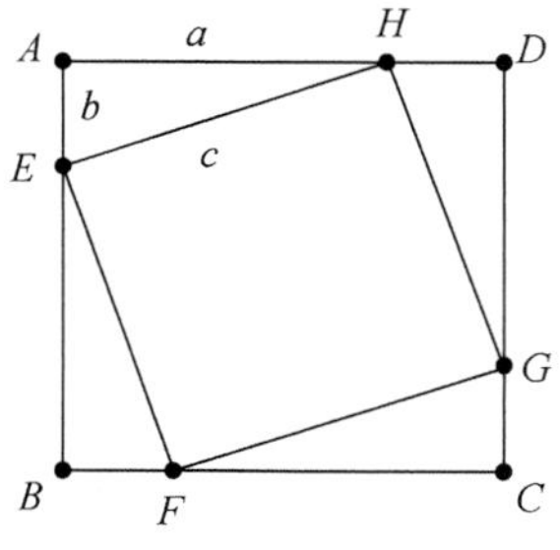

图 2-5

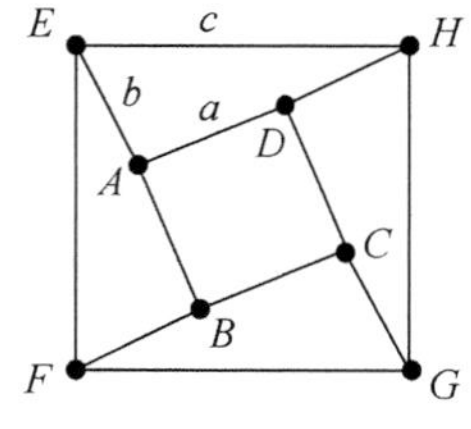

图 2-6

例 2-5 利用折纸、剪纸导入轴对称、轴对称图形的概念。

先把一张方纸对折，然后用剪刀剪几下，展开后，一个美丽的图案展现在学生面前，如图 2-7 所示。教师让学生拿出一张纸来，请学生仿照教师的做法去做，结果发现无论

怎样剪，展开后均是一个对称图形（图 2-8），这是为什么？

带着这样的悬念教师导入新课，使学生对轴对称、轴对称图形的概念有了深刻的认识。

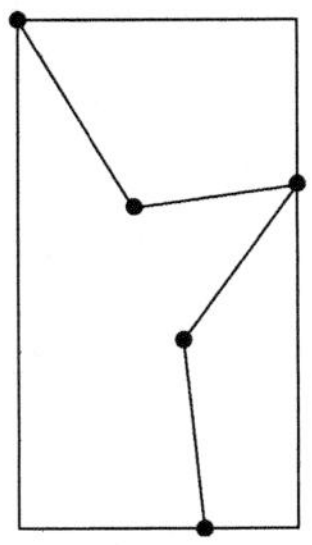

图 2-7

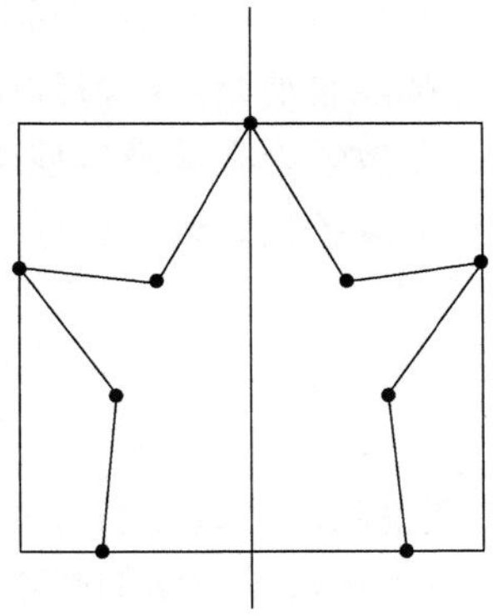

图 2-8

三、利用其他教具进行辅助教学

例 2-6　讲解“同位角、内错角、同旁内角”一节，用木条做模型，如图 2-9 所示，先要学生记住标准图形同位角、内错角、同旁内角的判定（图 2-10），然后旋转 *CD* 木条，使它变为图 2-11 和图 2-12 的情形，再让学生判定以不同直线为截线时的同位角、内错角、同旁内角。

图 2-9

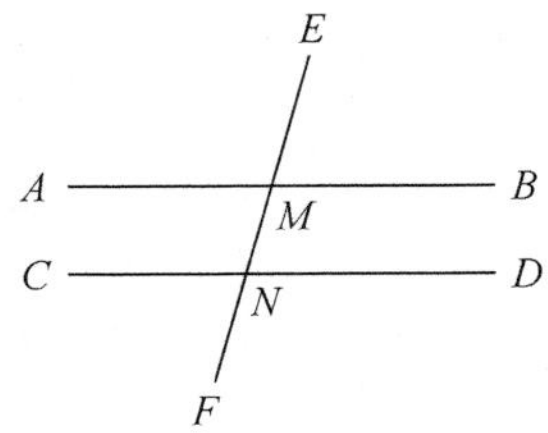

图 2-10

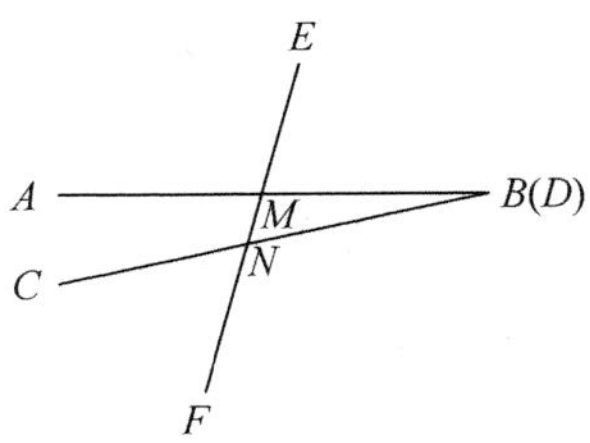

图 2-11

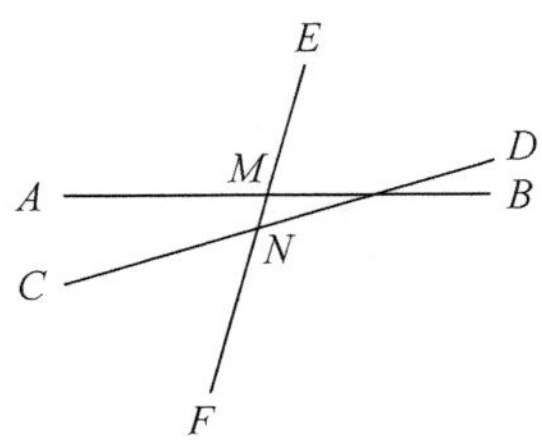

图 2-12

例 2-7　讲解三角形三边关系时，课前教师可布置一道题：用铁丝或木棒做两个长度分别为 10cm、15cm 的木棍，以它们为三角形的两边，试一试，构成三角形的第三边的长度应在什么范围内？学生通过试验很快得出第三边的长度应大于 5cm 小于 25cm。

教师自制教具，利用教具辅助教学是提高教学质量的重要手段。自制教具要有明确的教学目的，为了取得好的教学效果，教具应尽量制作成活动式的，涂单一明快的色彩，并且力求简单实用，具有多项功能。在使用教具时，教师应注意演示教具的角度，应该使每个学生都能看清楚，获得鲜明的感知。教具的演示应该紧密结合教学内容，与教学过程同步。在教学中教具及其使用必须适时、恰当，并与逻辑论证讲解相结合，要防止学生对直观教具的依赖性，使学生的直觉思维与逻辑思维都得以发展。

思 考 题

1．举例说明教学设计的意义。
2．试述中学数学教学的基本技能。
3．数学课常用的教学方法有哪几种？各是怎样进行的？
4．试述备课在教学工作中的重要意义。备课有哪些工作要做？
5．如何钻研教材？主要解决哪几个问题？举例说明。
6．试拟一个九年级第二学期的代数教学复习工作计划。
7．简述编写教案的原则和基本要求。
8．数学教材的内涵是什么？教材在数学教学中有什么作用？教师应怎样研读教材？
9．分析数学教材有哪些主要的方法？分析数学教材要遵循哪些原则？

第三章　中学数学课堂教学基本技能

数学课堂教学是数学教师的教学能力、业务水平、文化修养、教育观点、师德和思想素质的综合表现。中学数学课堂教学基本技能包括导入技能，提问技能，使用数学语言及讲解说明技能，启发诱导技能，接收反馈信息技能，练习、作业、考试的讲评技能，板书板画技能等[4]。

第一节　导 入 技 能

导入新课是教师在新课开始时，引导学生进行学习的行为方式。在讲授新课之前，教师应根据教学内容、学生的心理特征设计正确和巧妙的方法，激发学生的学习兴趣和求知欲望，使学生的思维处于兴奋状态，从一开始就有一个明确的探索目标和正确的思维方向，这是一堂课成功的前提[1]。根据中学数学内容及其学生的心理年龄特点，导入新课一般有以下几种类型。

一、从旧知识导入新课

这种导入法以旧知识为基础发展深化，从而引出新的教学内容，达到温故而知新的目的。具体做法有复习提问、测试总结、复习测试相结合等。使用这种方法要注意：第一，复习提问或测试的习题要与新知识有紧密的联系，使复习、提问或测试自然过渡到新知识的提出与讲授；第二，教师要提示或明确告诉学生什么是新旧知识的联系，以引起学生思考，从而明确新旧知识之间的关系，进入新的学习阶段。

例 3-1　三角形的内角和（引入新课教学设计）。

1. 诊断性测试

1）平角的定义是____________________。

2）两条平行直线被第三条直线所截，则同位角________，内错角________，同旁内角________。

3）两条直线被第三条直线所截，如果同位角相等（或内错角相等或同旁内角互补），则这两条直线________。

2. 实施目标

三角形的内角和定理。

教师：前面我们学习三角形三边的关系，即三角形任意两边的和大于第三边，那么自然使我们想到：三角形的三个内角有什么关系呢？例如，三角形的任意两个内角的和是否大于第三个内角呢？教师在黑板上先画出直角三角形、锐角三角形和钝角三角形各一个，然后要求每个学生在自己的练习本上画出三个与之类似的三角形，再要求学生用量角器量出自己画出的各个三角形的三个内角，计算一下是否满足上面的猜想。

学生众：不满足。

教师：那么，三角形的三个内角有什么关系呢？（提示：请学生根据量得的结果总结各种类型三角形三个内角有何共同性质。）

学生众：三角形的内角和都等于 180°。

教师要求未发现这一结论的同学验证一下，结论一致后，教师出示课题：三角形的内角和。

本课的引入自然生动，测试题的内容是新课定理证明要用到的基础知识。由已学过的三角形三条边的关系，联想三角形三个角的关系，并提出问题，体现了教学从问题开始，不断提出问题、解决问题的特点。

二、由直观演示导入新课

这种导入法是在讲授新课之前先让学生观察实物、模型、图表、幻灯、投影等，引起学生的学习兴趣。再从观察中提出问题，使学生从解决问题入手，自然而然地过渡到新课的学习。采用这种方法时教师应注意：第一，展示的实物、模型、图表、幻灯、投影等的内容与新课内容有密切关系；第二，在观察时教师要及时恰如其分地提出问题，为学习新知识做准备。

例 3-2 一元一次方程应用题——浓度问题（引入新课教学设计）。

1）在玻璃杯中放入一些水，并准备红墨水一瓶，先做示意性试验，让学生观察其变化。

① 把少许红墨水放入盛水的玻璃杯中，搅拌均匀，溶液呈粉红色，称它为红颜色水。

② 再放一定量的红墨水于红颜色水中，搅拌均匀，此时红颜色水变深。

③ 再在较深的红颜色水中加入一定量水，搅拌均匀，颜色又变浅。

2）教师学生共同总结：

① 红颜色水颜色深与淡的变化取决于里面的水和红墨水的多少。

② 将上述结论用准确的概念和语言表达出来，即：水—溶剂，红墨水—溶质，红颜色水—溶液，而溶液的质量=溶剂的质量+溶质的质量。溶质的质量÷溶液的质量×100%=溶液的浓度。

上面是一个由直观演示导入新课的例子，学生观察演示过程，思考教师提出的问题，充分发挥其主观能动性，有利于深刻理解“浓度”这个概念，激发其进一步学习的兴趣。

三、由生活中的实例导入新课

由生活中常见的实例导入新课，一方面使学生感到亲切，另一方面也使学生体会数学来自于实践。

例如，引入数轴概念时，列举秤杆上的“点”表示物体的质量，温度计上的“点”

表示温度，船闸的标尺用“点”表示水位的高低等实例。通过讨论，学生会发现秤杆、温度计、标尺都具有三要素：①度量的起点；②度量的单位；③明确的数量增减方向。这些实例启发人们用直线上的点表示数，从而引入数轴的概念。

如此巧妙地引入新课，学生思维就会被快速激活，注意力也会迅速集中到教师所提的问题上来。这种导入新课的方法不仅能够使学生尽快地集中精力，也有利于其深刻理解所学知识，更有利于培养其严谨的科学态度。

四、由介绍数学史资料导入新课

一些数学史资料中的典型事例，可以用来引入新课。例如，讲勾股定理时，教师可介绍西周初期的著名数学家商高，《周髀算经》记载“商高曰：勾广三，股修四，径隅五”。旅游到过亚洲的毕达哥拉斯（公元前572—前497年）也发现了勾股定理，因此欧洲人称其为毕达哥拉斯定理。但商高的发现早于毕达哥拉斯600多年。又如，讲无理数时，教师可将祖冲之给出的精确到小数点后8位的π值，保持了1000多年的世界纪录的历史事实讲给学生听。再如，中国古代解方程的方法可用来引出二元一次方程组的解法，讲圆的概念可结合教材中的章头图引用战国时期《墨经》中：“圆，一中同长也”引入新课。中学数学教材中关于中国古代数学史的资料很丰富，教师从中国数学史资料导入新课的方法，生动活泼，引人入胜，既有助于学生科学思维的养成，又有助于对学生进行爱国主义教育。

世界数学史的一些材料也可以用来引入新课，如有的教师在讲尺规作图及基本作图时，开头语是这样的：“公元前400年左右，希腊的首都雅典聚集了一批被称为诡辩学派的知识分子，他们常在公共场所发表演说，以展示其丰富的知识和雄辩的才能，他们以其研究的三大问题无人解决而洋洋得意，这三大问题都属于尺规作图问题……”借助这些典型的中外数学史资料导入新课可以激发学生的学习积极性。

五、由类比导入新课

类比是在两类不同的事物之间进行对比，找出若干相同或相似点之后，推测在其他方面也可能存在相同或相似之处的一种思维方式。由于中学数学内容具有较强的系统性，前后知识衔接紧密，所以由类比导入新课在中学数学教学中较为常见。

例如，讲不等式的概念及性质时，可由类比等式的概念及性质引入；讲分式的四则运算法则时，可由类比分数的四则运算法则引入；讲整式的运算法则时，可由类比数的运算法则引入；讲授相似三角形判定定理时，可由全等三角形的判定定理来类比；等等。这种方法有利于分析二者异同，归纳出新授内容的有关知识，帮助学生促进知识的迁移，提高探索发现问题的能力。

六、由指导学生动手实验导入新课

教师巧设一些实验，并指导学生动手操作，观察发现规律，进行归纳总结，而所得的结果又是新课的内容。这种导入新课的方法，能激发学生的学习兴趣，使学生在活动中认识知识，学会发现、探索问题的思维方法。

例如，讲“三角形内角和定理”，可通过下面的实验操作引导学生发现和认识。

实验一：自己画一个三角形，用量角器量它的三个角，求其和。

实验二：先将纸片三角形一角折向其对边，使顶点落在对边上，折线与对边平行；然后把另外两角相向对折，使其顶点与已折角的顶点相重合；最后观察、猜想三角形的内角之和。

实验三：将纸片三角形顶点剪下，观察是否可拼成一个平角。

实验四：用橡皮筋构成$\triangle ABC$，其中顶点B、C为定点，A为动点，放松橡皮筋后，点A自动收缩于BC上，让学生观察点A变动时所形成的一系列三角形内角会产生怎样的变化，启发学生在观察的基础上得到下面的结论：

1）三角形各内角的大小在变化过程中是相互联系和制约的。

2）三角形的最大内角不会等于或大于$180°$。

3）当点A离BC越来越近时，$\angle A$越来越接近$180°$，而其他两角越来越小，趋于$0°$。

4）当点A远离BC时，$\angle A$越来越小，逐渐趋近于0；而AB与AC逐渐趋向平行，即$\angle B+\angle C\to 180°$。让学生猜想三角形的内角和可能是多少。

七、由介绍数学知识的实际应用导入新课

数学知识具有广泛的应用性，由介绍数学知识的实际应用导入新课可以激发学生的学习积极性，培养学生学数学、用数学的意识。例如，讲对数运算时，可先提出这样的问题：设国民经济每年平均增长率为8%～9%，若每年平均增长率为9%，几年可以翻一番？这样借助于数学知识与实际问题的联系导入新课，很容易引起学生的求知欲，在学生急盼解决问题的心理状态下讲解新课，自然会收到事半功倍的效果。

八、由揭示矛盾引入新课

教师通过揭示数学自身的矛盾来引入新概念，表明引入新概念的必要性和合理性，激起学生学习新概念的强烈愿望。例如，在讲解无理数概念时，先提出问题：以边长为1的正方形的对角线为边，作一个正方形，该正方形的面积是2，它的边长是多少呢？

当学生设其边长为x，得$x^2=2$时，教师问：在以前学过的有理数中，有没有平方等于2的数呢？从而证明仅有有理数是不能满足需要的，这样，教师自然引出新课“无理数”。

总之，引入新课的方法很多。教师应根据教授内容的特点，采用合适的方法引入，创造良好的课堂气氛和环境，充分调动学生的学习积极性，激发学生的求知欲望，创设生动、活泼的氛围。

第二节　提 问 技 能

提问是课堂教学中师生之间思维交流的方式。提问技能是教师以提出问题的形式，通过师生的相互作用，检查学习，引导思维，巩固知识，运用知识，促进学生学习的行为方式。

提问是重要的教学技能，精心设计课堂提问，为学生创造问题情境是实施启发式教学的重要一环。提问的最大优点是使学生注意力集中，思维活跃，恰当的问题可以激发学生的学习动机与学习兴趣，可以沟通师生的情感交往，对培养学生的逻辑思维能力、语言表达能力都有很大作用。教师必须具备和努力掌握好提问技能。提问的设计主要依据教学内容的特点及学生的知识水平和思维特点。

提问技能有多种不同的分类方法。

一、按不同回答方式的提问分类

1. 指名回答

教师对全体学生提出问题，让学生思考之后再指名回答。教师要预想学生可能回答的答案。这样的问题不宜过难。因为是指名回答，学生站起来，可能精神紧张，若答不对可能影响听课情绪。

2. 提问举手回答

教师提出问题之后，要求能回答的同学举手回答，经教师指定举手人来答。这种提问，可以激发学生的主动精神与竞争意识。

从“指名”回答到“举手”回答，其意义在于学生由“被动”变“主动”的质的飞跃，教师要启发、鼓励学生，促进学生积极举手回答问题，形成生动活泼的课堂气氛和积极主动的学风。

3. 提问后分小组讨论回答

对于一些综合问题或有多种解法的问题，提问后，可让学生分组讨论选出代表回答。讨论更容易调动学生积极思维，在讨论中学生互相交流思想，其认识过程逐步深化。教师在学生回答后，要及时给予评价，完善学生的答案，并给出简单明了的语言表述。

4. 由教师自己回答

教师根据教学内容提出问题，让学生思考片刻后，自己回答。这样的问题，通常应是学生回答不出或答不完整的。例如，课堂上，教师在讲一道比较典型的复杂题后，为了帮助学生进一步掌握解题思想与方法，教师问：“这道题我们采用了哪些解法呢？”问题提出后，让学生思考片刻，再由教师回答。这种方式有利于集中学生的注意力，激发求知欲。

二、按提问的目的分类

在教学中，为了达到某种教学目的，教师进行提问，大体可分为下列几种类型。

1. 激趣性提问

数学课不可避免地存在一些缺乏趣味性的内容，这就要求教师有意识地提出问题，激发学生的学习兴趣，创造生动愉快的数学思维情境，使学生带着浓厚的兴趣积极思维。例如，讲三角形的稳定性时，教师提问："为什么射击瞄准时，用手托住枪杆（此时枪杆、手臂和胸部构成三角形）能保持稳定，而银行的铁门总是做成平行四边形才能开关？"看似闲言碎语的两三句话，却可使课堂气氛顿时活跃起来，使学生在轻松的状态中进入知识探索的思维中。这种形式的提问，能使枯燥无味的数学内容变得趣味横生。

2. 铺垫性提问

这是一种常用的提问方法，在讲授新知识之前，教师要提问本课所关联到的旧知识，为学习新知识铺平道路，以达到顺利完成教学任务的目的。例如，在讲梯形中位线定理时，教师首先提问学生："三角形中位线定理的内容是什么？"学生回答后继续问："能不能用三角形中位线定理证明梯形中位线定理？"这样提问，就为梯形中位线定理的证明思路定了方向，使学生围绕三角形中位线的性质进行积极思考，探索证明思路，于是证明的关键引辅助线就很容易突破。

3. 迁移性提问

不少数学知识在内容和形式上有类似之处，它们之间有内在的联系。对于教材中的这些内容，教师要精心设计问题，使学生已经掌握的知识和思维方法迁移到新的知识中去。例如，讲相似形时，可指出全等三角形是相似比等于 1 的特殊的相似三角形；讲相似三角形的性质时，可先提问全等三角形的性质；讲相似三角形的判定定理时，可先提问三角形全等的判定定理。再如，讲一元一次不等式的解法时，首先提问："解一元一次方程的步骤是什么？"然后问学生："能用解一元一次方程的方法解不等式 $2x+36<6$ 吗？"于是全班学生跃跃欲试地解这个不等式。这样提问，可促使学生迫不及待地将已获得的知识技能从已知的对象迁移到未知的对象上去。

4. 探索性提问

这种提问，能培养学生思维的灵活性和深刻性。教师在提出一个数学问题，学生回答解决问题后，要追问其思路是什么，是否还能用其他方法去解决，引导学生的思维向深和广两个方面扩展。例如，讲授分解因式时，教师可通过分析得出两种解法：

$$
\begin{aligned}
x^6-y^6 &= (x^2)^3-(y^2)^3=(x^2-y^2)(x^4+x^2y^2+y^4) \\
&= (x-y)(x+y)(x^4+x^2y^2+y^4)
\end{aligned}
$$

$$x^6 - y^6 = (x^3)^2 - (y^3)^2 = (x^3 - y^3)(x^3 + y^3)$$
$$= (x - y)(x^2 + xy + y^2)(x + y)(x^2 - xy + y^2)$$

教师引导学生比较两种解法后提问："同学们由上面的两种解法能得到一个什么样的恒等式呢？"学生们就会回答："$x^4 + x^2y^2 + y^4 = (x^2 - xy + y^2)(x^2 + xy + y^2)$。"

5. 激疑性提问

宋代理学家朱熹说："于无疑处生疑，方是进矣。"又说："读书无疑者，须教有疑，有疑者无疑，至此方是长进。"足见设疑在读书及教学中的作用。中学生的思维一般不具备深刻性与创造性的特征，对一些数学概念似懂非懂而又提不出什么问题。教师精心设疑，将促进学生深入思考。例如，在教授"平行线的定义"时，教师可提出激疑性问题："平行线定义中，为什么要强调在同一平面内？"通过教师的激发，学生产生了疑点，必定进行深入的思考，从而真正理解平行线定义。

6. 过渡性提问

这样的提问常常是为了突破新知识的难点，从旧知识出发，设计一个问题串，对学生进行引导。例如，教师讲解"经过⊙O外一点作⊙O的切线"这一作图问题时，教师不妨问学生："假定过圆上P点的切线已经作出，那么这条切线与过切点的半径有什么关系？"接着问："在圆中，什么样的圆周角是直角？"这样提问，向学生指明了解决问题的途径，顺利地完成了这一作图。

7. 以错悟理性提问

数学知识除了从正面讲解外，还应针对一些常出现的错误进行提问，让学生从正确与错误的对比中澄清概念，明辨是非，提高思维能力。例如，针对学生常常忽略对数中真数的取值范围，尤其是求真数中参变量的值时，常常忽视必需的检验的问题，为了加深学生的印象，有的教师提出如下的问题：

−1 和 1 是相等的，证明如下：

由$(-1)^2 = 1$两边取对数得

$$2\lg(-1) = 0$$

即

$$\lg(-1) = 0$$

又$\lg 1 = 0$，故$\lg(-1) = \lg 1$，即$1 = -1$。

学生看后，思维发生冲突，因为$1 = -1$是错误的。这时寻找错误原因的动机非常强烈。一旦错误被指出，必定留下深刻的印象。

再如，学习对数性质时，教师可以在黑板上写下这样一道题：

求证：2>3。

证明：因为

$$\frac{1}{4} > \frac{1}{8}，\left(\frac{1}{2}\right)^2 > \left(\frac{1}{2}\right)^3$$

两边取对数，有

$$\lg\left(\frac{1}{2}\right)^2 > \lg\left(\frac{1}{2}\right)^3，\ 2\lg\frac{1}{2} > 3\lg\frac{1}{2}$$

又因为

$$\lg\left(\frac{1}{2}\right) \neq 0$$

所以$2>3$。

学生看到这道题，感到惊疑，教师不急于指出错误，而是让学生讨论，教室里顿时活跃起来，争论激烈，最后由教师稍加指点，再由学生分析错误的原因，使学生茅塞顿开，欣喜难忘。

8. 巩固性提问

教师为了让学生真正理解并掌握所讲授的新知识，常在授完新课后，对本课的一个或几个重点内容提出问题，让学生回答，以达到巩固知识的目的。例如，讲完新课后，教师提问：“这堂课讲的××定理条件是什么？结论是什么？”“××公式中各字母代表什么？掌握公式要注意什么？”“本堂课的例题有几种类型？它的解法的关键是什么？”“××例题的解法、步骤、思路是什么？”等等。

9. 发散性提问

发散思维是一种创造性思维，若教师在授课中能提出激发学生发散思维的问题，引导学生从正面和反面等途径去思考，纵横联系所学知识，以沟通不同部分的数学知识和方法，将对提高学生思维能力和探索能力大有裨益。例如，教师在讲完一个例题后，启发学生一题多解的提问，或者对题目引申性的提问等，都属于这一类型。

例 3-3　PA 切圆于 A，$PA=PB$，BCD 是圆的割线，DP 交圆于 E，BE 交圆于 F，连接 CF，求证：$CF/\!/BP$。

在学生证完此题后可引导学生讨论求解：

1）如果假设 A、P、B 在一条直线上，其他条件不变，要求证结论 $CF/\!/BP$ 是否成立。

2）如果 B 点在圆内，割线 BCD 变为弦 CBD，其他条件不变，要求证结论 $CF/\!/BP$ 是否成立。

3）若把 $CF/\!/BP$ 换成条件，$PA=PB$ 换成结论，所得新题是否成立？

10. 评价性提问

对学生在板演、回答问题中出现的正面的巧妙方法和错误问题，教师不要用包办代替的方法去处理，而是应充分调动学生的好胜心理和参与意识，让学生去评价，教师可以问：“这个（证）解法对不对？”“是否是最好的方法？”“解题思路是什么？”“有没有更好的方法？”学生通过分析、讨论、评价，选择好的方法，可拓宽思路，提高思维的科学性和评价能力。

11. 反馈性提问

课堂教学中，教师根据教材的特点、重点、难点，有意设计一些问题，以了解学生的理解程度，了解学生是否已经学会，并及时采取措施。所提问题要具体，最好不问“懂不懂？”“会不会？”之类的问题。

提问时应注意的问题：

（1）要明确提问的目标

确立目标之后教师的提问要为目标服务，没有目标的提问起不到深化教学的作用。

（2）提的问题要富于启发性

启发要恰到好处，启发思路，举一反三，但启发不能过度也不能不到位。启发过度，学生答起来没劲；启发得不到位，学生答不出来。

（3）提问要适量

既然是有目标的提问，就不能连问不停，不能以问答的形式去代替教师的讲解，教学需要提问，但更需要教师有条有理地讲解。连问不停会使学生厌烦，会使教学显得零碎。

第三节　使用数学教学语言及讲解说明技能

语言是信息的载体，数学教师讲课主要以语言为主，不能做徒劳的提问。所谓数学教学语言，是以传授数学知识为目的的具有鲜明职业特征的数学教师的工作语言。

一、数学教学语言对教学效果的影响

1）语言是信息的载体，是交流思想的工具。教师数学教学语言的运用质量直接影响学生对数学知识、数学方法、数学思想的理解，以及数学技能、能力的形成与发展。

2）教师课堂教学语言的运用水平，对学生数学语言的学习起着直接作用。

二、数学课堂教学语言的分类

数学课堂教学语言包括数学语言和自然语言。

（一）数学语言

1. 文字型数学语言

它是指完全用文字叙述的数学定义、定理及数学方法所使用的语言。例如，“把一个多项式化为几个整式的积的形式，叫作把这个多项式因式分解，也叫作这个多项式分解因式”。

2. 符号型数学语言

它是由数学符号和公式构成的人工语言，是数学家为了阐述和运用方便简洁而创造使用的，是人类最伟大的科学成就。现在数学中常用的符号有 200 多个，在中学数学中有 100 多个，如数字符号、元素符号、运算符号、关系符号、逻辑符号、约定符号等。以上这些基本符号组成了数学的符号语言，即中学教科书中的数学式子或公式。

3. 文字型和符号型相结合的数学语言

这是数学教材中使用更为广泛的数学语言。

例如，“式子 $\sqrt{a}$ （$a\geqslant0$），叫作二次根式”。

4. 教学型数学语言

数学教学中，教师要讲解数学概念、定理、方法，为了便于学生理解，教师需要对教材中的数学语言——文字型和符号型的数学语言进行加工处理，形成教师个人的构思和见解，然后讲课。在中学数学教科书中，也常用教学型数学语言对问题进行分析，对方法进行讲解。

（二）自然语言

自然语言即人们平时使用的口头语言。自然语言生动形象，易于学生理解和接受。利用比喻、比拟等修辞方法，可将数学语言改造成自然语言，其特点是生动形象、趣味性强，适合中学生形象思维比逻辑思维强的特点。例如：

“射线就像从极小的小孔中射出的一束光线。”

“子弹在夜空中留下的弹道痕迹给我们一个轨迹的印象。”

“笔直的铁道，它的两根铁轨可看成两条平行线。”

“点 P 跑遍整个数轴”——比拟点 P 对应的任意实数。

利用数学问题的特征采取借代的手法给出自然语言。例如，由图形的大小、长短，位置的上下、左右，使用粉笔的颜色的不同给出的通俗语言：“比较一下红色与黄色线段……。”“由等式的左边得到等式的右边。”

配合手势，手指黑板上的图形说：“这一段等于那一段。”

使用夸张的自然语言：“如果把这个三角形三个内角撕下来，拼在一起，观察这三个角之和等于多少度？”

利用顺口溜、打油诗、对偶句、排比句等也是数学教学常用的自然语言。例如，合并同类项方法歌：判断同类要仔细，两个“相同”别忘记，定号（正、负）须在合并前，同号相加异号减。

配合二次不等式求解集可记：“小于取中间，大于取两边。”但要注意使用这些通俗语言给出结果时，要十分注意使用条件、范围及每个语言的含义和隐含的意义。例如，用解二次不等式的口诀时，必须在二次项系数大于 0 时方可使用。

又如，为说明不等式组$\begin{cases}x>a\\x<b\end{cases}$（$a>b$）的解是$x>a$，可记“同大取大”。为了使学生深刻理解，教师可引导：“教室门框要能让全班同学不低头而过，那么门框的高度必须——”学生会接着说：“比个头最高的同学还要高。”

三、讲解说明技能的分类

教学是语言的艺术，教师用教学语言进行教学，讲解说明教学信息的行为方式即讲解说明技能。它是数学课堂教学最基本的技能，能充分发挥教师在课堂上的主导作用，有利于在短时间内传输大量信息，易于理清思路，控制和利用时间。

（一）引导性说明

在一堂课的开始阶段，教师要考虑如何将学生的注意力引导到所要学习的数学知识中去，当教学告一段落时，也要引导学生把精力集中到新的学习内容上去，这都要使用引导性说明。其基本方法与导入新课技能相似，在此不再赘述。

（二）分析性说明

第一，对定义的分析性说明。定义是刻画概念的文字。对定义的分析性说明应包括概念的外延是什么？概念的内涵是什么？概念的名称是什么？进行概念表达时的特点有哪些？概念与日常生活用语比较有什么区别？与其他概念、术语比较有什么区别？有没有容易混淆的地方？

第二，对公式的分析性说明。首先应指出公式中符号、字母所表示的数学意义，公式成立的条件；其次要对公式的内涵进行分析，并指出公式的适用范围。数学中还有大量的定理不是以公式的形式给出的，这些定理在证明之前或证明之后，教师都应对其进行类似的分析性说明与讲解，特别是说明定理的条件与结论。

第三，对证明或计算方法的分析性说明。课堂上，当定理和例题给出之后，在证明和计算之前，教师必须带领学生对条件和结论进行分析，探索证明方法和计算方法，教师讲解要展示探索的思维过程，切忌对定理、例题的证明或计算不加分析，直接交代给学生。当一个问题的解法或证法不唯一时，教师应选择最优的方法，备课时就考虑好如何进行分析性讲解；讲解的方式及相应的语言要准备好。

（三）逻辑性说明

数学是具有严密的逻辑性的科学，因此数学课堂教学处处都要使用逻辑性说明的技能。逻辑性说明包括数学推理论证、理由原因的阐述讲解，逻辑性说明也常与分析性说明同时使用。

（四）解释性说明

解释性说明是指对某一问题的含义，对某个定义、定理、公式的内涵进行的说明，以及说明使用它们时应注意的问题。

例如，讲解对数概念，为了加深学生对概念的理解，教师应指出：指数式 $a^b = N$ 与对数式 $\log_a N = b$ 的三个数 a、b、N 之间的关系。

（五）描述性、形象性的讲解说明

为了使学生理解数学问题，有时需要对问题进行描述性的、形象性的讲解说明。

例如，教师描述二次函数 $y = ax^2 + bx + c$（$a \neq 0$）的图像特征时指出：二次函数的平方项系数 $a < 0$ 时开口向下，$a > 0$ 时开口向上，至于其开口的大小，可以根据 $|a|$ 的大小加以判定，当 $|a|$ 较大时，它的开口反而小；当 $|a|$ 较小时，它的开口反而大。

（六）总结性讲解说明

课堂上的总结性讲解说明是指阶段性的总结和一堂课结束时的总结。总结时要指出问题的关键，指出容易出错、容易忽视的地方。特别是在每堂课讲完之后，必须进行总结说明，有利于使知识系统化，使学生巩固所学知识。

（七）提示性的讲解说明

这是为了启发学生思维而进行的讲解说明，包括两方面内容：

一方面是明确问题的提示性说明，如提醒学生理解问题的条件与结论、举某些例子以提示问题思维方向、提示解决问题关键之处等。

另一方面是强调性的提示说明，如强调学生注意某个数学方法、数学技巧的特征与应用范围，强调某种类型题目的解决关键。为了强调某个问题，引起学生的注意，教师在讲解时应配合教态的变化，如声音的大小、语速的快慢变化等，来提醒学生注意。

教师讲解说明时要注意：讲解不能过长过快，教师在讲解说明时，要给予学生思考时间和参与数学教学的机会，要给学生反馈的机会和时间，及时调节讲解的速度与节奏，教师讲解的语言要准确、鲜明、生动，易于学生接受。

第四节　启发诱导技能

启发诱导是指在整个教学过程中，教师充分发挥主导作用，尊重学生的主体地位，根据学生的年龄与心理特征，采用启发式教学，以激发学生的学习兴趣，启发学生积极思维，点拨疑难关键，指点学习方法，使学生积极参与教学活动，主动获取知识的行为方式。

一、启发诱导技能的类型

（一）创设问题情境

问题情境是激发学习兴趣的重要措施，一般可采取“以旧引新”“讲故事”“展示一个矛盾”“产生一个悬念”“实验实测”“揭示思路让学生自己探索”等手段进行。既然是“创设”，这证明往往不是课本上现成备有的，而是需要教师发挥自己的教学艺术水平，结合教材、学生、教学条件及教师自身等各方面的实际，去发掘、创造、设计。

（二）揭示新旧联系

揭示新旧联系，即以旧引新，这是较常用的手法之一。

例如，一位教师在讲等腰三角形判定定理之前，启发学生：现在有一个等腰三角形 ABC，一位同学不留心，用墨水把它的一部分涂没了，只留下一条底边 BC 和一个底角 $\angle C$，同学们想想看，有没有办法把原来的等腰三角形 ABC 重新画出来？从而引出如何判定等腰三角形的问题。

又如，学习反证法时，有的教师向学生讲了一个故事：相传古时一位贤臣被奸臣所害，判了死罪，皇帝念其有大功，采用了用命运裁决的方法，用两张小纸片，一张写个“活”字，一张写个“死”字，处决前由他来抽，抽到“活”字便可赦免，而奸臣歹毒无比，命人把两张纸片都写了“死”字，巧被贤臣的朋友知道，并告诉了他，贤臣稍加思索便高兴地说：“我有救了!”当抽纸片时，只见他抽了一张纸片，谁也不让看，便吞到肚里，监斩官只好看剩下的纸片是什么字，剩下的无疑是“死”字，这位贤臣便被赦免了。为什么他能死里逃生？这就是反证法的思维方式的生动应用，数学思想有如此“死里逃生”的妙用，怎能不激起学生强烈的学习欲望呢？

（三）设计提问阶梯

提问是启发诱导学生思维的重要手段，提问设计的质量影响启发诱导的效果。课堂提问应把握好“度”与“序”，即深浅要适度，层次先后要有序，或穷追不舍逐步逼近，或引而不发适可而止。

有的教师经常埋怨学生“启而不发”，却很少反问自己是否“启不得法”。例如，有的教师提问时，一连问了几个人均答不出，教师仍用同一水平、同一叙述方式的提问去反复问学生，却不反思一下，所提的问题是否进入学生思维的最近发展区，是否触及学生思维火花的引爆点。只有全面掌握知识与学生两方面的情况，才能准确地把握提问的度。问题太难，则不能启迪学生思维，使学生望而生畏，失去兴趣；问题太易，则不利于学生思维能力的发展。教师教学时应在课前设计一串适应不同思维层次的阶梯式问题，以备在教学中适情选用。

（四）故设思维障碍

在教学中，教师把曾经经历的或可能出现的思维受阻的情况呈现在学生面前，让学生从中悟出如何选取正确的思路。

例如，讨论 a 取何值时，关于 x 的方程 $(a-2)x^2-(2a-1)x+a=0$ 没有两个不相等的实数根，教师故意留下疏漏，只讨论 $\Delta\leqslant 0$ 得 $a\leqslant 1/4$，而遗漏了 $a=2$ 的特例。再启发学生去评价解答是否完整，使学生“吃一堑，长一智”。

二、启发诱导应注意的问题

（一）启发诱导而不束缚

教师在启发诱导的过程中，应该保护、鼓励学生的求异思维，不要强制学生的思维方向。

例如，在一堂“求多边形内角和”的公开课上。教师诱导学生将问题化归为“三角形内角和”问题，并提问：“如何将多边形分解成若干个三角形呢？”这时，有个学生提出：“从某一个顶点引对角线……”而这是与现行课本和教师教案不同的方案，教师便立即“启发”学生：“在多边形内任取一点，与各顶点连接……”硬要学生放弃顺乎自然的归纳型思路，而去适应课本采用的演绎型思路，貌似“启发诱导”，实为束缚。如果教师让学生思维发散开去，再适时聚敛到课本中来，则可“启发诱导”出学生思维活跃的精彩场面。

（二）启发诱导而不替代

学生是认识的主体，教师在启发诱导中要做到“道而弗牵”“开而弗达”，让学生按教师的启发诱导自己去走，而不是牵着走；自己达到目标，而不是抱到目的地。同样一个结论，由教师和盘托出与启发学生自己说出，其意义大不一样。每当教师因势利导，水到渠成，用学生的口说出教师想说的话时，课堂气氛就会异常活跃，教师、学生都会感到兴趣盎然；反之，如果在关键时刻，由教师包办代替，把结果抛给学生，讲者、听者都会感到索然无味。

第五节　接收反馈信息技能

接收反馈信息是教师传出教学信息后，从学生那里取得有关信息反应的行为方式。

反馈是教学过程中一个极其重要的环节。对学生而言，反馈信息可使学生强化知识，纠正错误，找出差距，以便调节思维方式，改进学习方法；对教师而言，反馈信息可使教师及时掌握教学的效果与反应。因此，教师必须努力学习、掌握接收反馈信息技能。

一、接收反馈信息技能的类型

（一）课堂观察

教师在教学过程中用眼睛统观整个课堂，从学生的表情、动作和情绪中获得反馈信息。“眼睛是心灵的窗户”，教师经常观察学生的目光，就能把握学生的情绪。学生的目光明亮有神，表示他们专心致志，心领神会，学有所得。学生的目光呆板凝滞，表示他们遇到了不理解的问题，心有所思。学生的眼睛游移不定，表示他们思想开小差，精力不集中。另外，学生不自觉地点头称道，跃跃欲试地低声细语，紧锁眉头地潜心思索，愁眉苦脸地轻声叹息，都是向教师发出的宝贵的反馈信息。教师要对这些反馈信息及时判断，调整自己的教学行为。

（二）口头反馈

口头反馈是教学双方通过口头语言交流的信息反馈，如课堂提问、课堂讨论等。课堂提问不能只是简单地问几个为什么，而是要按教学目标对各知识点的学习水平要求有计划有目的地进行。在检查知识的提问中，提问对象的选择要有助于全面了解学生对知识的掌握情况。例如，为了复习巩固已学知识，应提问中等程度的学生；为了巩固当堂所学知识，则可提问程度较高的学生；为了检查教学效果，应提问程度较低的学生。

（三）文字反馈

上述两种反馈，了解的信息多属于定性化的，量化程度较低。教师所传授的知识信息，学生究竟掌握到什么程度，有必要做定量的了解，以便及时发现问题和进行补救。课堂练习（包括书面练习和板演练习）就是通过文字进行定量信息反馈的。这种反馈不仅信息量大，而且稳定可靠，教师可大面积了解学生，学生也可以了解自己，同时也是将知识转化为能力的一次很好的训练。

例如，给初三学生讲“函数”这一课，教师引出概念后还要不失时机地引导学生深入探究，使他们逐步理解掌握“函数”概念的实质。

教师：可不可以说：“当一个量变化时另一个量也跟着变化，这样的两个量就是函数关系呢？”

学生甲：可以。

教师：赞成这位同学看法的同学举手（举手的人占全班的 1/3，说明这部分学生还没有理解函数概念）。

教师：请同学再考虑一个问题：复习时间与考试成绩是否构成函数关系？

学生乙：不构成函数关系。

教师：对！不构成函数关系，为什么？谁来补充？

学生丙补充：虽然复习时间对考试成绩有影响，但给定前者一个确定的值，后者没有一个唯一确定的值与之对应，这不符合函数定义中所规定的对应关系，所以它们不构成函数关系。

教师：回答得很好，这个事实说明：“当一个量变化时另一个量也随着变化，这两个量不一定成函数关系。”要记住。

通过上述口语反馈，学生对于函数概念的理解无疑前进了一步。

二、数学课堂接收反馈信息的调控技能

所谓调控，就是根据确定的目标，使事物沿可能性空间的某一确定方向（状态）发展。在数学课堂中针对反馈信息进行调控的技能如下。

（一）积极启迪激发

数学课堂教学中，当学生的思维比较活跃时，常常会提出一些意料之外的问题。若

学生提出的问题发人深省，对于深入理解概念、规律有一定价值时，教师要不失时机地适当启迪，激发他们的学习兴趣和求知欲望，引导他们深入探究，以便把全体学生的思维引向更高的水平。

例如，对 $x(x+1)-(x+1)=0$ 分别用求根公式及方程的两边同除以 $(x+1)$ 的方法解之，进一步阐明失根的原因，指出方程的两边同除以 $(x+1)$ 的方法是不可取的，加深学生对同解原理的理解，解决了增根与失根的问题，成功地介绍了求根公式应用的最本质的东西，使学生对知识的深度和广度有了进一步的认识。

善于启迪激发，不仅可以使学生加深对数学知识的理解，而且还可以培养学生独立思考、解决问题的能力，助长课堂教学的研究气氛，增强学生学好数学的信心。

（二）及时调节难度

当教师的教学计划与学生实际有一定的距离，或教师设计的问题过于生僻高深，超过了学生思维的最近发展区，或是过于简单，失去了问题的思维训练功能时，教师应及时调节问题的难易程度。因此，为解决某一具有一定难度的问题，教师应课前设计一串适应不同思维的阶梯式问题，以备教学中适情选用。

例如，k 取什么值时，方程 $\frac{1}{2}x-3k=5(x-k)+1$ 的解是正数？

当教师讨论解题思路时，接连两位同学主张“先解出 k”，这时教师敏感地意识到此问题高于初一学生的思维水平，于是巧妙地将问题的头尾暂时遮去，改成了：

求方程 $\frac{1}{2}x-3k=5(x-k)+1$ 的解，并附加口头说明：其中 k 可以暂时看作已知数。

当多数同学感到理解有问题时，教师再继续追问：如果规定方程的解是正数，怎样用含有 k 的不等式表示出来？此时应当取什么值？

将原问题进行如上调节，犹如架了一座“引桥”，它变知识的“陡峭”为“平缓”，化艰难为简易，实现了从具体（形象）思维向抽象思维的自然过渡。

（三）有的放矢及时纠正学生的错误

在教学的重点、关键之处，当学生所答非所问时，教师应察其言、观其行，掌握学生的思维脉搏，洞悉问题症结所在，有的放矢地采取措施。

例如，在引进“无理方程”的概念时，教师举出例子 $2x^3+7x-2=\sqrt{x}$ 以后，启发学生道：“这个方程和我们以前学过的方程有什么不同？”教师的本意是希望学生回答根号下面含有未知数，然而事与愿违，学生却答道：“这个方程中含有根号。”教师立刻意识到这是由于“以前学过的方程”这个对比的对象模糊，“反差”不明显所造成的，于是采取措施，补充问道：“这个方程以前我们也学过，其中也有根号，今天的方程和它有什么不同呢？”学生很快便得出了正确的结论：“今天的方程中根号下面含有未知数。”有的放矢，可及时纠正学生的思维错误，使学生的认识得到深化。

（四）巧妙运用反例

当学生的认识模糊，从正面又不易说清楚问题时，若能举出一个击中要害的反例，则是十分有效的。

例如，针对学生在应用全等三角形判定定理“SAS”时常常把它误记为“SSA”的问题，教师可作图，举出反例来说明即可。

在关键时刻，善于应用反例，可以有力地澄清事实，辨明是非，收到立竿见影之效。

（五）敢于当机立断

当学生的问答、质疑出人意料，而根据教学需要又必须做出明确答复时，教师应当机立断，给予果断的肯定或否定。

例如，在讲授根与系数的关系这堂课中，当推出韦达定理之后，一学生突然举手发问：“判别式和求根公式是不是根与系数的关系？”这个问题提得好，是对教师的考验，也是对教材的质疑。若否定，学生不服；若肯定，与课本相悖。此时，教师沉着冷静，当机立断肯定学生提的问题深刻，然后引导学生分析根与系数的字面含义，以及判别式及求根公式的构成与作用，一致做出如下结论：

根与系数关系

$$\xrightarrow{\text{主体}}\text{求根公式}x=\frac{-b\pm\sqrt{b^2-4ac}}{2a}\xrightarrow{\text{派生}}\begin{cases}\text{判别式}\begin{cases}\Delta\geqslant 0\\\Delta<0\end{cases}\text{(确定根的情况)}\\\text{韦达定理}\end{cases}$$

当机立断，可使学生对讨论的问题有清晰的认识。

（六）善于反诘、回避

当学生所提的问题语义模糊，或解题依据不足时，应善于反诘，如追问：“你说清楚一些？”“你是怎样想的，依据是什么？”等，让学生进一步说出自己的思考过程，这样既能了解学生的思维过程及错误的产生原因，又能让学生在反省中自我纠正错误。

当学生所提的问题不属于本堂课的重点内容，或钻了“牛角尖”，或超过了多数同学的接受能力，或在后继学习中还要进一步研究时，应婉转地加以说明，做到当止则止。

善于反诘，可以弄清学生思维的症结所在，赢得一定的思考对策时间，改变教师处于被动地位的局面。善于回避，可以避免枝节问题上的纠缠，争取有充裕的时间完成教学任务，以充分发挥教师的主导作用。

三、反馈信息调控中应注意的问题

数学课堂教学的信息反馈与调控是一门教学艺术。它是以教师渊博的知识、良好的修养、深厚的功底、熟练的技巧为基础的，要有效地应用它，还须注意以下几点。

（一）反馈次数要多

教学过程实际上是师生信息交流的过程。在这个过程中必须通过多次反馈，才能有效地调控教学。教师在教学中应当多抓反馈，搞分级控制、多段决策。一般教师主要应抓好四次大的反馈：一抓以旧引新阶段学生的反馈；二抓理解新知阶段学生的反馈，着重看学生对基础概念本质的理解和获取新知的思维过程；三抓应用新知阶段的反馈，着重看学生运用新知的方法和步骤；四抓巩固新知阶段的反馈，着重看学生对新旧知识联系和区别的掌握，以及理解的深度和应用的广度。

（二）反馈面要广

教师获得反馈信息的面越广，对学生学习效果的了解就越全面、准确。有些教师在教学过程中习惯于传统的师生“一对一”的信息交换方式，过多地采用指名回答或指名板演，把反馈的面局限在少数几个学生，甚至个别尖子生身上。这样做，往往容易使尖子生的“明白”掩饰了中下等生的“不明白”或“不太明白”，应当尽量扩大反馈面，以得到真实的反馈信息。

（三）反馈渠道要多

学生在整个学习过程中随时都在输出反馈信息，教师应当高度关注，不仅要注意学生的口答，看学生的板演及课堂练习，而且在教学的各个环节都应当察言观色，从学生的眼神、表情等观察学生是否在听及是否听懂。

（四）反馈要快

教师要尽量缩短信息反馈的过程，信息要及时反馈，及时调控。要做到这一点，关键是提高教师自身素质，教师要充分了解学生，对学生在学习中可能产生什么问题有足够的思想准备，做到未雨绸缪，估计在先。另外，教师要对教材的知识结构、逻辑体系及相关知识博学精通、心中有数，这样才能在处理突发问题时胸有成竹、游刃有余。

第六节　练习、作业、考试的讲评技能

学生练习、作业或考试后都要讲评，可见讲评是数学教学中不可忽视的重要环节。讲评技能是教师在充分了解学生练习、作业、考试情况的基础上，引导学生辨析错误，分析解题思路，归纳解题方法，以达到矫正错误，强化已获得的知识、方法、技能、技巧的目的的行为方式。一般地说，讲评具有用时短，内容具体，重点突出，方式灵活，针对性、导向性强，以及语言准确、精练、规范等特点。

一、讲评的内容

（一）矫正学生在解题中出现的错误

矫正学生在解题中出现的错误是讲评的主要任务之一。讲评应展示学生的典型性错误，在讨论、分析、比较、鉴别中搞清错的原因，矫正错误，以求得对知识的进一步理解及对技能的进一步巩固。

例 3-4　已知α、β是关于x的方程$x^2-2ax+a+6=0$（1）的两实根（$\alpha\in\mathbf{R}$），试求$(\alpha-1)^2+(\beta-1)^2$的最小值。

错解：根据韦达定理，有

$$\begin{cases}\alpha+\beta=2a \\ \alpha\beta=a+6\end{cases} \quad ①$$

于是

$$\begin{aligned}(\alpha-1)^2+(\beta-1)^2&=(\alpha+\beta)^2-2(\alpha+\beta)-2\alpha\beta+2 \\ &=4\left(a-\frac{3}{4}\right)^2-\frac{49}{4}\end{aligned} \quad ②$$

所以，当 $a=\dfrac{3}{4}$ 时，原式取最小值 $-\dfrac{49}{4}$。

分析：忽视了（1）式有两实根，因而 $\Delta\geqslant0$ 这一隐含条件。

正确解法：由 $\Delta\geqslant0$，得 $a\leqslant-2$ 或 $a\geqslant3$。利用②得：当 $a=3$ 时，原式取最小值 8。

（二）展示数学思想、方法、技巧，交给学生解题的钥匙

讲评的过程，也是展示解题思想、总结解题方法、归纳解题技巧的过程。有些典型题目虽然不太复杂，但却体现了一定的解题思想和方法。学生对这些题目虽然会做，但对其体现的思想方法未必明确，教师在讲评时，就要把题目所体现的思想方法、技巧展示出来，以便使学生由会解一个问题过渡到会解一类问题。

例 3-5　一个直角三角形，斜边上的中线长为 1，两条直角边和为 $1+\sqrt{3}$，求这个直角三角形的面积。

解：设此直角三角形两条直角边分别为 a、b，由题意知斜边长为 2，则有

$$\begin{cases}a+b=1+\sqrt{3} \\ a^2+b^2=4\end{cases}$$

$$(a+b)^2-(a^2+b^2)=2ab=2\sqrt{3}$$

$$S=ab\times\frac{1}{2}=\frac{\sqrt{3}}{2}$$

此题中感兴趣的不是 a、b 的具体值，而是乘积 ab 的值，因而把 ab 看成整体。对于求几个数的和、差、积、商的问题来说，整体思想常常有广泛的应用。

（三）充分暴露思维过程，使学生突破思维的障碍点

当一部分学生对一道综合题一筹莫展，不知从何下手时，就说明这道题有某个难点使学生思维受阻。教师应充分暴露自身（或优生）解答问题的思维过程，展示教师在寻找解题思路时碰了哪些壁，如何转弯，让学生从中领略思维的经验，不但知其然，而且知其所以然，从而突破思维的障碍点，提高思维能力。

例 3-6　已知△ABC 的两边 a、b 是方程 $x^2-4x+m=0$ 的两个根，这两边夹角的余弦是方程 $5x^2-6x-8=0$ 的两个根，求这个三角形面积的最大值。

分析：这是一道代数、三角、几何综合题，它可以分解成几个基本题。

① 若△ABC 的两边是 $x^2-4x+m=0$ 的两根，求 $a+b$。

② $\cos C$ 是方程 $5x^2-6x-8=0$ 的根，求 $\sin C$。

③ 由①、②写出$\triangle ABC$的面积S和a（或b）之间的函数关系式。

④ 求S的最大值。

这样做，即铺设了由“已知”通向“未知”的台阶，而攀登每一级台阶并不困难，使问题化繁为简，得以解决，此题的答案是$a=2$时，三角形的面积最大为$\frac{6}{5}$。

（四）挖掘多种解法，优化解题过程，培养思维能力

如果一道题有多种解法，讲评时应挖掘多种解法，并且比较鉴别各种解法的优劣，这样既能开阔学生的解题思路，培养学生的思维能力，又能培养学生的评价鉴赏能力。

例 3-7 已知：在平面内的四边形$ABCD$中，$AB=AC$，$BD=DC$，$DE\perp BC$。求证：$BE=CE$。

分析：该题属于线段相等问题的证明，可考虑四种思路证明。

证法 1：先证$\triangle ABD\cong\triangle ACD$，再证$\triangle ABE\cong\triangle ACE$，从而$BE=EC$。

证法 2：先证$\triangle ABD\cong\triangle ACD$，再证$\triangle BDE\cong\triangle CDE$，从而$BE=EC$。

证法 3：连接BD，先证$\triangle ABD\cong\triangle ACD$，从而$\angle ABD=\angle ACD$，由等腰三角形性质知$AD$为$BC$的垂直平分线，故$BE=CE$。

证法 4：连接BD，先用垂直平分线定理的逆定理证AD是BC的垂直平分线，再用垂直平分线定理证$BE=CE$。

此题虽然难度不大，但通过对各种证法的讲评概括出了三角形图形中证明线段相等的一般方法，展示了相关知识的联系，开阔了学生的眼界。

（五）加强变式训练，培养学生的变通能力

讲评时，把题目的条件、结论加以改变，然后让学生思考解答，这样既可巩固强化解题思想方法，又能培养学生思维的灵活性与深刻性。

例 3-8 已知：在$\triangle ABC$中$AH\perp BC$，D、E、F分别为AB，BC，CA三边中点，求证：$FD=EH$。

在不改变题设的情况下，引申结论可得下列变题。

变题 1 求证：四边形$DFEH$是等腰梯形。

变题 2 求证：$\triangle DEF$的周长等于$\triangle HFE$的周长。

变题 3 求证：$\angle HFE=\angle DEF$。

三道变题把结论逐渐深化，可使学生思路更加灵活，并在潜移默化中提高解题能力。

二、讲评时应注意的问题

1. 讲评要有明确的目的、针对性及重点

讲评要有明确的目的、针对性及重点，不可面面俱到，对列方程解应用题的讲评，重点应放在列方程上。要讲评学生未知数设得是否恰当，方程列得是否合理，是否还有更好的方法等，而对学生在解方程中出现的错误，只需略加指点。

2. 讲评应具有启发性

讲评时，教师应针对学生的错误，精心设题、巧妙提问、恰当引导、耐心启发，以“顺应”学生的思维，让学生认真思考，自省问题，使学生参与到寻求“错因”的过程中去。这样可以消除学生的被动受审心理，使其养成认真思考的习惯，从而提高自信心，激发学习兴趣。

3. 讲评应具有激励性

教师在讲评时应在指出错误的同时，细心寻找学生的成绩，对于有独创见解的解法应加以宣传推广，应充分肯定学生的进步、激发学生的学习动机。恰当地、有的放矢地表扬一些学习有进步的学生，可使学生获得激励和鼓舞。

第七节　板书板画技能

板书是数学课堂教学的重要组成部分，是传递教学信息的有效手段，是教师口头语言的书面表达形式。板书板画技能是教师利用黑板以凝练的文字语言和图表等形式，传递教学信息的行为方式。

板书技能是教师必须掌握的基本功，是数学教师的一种教学艺术。精心设计的板书能突出知识的重点与联系，充分调动学生的视觉感官，使学生产生联想、类比，得到启发。上完一堂数学课，主要内容仍然完整地保留在黑板上，会使学生产生一种完整、圆满的感觉，而得到一种精神上的满足。板书对学生具有示范作用。整齐规范的板书是一种“无声”的教学语言，是学生学习的模范，对学生数学书写能力的提高是有力的、无声的教学。所以，在备课时，教师不仅要备教学内容的讲解，而且要思考板书的设计，要充分认识板书在课堂教学中的重要作用，掌握良好的板书技能。

一、数学课的板书分类（主板书、副板书和其他板书）

主板书：一堂课讲的主要教学内容，也是一堂课一直要保留在黑板上的内容，主板书由一堂课的主要概念、定理、公式、法则、主要图形、重点例题及论证、计算的重要步骤等组成。有些内容甚至可用彩笔、框图划出，表明是本堂课的重点与关键内容，以引起学生注意。主板书的内容也是学生在这堂课首要掌握的内容。主板书一般应从黑板左侧开始，占黑板板面的大部分。

副板书：可以在黑板上随写随擦的板书。那些学生熟悉而又必须推导、计算的过程，提醒学生注意的公式、定理，诱导学生思维的草图，学生板演等，这些都是副板书的内容。副板书通常写在黑板的最右侧。

其他板书：教师课前准备好的小黑板、幻灯片、投影胶片等。随着电化教学手段的推广，一些教师还将电子计算机和录像机用于数学课堂教学。

下面对板书技能进行论述，主要是黑板板书，因为它是当前数学课的主要板书形式。

二、对板书板画技能的要求

1. 板书要有计划性

板书要在备课时进行设计，根据讲授内容，合理设计板书。板书要有明确的课题、简明扼要的讲解提纲，并且要布局合理、详略得当、主次分明，使板书真正起到促进学生的思维与记忆的功能。板书设计包括：板书哪些内容？何时板书？这些内容应放在黑板的哪个部位？保留多长时间？作图时，先画什么，后画什么？使用何种画图工具？哪些内容需要用彩色粉笔标记？……切不可忽视板书设计，上课时东写一笔，西划一笔，随写随擦，支离破碎，会影响教学效果。

2. 板书要富于启发性、直观性

板书要以能启发学生思考、激发学生去探索与研究为目标。

例如，学生初学“幂”这个概念时，常与“乘方”混淆，教师可设计下列板书：

幂：乘方运算的结果；

积：乘法运算的结果；

和：加法运算的结果。

通过对比，学生能利用原来对“加法——和”“乘法——积”的概念的理解来理解“乘方——幂”的关系，从而领会“乘方”与“幂”的联系与区别。

3. 板书要字迹工整、表达规范

板书要字迹工整，不能潦草，一般应用楷书或行书，书写规范；教师板书中的数学符号一定要书写正确；常用的拉丁字母、希腊字母的大写、小写、手写体一定要规范；对于一些要使学生掌握的解题、证题格式要体现示范性；作图正确，线条清晰，大小适中，更要注意一题可能多图；教师板书的语言必须为科学数学语言，一般不能使用通俗语言。

4. 板书要便于记忆

在每讲完一段内容后，教师应抓住要点，指明板书关键之所在，揭示知识间的内在联系，使同学理解深刻，便于记忆。

5. 板书要有利于学生记笔记

要培养中学生记笔记的能力，教师板书之后要稍停笔片刻，便于学生记笔记，有时还要向学生说明什么要记，什么不要记，给予指导，这个“片刻”随学生年级的升高而缩短。

三、板书的基本模式

板书要有基本要求，但无固定格式。根据教学内容和教学目标的不同，以及教师教学风格的差异，板书可以各有特色。不同类型的课，板书亦应有不同的基本模式。下面仅就概念的引入、定理的发现与论证和各类例题教学中板书的基本模式和变式举例说明。

1. 概念的引入

以讲“角平分线”定义为例，可分为以下三步：

第一步：原文讲述概念——分清前提与结论。

板书：从一个角的顶点引出一条射线，如果把这个角分成两个相等的角，则这条射线叫作这个角的平分线。

教师指出第一句话是前提，后一句话是结论。

第二步：以文作图——准确替代，认真作图。

教师边画图边讲解：从$\angle COH$的顶点O引出的一条射线OK，如果把$\angle COH$分为两个相等的角，使$\angle COK=\angle KOH$，则这条射线OK叫作$\angle COH$的平分线。

第三步：推理论证——以图释文，准确表述、板书。

正向表述：

因为$\angle COK=\angle KOH$，

所以OK为$\angle COH$的平分线。

逆向表述（因为此定义的逆命题也成立）：

因为OK是$\angle COH$的平分线，

所以$\angle COK=\angle KOH$。

这样讲解与板书，不仅可以使学生加深对概念的理解，还能让学生在学习概念的同时，接触论证的“二段式”和“三段式”，为今后学习“定理的证明”埋下伏笔。

2. 定理的发现与论证

例如，教“一元二次方程根与系数的关系”时，采用了“从特殊到一般”的思维方法让学生对单个的特殊事物进行观察、分析、比较、归纳，以发现规律性的东西。

小黑板板书：

1）解下列一元二次方程：

①$x^2-5x+6=0$；②$x^2-3x-10=0$；

③$2x^2-7x+5=0$；④$3x^2-5x-2=0$。

2）请观察方程①、②的两根之和与一次项系数有何关系，两根的积与常数项有何关系。

3）将方程③、④转化为方程①、②的形式后，上面的研究结论对方程③、④是否适用？

主板书如表 3-1 所示。

表 3-1　主板书

序号	方程	两根	两根之和	两根之积
①	$x^2-5x+6=0$	$x_1=2$，$x_2=3$	$x_1+x_2=5$	$x_1x_2=6$
②	$x^2-3x-10=0$	$x_1=5$，$x_2=-2$	$x_1+x_2=3$	$x_1x_2=-10$
③	$2x^2-7x+5=0$	$x_1=\frac{5}{2}$，$x_2=1$	$x_1+x_2=\frac{7}{2}$	$x_1x_2=\frac{5}{2}$
④	$3x^2-5x-2=0$	$x_2=-\frac{1}{3}$，$x_2=2$	$x_1+x_2=\frac{5}{3}$	$x_1x_2=-\frac{2}{3}$
结论	若 x_1，x_2 是方程 $ax^2+bx+c=0$（$a\neq 0$）的根，则 $x_2+x_1=-\frac{b}{a}$，$x_1x_2=\frac{c}{a}$			

在此基础上，可以用求根公式证明一元二次方程根与系数之间的关系。

3. 例题教学的板书

例题是教师向学生传授知识、巩固知识、培养能力、发展智力的桥梁，教学中的例题包括证明题、计算题与作图题。在解答中它们各有各的格式，不过基本要求都是规范、推理简明、正确、作图标准。教师在黑板上对于例题的板书，对学生具有示范作用，切不可粗心大意，随意书写。

（1）证明题的板书

板书时，先写“证明”二字，再根据题意画出图形，图形要具有一般性，要正确使用作图工具，图形大小要适中，示意图、草图通常在副板书上画出，并要求教师画得“像”，在初中低年级，教师在主板书上尽量少徒手画图。教师引导学生对题目进行分析，难度较大时亦可将分析的过程做简要的板书，最后一步有理有据地写出证明的过程。

（2）计算题的板书

计算题板书时，先写“解”字，然后由已知出发，逐步演算，口手协调地板书每步结果，做到有理有据，准确无误。对于思路较难、计算复杂和技巧性强的计算题，亦可边分析、边板书，暴露算理的分析过程，讨论计算程序。然后让学生去进行计算。

（3）作图题的板书

作图一般有四个步骤：分析、作法、证明、讨论。分析是寻求作图的途径，作法是证明的依据，证明是证实作图合理，讨论是研讨可能出现的各种情况。

通常，对于较难的作图题应写出上述四个步骤，而对于简单的作图题则可以略去分析、证明、讨论，只写出作法就可以了。

四、板书时应注意的问题

1. 板书不宜跳步过大

无论是证明过程还是计算过程，都必须循序渐进，不可不顾学生能否接受，随意跳大步，在学生不易明白的地方，不要轻易板书“易知”“显然”等字样，以免挫伤学生的学习热情。当然板书也不可过细，应掌握分寸，恰到好处。

2. 板书要注意姿势

有些教师只顾板书，面朝黑板、背对学生，既挡住了学生视线影响了传授知识，又与学生没有（目光）思想的交流。教师板书时应左侧面朝学生，右侧面朝黑板书写。教师的目光既能看到黑板，又能观察学生的表情，当然也就不会遮挡学生的视线。

思　考　题

1. 简述板书应注意的问题。
2. 试述课堂启发技能的培养途径。
3. 谈一谈课堂教学的讲评技能。
4. 课堂提问技能分为哪几类？
5. 如何选择有效的导入？举例说明。

第四章　中学数学思想方法

第一节　中学数学思想方法概述

数学思想方法是数学知识的精髓。中学阶段进行数学思想方法的教学是 21 世纪学校培养具有创新精神与实践能力人才的重要手段。而进行中学数学思想方法的教学研究更能使我们中学数学教师充分吸收国内外数学思想方法论知识，提高对数学思想方法教学重要性的认识，从而能够有意识、自觉地实践数学思想方法教学。

一、中学数学思想方法

数学思想是人们对数学内容的本质认识，是对数学知识和数学方法的进一步抽象和概括，属于对数学规律理性认识的范畴。而数学方法则是解决数学问题的手段，具有行为规则的意义和一定的可操作性。同一数学成果，当用它去解决个别问题时，就称之为方法；当论及它在数学体系中的价值和意义时，就称之为思想。例如，用极限去求导数、积分时，人们就是说极限方法；当我们讨论极限的价值，即将变化过程趋势用数值加以表示，使无限向有限转化时，人们就讲极限思想了。当将这两重意思合在一起说时，就有了极限思想方法、数学思想方法之类的提法。M.克莱因的巨著《古今数学思想》，其实说的都是古今数学方法，只不过从数学史角度看，人们更加注重那些数学大师们的思想贡献、文化价值，因而才称之为数学思想。相对数学方法而言，数学思想更具有普遍性与可创造性，其抽象程度更高一些，理论的味道更浓一些。数学方法经常表现为实现某种数学思想的手段，而对于方法的有意识选择，往往体现出对于数学思想的理解深度。尽管存在着这样或那样的区别，但是数学思想与数学方法之间的总体关系仍是密不可分相互交融的。我们不可能也没必要把数学思想和数学方法严格区分开来。因此，人们常常对这两者不加区分，而统称为数学思想方法，这样会显得更为方便。

数学思想方法是在数学科学的发展中形成的，它伴随着数学知识体系的建立而确立，它是数学知识体系的灵魂。数学思想方法是对数学事实、数学概念、数学原理与数学方法的本质认识。它从属于哲学思想方法和一般科学思想方法，是数学中具有奠基性、总括性的基础部分，含有传统数学思想方法的精华和现代数学思想方法的基本点，其内容是随数学内容的发展而发展的，不是一成不变的。

二、加强数学思想方法教学的意义

（一）提高学生的数学素质，适应人才培养的需要

中学阶段学生好的数学思想方法学习可使其提高思维水平，优化思维品质，提高用数学知识解决实际问题的能力，真正懂得数学的价值，建立科学的数学观念，并形成良

好的个性品质及科学世界观和方法论，为自身可持续发展奠定良好的基础。例如，数学建模的思想方法是狭义上的数学模型思想方法，从问题解决入手，将生产、生活实际问题抽象为纯数学问题，通过对数学问题的解答得出实际问题的解答，这种数学思想方法为培养学生的创新精神和实践能力找到了一个有效的操作平台。在数学建模的教与学的过程中，可以培养学生的数学观念、科学态度和合作精神；激发学生的学习兴趣，培养学生认真求实、崇尚真理、追求完美、讲求效率、联系实际的学习态度和学习习惯。

（二）有助于学生形成良好的数学认知结构

在现代教育观念的意义下，数学教育的最终目标从属于促进学生全身心发展的总目标。从现代认知学习理论的角度来看，数学教学的根本任务在于优化学生的数学认知结构，发展学生的数学能力，提高学生的数学素质，最终促进学生全身心发展。

数学认知结构是人们头脑里的数学知识按照自己理解的深度、广度，结合自己的感觉、知觉、记忆、思维、联想等认知特点组合成的一个具有内部规律的整体结构。学生的数学认知结构，是学生经过数学认知活动后，数学知识结构在大脑中的内化。通过这种内化过程，学生头脑里形成了一个动态的数学知识系统。

（三）有助于提高数学教师的自身素质

在中学数学教育中实施素质教育，提高学生的数学素养最根本的一条是建设一支高素质的中学数学教师队伍。

教师素质是教师稳固的职业品质，它是以人的天赋为基础，通过科学教育和自我提高而形成的具有一定时代特点的思想、知识、能力等方面的身心特征和职业修养。加强数学思想方法教学有利于提高数学教师的思想、知识、能力素质。

首先，数学教师必须在思想上提高对数学思想方法重要性的认识，吸取基础数学教育现代化理念。中小学数学教育的现代化，主要不是内容的现代化，而是数学思想、方法及教学手段的现代化，加强数学思想方法教学是基础数学教育现代化的关键。

其次，数学教师必须学习掌握数学思想方法论知识，注意数学思想方法论方面的训练和培养，进而丰富其数学专业知识，提高自身的知识素质。

第二节　数学思想方法在教学中的渗透

一、中学代数中的数学思想方法与教学

（一）集合的思想方法

集合思想是指应用集合论（主要是朴素集合论的基本知识）的观点来分析问题、认识问题和解决问题[5]。在中学教学中渗透集合思想主要体现在以下几方面。

1）学习朴素（初等）集合论最基本的知识，包括集合的概念和运算、映射的概念等。

2）使用集合的语言。例如，方程（组）解的集合，轨迹是满足某些条件的点的集合，等等。

当使用集合论的语言时，许多数学概念的形式就变得简单多了，当然也抽象多了。在中学教学中使用集合思想，可以使我们有可能看出许多表面上不同的一些内容，如变量、变量的数值函数，几何变换，长度、面积和体积的测度等，用集合与映射的思想可以把它们统一起来。在解方程、解不等式、做关于方程的解及关于方程和不等式的等价命题时，使用集合思想来分析、认识也是很必要的。在中学代数中，函数的图像是函数关系的一种几何表示。若给定函数 $y=f(x)(x\in\mathbf{R})$，则在直角坐标平面 xOy 上，对于任何一个 $x\in\mathbf{R}$，都有一个点 $(x,f(x))$ 与它对应，即 x 通过对应关系 f 确定直角坐标平面上的一个点。我们把定义域 A 上的所有 x 在直角坐标平面上确定的点的集合 C 叫作函数 $y=f(x)$ 的图像。由此可知，在研究函数图像和借助数形思想解决实际问题的过程中引入集合的定义能够取得显著的效果，可以更为直观。

例 4-1　已知集合 $A=\left\{(x,y)\middle|y\leqslant\sqrt{3}x\right\}$，集合 $B=\left\{(x,y)\middle|x^2+(y-a)^2=1\right\}$，若 $A\cap B=B$，则 a 的取值范围是（　　）。

A. $[2,+\infty)$　　　　B. $(-\infty,-2)$

C. $[-2,2]$　　　　D. $(-\infty,-2)\cup[2,+\infty)$

分析：集合 A 表示直线 $y=\sqrt{3}x$ 及其右下方区域；集合 B 表示以（0,a）为圆心、1 为半径的动圆面。由于 $A\cap B=B$，因此动圆必须在不等式区域 $y-\sqrt{3}x\leqslant 0$ 的内部，如图 4-1 所示，故应选 B。

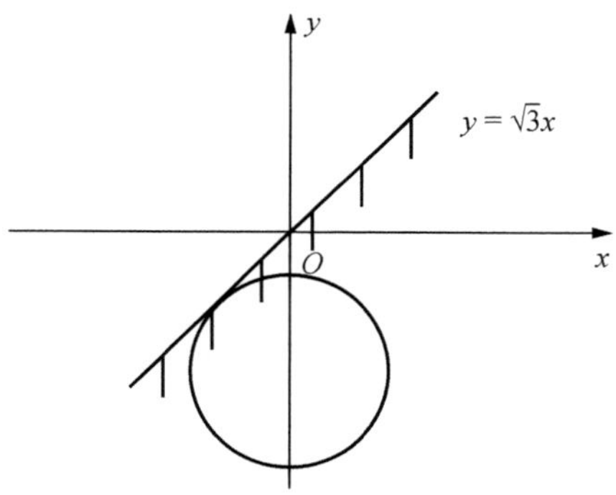

图 4-1

集合思想方法的重点在于它的基本概念及其运算。而作为数学中最基本、最普遍概念的集合，不仅具有高度的概括性，而且具有广泛的应用性。因此，如果把集合思想方法应用于中学数学教学实践中，必将起到举足轻重的作用。

（二）函数、映射、对应的思想方法

如前所述，函数概念在中学代数的方程、不等式、数列、排列组合等主要内容中起着重要作用。

函数概念具有客观性与普遍性，在数学中显示了万物运动变化的普遍规律，这个普遍规律相互联系、相互制约。变量相互对应是函数思想的本质。对于函数思想的运用基本是从万物运动变化的普遍规律中了解问题特点及其规律，并建立联系，求解答案。我们学习的初中代数和高中代数内容全部是根据定义进行画图和分析，然后运用到学习之中，最后得出一套健全的系统知识。而我们所学的初高中代数包括很多内容，如正反比例函数、一次函数、指数函数、幂函数等。在学习这些内容的过程中，基本都运用了函数思想这一概念。

举例说明：数列的列数排列是有规律的，可以是某个定义域里的自然数集 **N**，也可以是有限子集 $(a,b,c,\cdots,n)$ 的函数，并且所有的函数值与自变量一一对应，从侧面反应了数列在函数中的特殊性。在对数列进行探索研究时，一般都会采用函数的性质、思想、方法等。对于数列而言，函数的三类不同表达模式均是适用的，但数列的图像并非是连续的，和常见的函数图像相比存在较大差异。由参考函数的单调性可知，根据项值的不同我们将数列分为不同的类型，包括等差数列、等比数列、递增或递减数列等；根据值域的不同，可以将数列划分为无界数列和有界数列；而根据定义域的不同，又可以将数列划分成无穷数列和有穷数列。除此之外，还能够求解出等差数列的最小值或最大值。

中学代数把复数作为重要组成部分，认为所有复数与复数平面内任意一点一一对应，也可把原点作为起点。因此，复数在特定的运算下都有特定的意义，这就为中学代数的复数发展提供了多角度的认识，也为后期应用于几何、代数时提供了多种条件，揭示了复数在中学代数中重要性。

例 4-2　已知两条曲线：椭圆 $C_1:\dfrac{x^2}{9}+\dfrac{y^2}{4}=1$ 和圆 $C_2:x^2+(y+1)^2=r^2(r>0)$，假定曲线之间不存在公共点，计算 r。

最为常用的解法为：联合 C_1 与 C_2 的方程，从中消除特定的未知数。以 x 为例，经过化简，消去 x 后，最终得到

$$-\frac{5}{4}y^2+2y+10-r^2=0 \qquad ①$$

考虑到曲线之间无公共点，由此方程①不具有实数根，即 $\Delta=4-4\times\left(-\dfrac{5}{4}\right)(10-r^2)<0$，解得 $r>\sqrt{\dfrac{54}{5}}$ 或 $r<-\sqrt{\dfrac{54}{5}}$（由于 $r>0$，$r<-\sqrt{\dfrac{54}{5}}$ 舍去）。

总体来说，如果这两条曲线在没有公共点的情况下，r 可以表示为 $r>\sqrt{\dfrac{54}{5}}$。

至于上述计算结果的正确性如何，可以借助于具体的图形关系进行验证。如图 4-2 所示，假定圆心坐标为（0,−1），半径满足 $0<r<1$ 的圆 C_2 和椭圆 C_1 之间不存在公共点，然而 $0<r<1$ 的结果并未在上述计算结果中得以体现。由此可知，此解法是不正确的。从另一个角度考虑：对①进行整理可知 $r^2=-\dfrac{5}{4}y^2+2y+10$。将 $\dfrac{x^2}{9}+\dfrac{y^2}{4}=1$ 看作 y 的函数，根据 C_1 易得，$-2<x<2$，那么计算圆 C_2 和椭圆 C_1 之间存在公共点 r 的集合，可

转化为定义域满足 $y\in[-2,2]$ 时，求函数 $r^2=f(y)=-\frac{5}{4}y^2+2y+10$ 的值域，$f(-2)=1,f(2)=9,f\left(\frac{5}{4}\right)=\frac{54}{5}$，由此可得 $f(y)$ 的值域是 $r^2\in\left[1,\frac{54}{5}\right]$，即 $r\in\left[1,\sqrt{\frac{54}{5}}\right]$，它的补集就是圆 C_2 和椭圆 C_1 没有公共点的 r 的集合，因此，两条曲线没有公共点的 r 的取值范围是 $0<r<1$ 或 $r>\sqrt{\frac{54}{5}}$ 。

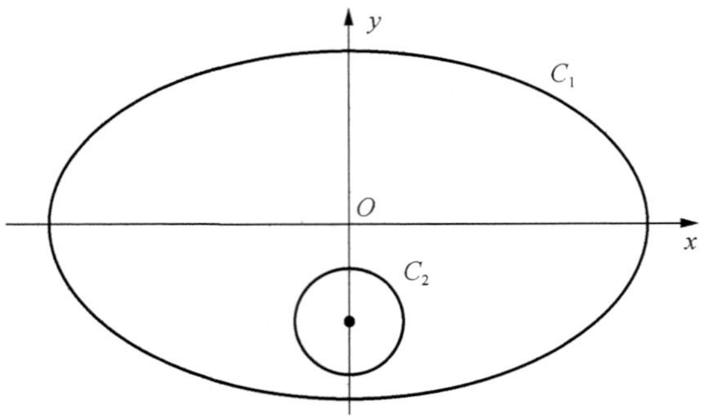

图 4-2

这道题充分展现了函数、映射、对应的思想方法在解题中的应用。

（三）数形结合的思想方法

代数是研究数量关系的。虽然数字化是很精确的，但若能用图像表示出来，往往比较直观，变化的趋势更加明确。所以数形结合思考问题，能给抽象的数量关系以形象的几何直观，也能把几何图形问题转化成数量关系问题去解决。

中学代数中能够体现这一思想方法的内容非常广泛。例如，集合中有韦恩图；函数借助于直角坐标系可以得到对应的图像；不等式中一元二次不等式对应一个区间，二元一次不等式组对应一个区域；复数中通过向量与几何结合，得到 $|OZ|$ 表示点到原点的距离，$|Z_1Z_2|$ 表示两点间的距离等；在排列组合、概率统计中也有许多直方图、数图等几何方法。

中学代数中集中反映数形结合特征内容的是函数与图像、方程与曲线、复数与几何。在处理这些问题时要加深领会，可借助于对数量关系的推理论证，对图形的几何特征进行精确刻画（如研究函数图像的性质）；也可借助函数图像与方程曲线加深对题意的理解，并对所得的解集进行有效的检验（如解不等式）。在复数教学中主要贯穿着两条主线，一条是以代数形式表达复数概念；另一条是用几何形式描述复数概念。通过用几何、向量和三角中的有关知识建立联系，复数得到直观、形象的解释。复数运算的几何意义，可使其在几何、向量、三角、方程等方面发挥综合应用的作用。

例 4-3　$y=\log_{10}{}^{x-1}$ 函数的大致图像是（　　）。

A.

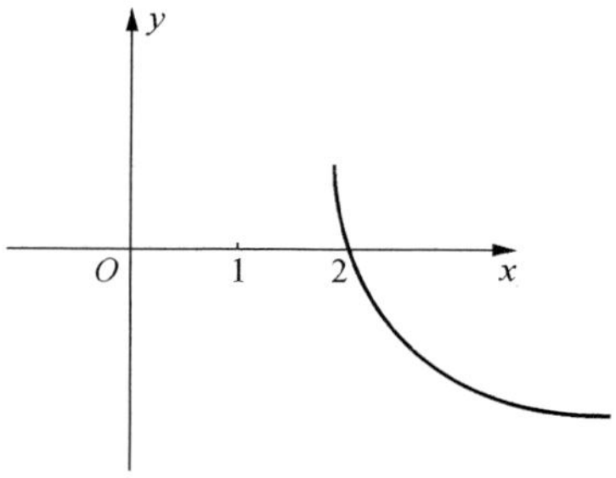

B.

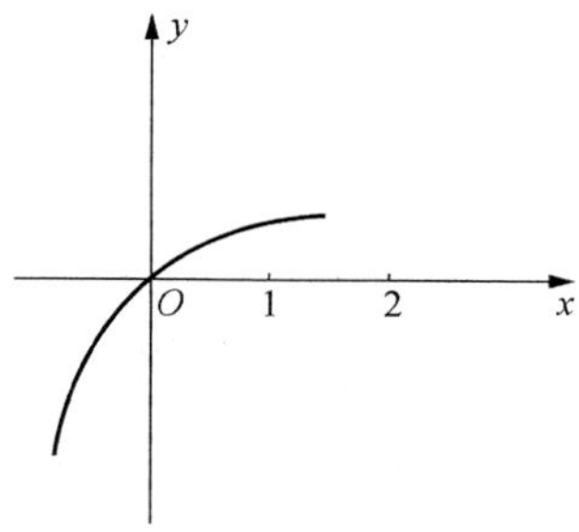

C.

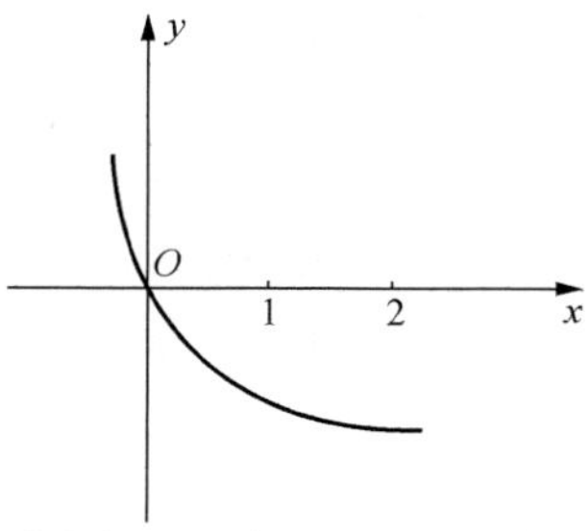

D.

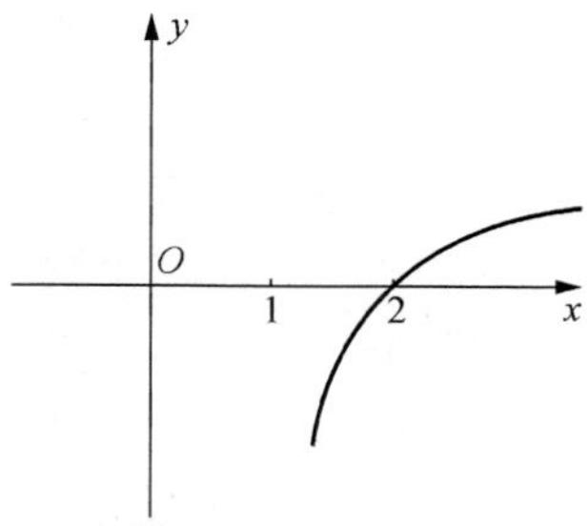

从函数解析式可以得到 x 比 1 大，因此，我们可以排除答案 B 和 C，此函数是一个增函数，因此，判定答案 A 也是错误的，因此最终选择正确答案是 D。

从上可知，函数的性质直接体现在图像上，而图像又可以说明函数的性质，掌握两者之间的关系是学好函数的一个重要环节和途径。

二、中学几何中的数学思想方法与教学

（一）公理化的思想方法

我们从知识结构的编排角度来审视当前的平面几何教学所运用的教材，不难发现，在几何教材中，整体运用的就是欧氏几何的不完善公理体系。几何教材中的内容，往往是通过几个大家所公认的事实来进入知识的讲解，借助于逻辑推理的形式，从而推演出一套完整的几何体系。在中学的几何基本体系中，全是这一类的公理化体系，公理化体系中包含着公理化思想方法，公理化的思想方法对数学的学习及整个科学体系的发展都有着非常重要的基础作用。

例 4-4　如图 4-3 所示，探索在$\triangle ABC$中，求$\angle A+\angle B+\angle C$等于多少度，即三角形内角和的度数。

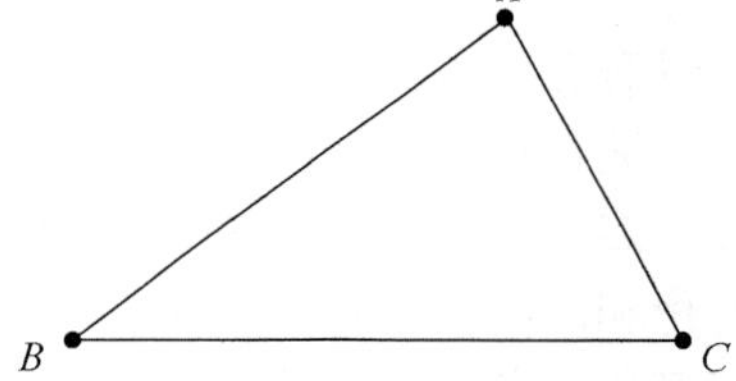

图 4-3

提示：过三角形的一个顶点作辅助线，利用平行线将三角形的三个内角转化为一个平角来证明三角形内角和定理，能够让学生更好地理解三角形定理的含义。这道题不仅仅使用了转化的思想方法，也体现了公理化的思想方法，由平角定理推导出三角形内角和定理。

（二）几何变换的思想方法

几何学所研究的是空间图形在各种变换群下所呈现出来的不变性质，几何所研究的对象都是以空间形式存在的。如果我们所处的世界上的所有的物体都是处于运动变化的状态，那么，我们由此可以抽象出来的几何图形的各种性质也是在不断变化的。所以，几何变换的思想在几何学习中至关重要。在几何证明题及几何作图的相关问题中，几何变换思想的应用极为广泛。我们经常遇到一些无从下手的几何问题，从已知和结论中看不到任何联系，但是通过旋转、翻折等几何变换，会从图形新的位置关系中找到关系，从而使问题得到解决。下面这个例子便很好地说明了几何变换的思想方法。

例 4-5　如图 4-4 所示，$\triangle ABC$ 为等腰直角三角形，$\angle BAC = 90°$，E、F 是 BC 上的点，且 $\angle EAF = 45°$，试探究 BE^2、CF^2、EF^2 间的关系，并说明理由。

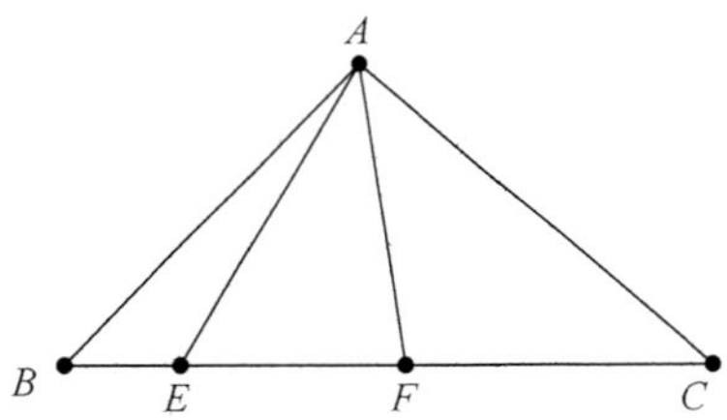

图 4-4

答案：$BE^2 + CF^2 = EF^2$。

分析：由 BE^2、CF^2、EF^2 可直接联想到它们之间的关系符合勾股定理，本题型可通过旋转或翻折将 BE、CF、EF 三条边运动到同一个直角三角形内，从而运用勾股定理进行证明，此种类型题目的教学中要向学生渗透几何变换的数学思想方法。

（三）化归的思想方法

中学的几何中研究复杂图形的相关问题，都是借助于化归的思想，通过转化，变成研究一些简单的图形，来实现问题的最终解答。例如，我们研究多边形的相关性质的时候，可以将其转化为三角形来研究，因为三角形是平面几何中的基本图形，转换之后的研究更加简单。

化归思想在运用到几何中时有三大要素：一是对象，二是目标，三是途径。化归思想在运用到几何中时有四个基本途径：一是向基本图形进行化归；二是向特殊图形进行化归；三是向低层次进行化归；四是将立体几何向平面几何方向化归。

我们要求一个多边形的内角和，往往是将这个多边形转化为多个三角形，通过计算三角形的内角和最终计算多边形的内角和，这就是向基本图形进行化归的用法；我们研究圆周角的性质时，通常会从一条边经过圆心的圆周角来着手研究，其他的相关问题最终都会转化成这种模式，这便是向特殊图形进行化归的做法；在研究三维空间的问题时，通常情况下都会将其转化为二维空间的相关问题进行研究，这便是向低层次化归的做法；在计算空间中的两个点的距离时，我们往往会将其转化为平面几何线段来进行计算，这便是立体几何向平面几何化归的做法。

例 4-6　如图 4-5 所示，在直三棱柱 $ABC\text{-}A_1B_1C_1$ 中，底面为直角三角形，$\angle ACB = 90^\circ$，$AC = 6$，$BC = CC_1 = \sqrt{2}$，P 是 BC_1 上一动点，则 $CP + PA_1$ 的最小值是________。

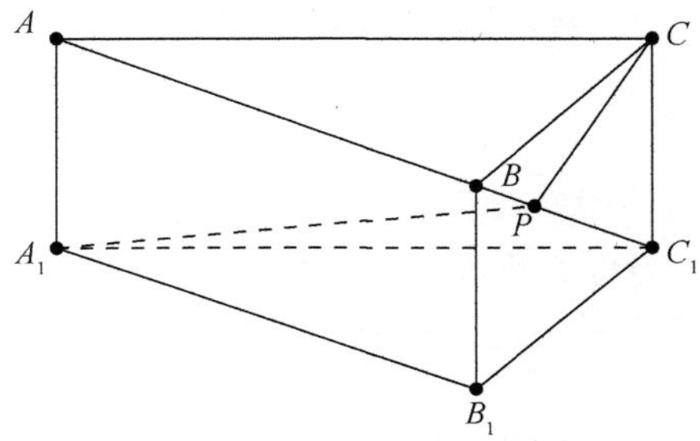

图 4-5

分析及解：接连 A_1B，沿 BC_1 将$\triangle CBC_1$展开与$\triangle A_1BC_1$出在同一个平面内，如图 4-6 所示，连接 A_1C，则 A_1C 的长度就是所求的最小值。通过计算可得 $AB = A_1B_1 = \sqrt{38}$，$A_1B = \sqrt{40}$，$A_1C_1 = 6$，$BC_1 = 2$，所以 $\angle A_1C_1B = 90^\circ$，又 $\angle BC_1C = 45^\circ$，于是，$\angle A_1C_1C = 135^\circ$。由余弦定理可求得 $A_1C = 5\sqrt{2}$。

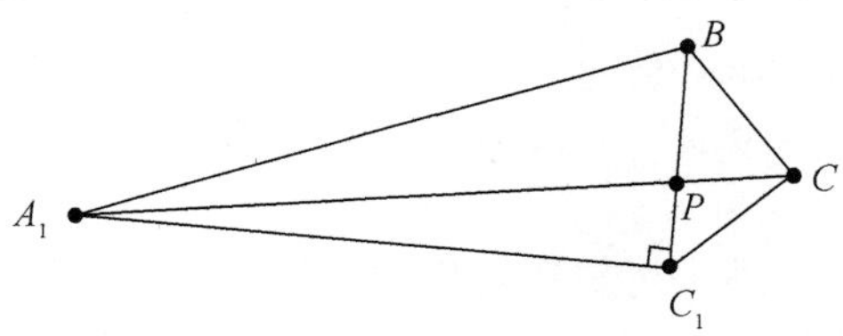

图 4-6

本题把立体几何问题转化为平面几何问题，把沿表面两点的距离问题转化为平面上两点间的距离问题。

三、平面三角中的数学思想方法与教学

（一）函数、映射、对应的思想方法

如上所述，函数、映射及对应的思想方法是针对对应、运动变化及相互关系进行的，借助于一种状态来对另一种状态进行诠释，从研究的状态全面过渡到研究整个变化过程，从而使其贯穿在整个三角函数的解题步骤中。

在直角坐标系中，从角的终边引出三个量 x、y、r 中的两个量之比，从而定义一个

三角函数。在建立一个任意角的三角函数的概述中，同时在引入弧度的基本概念基础上，构建的角的集合要与它的实数集相呼应，同时构建六个函数概念，分别是 $y=\sin x$，$y=\cos x$，$y=\tan x$，$y=\cot x$，$y=\sec x$，$y=\csc x$。同时，通过利用单位圆与三角函数线，将这六个函数的图像构建出来，最终再将其性质导出，使其形成一套三角函数的完整知识体系。在整个过程中，始终都要利用函数、对应及映射的相关思想。

三角函数在它的主值区间中的反函数称为反三角函数，我们从探究反三角函数的存在性开始，一直到合理寻求各自的主值区间，到最后建立一个反三角函数的概念，最终借助于对称变换的方法来画一个反三角函数的图像，并通过它将反三角函数的性质诠释出来，在整个过程中，一直应用的都是函数、对应及映射的相关思想。

（二）数形结合的思想方法

对三角函数定义与性质的深入研究方法雷同于数学中的函数研究，最常用的手法就是数形结合进行研究。这一方面在平面几何中经常会用到，尤其是在三角形中运用极为广泛，无论是三角函数的相关研究还是解斜三角形的相关研究等，都要用到数形结合的方法。

在对三角函数大小的对比问题的解决过程中经常会用到数形结合的手法，同时，对已知三角函数值求三角形的角的度数、给出了三角函数的取值范围求角的取值范围等问题中，也会经常用到数形结合的手法。这些问题可以借助于三角函数线及单位圆等来提供一个简便的运算方法。

三角函数的图像可以将它的定义域、值域都表现出来，同时，还包括三角函数自身的多种性质，都可以形象地表现出来，因此，三角函数的图像对于三角函数的全面学习与理解都有着重要的作用。尤其是对 $y=A\sin(\omega x+\phi)$ 的图像的相关研究，我们可以把这个函数中的参数的几何特征及其数量特征等多种特征都充分体现出来，并将其有效地形成一个整体，这样可以较为全面地分析函数图像的各种变换，体现出数形结合思想方法的全面应用。

通过正弦定理及余弦定理来对斜三角形进行诠释，它相当于将三角形的确定问题在一个定量的层面上进行了描述。在几何三角形的学习中，在学习了全等判定定理及三角形作图后可以知道，在给出三角形的三个边（SSS），以及三个两边与夹角（分别为 SAS、ASA、AAS）时，我们可以得到一个三角形；同时，我们也可以知道，当给出了两边和一个对角 SSA 时，并不一定可以得到一个三角形。通过这样的运算过程，我们在定性与定量的结合中，实现数形结合的深入应用。

（三）参数的思想方法

参数具有一个双重的作用，即常量与变量，它在数学的学习活动中，属于一个相对活泼的元素，可以用来描写运动与变化。在平面几何中，尤其是平面三角形中经常会用到参数。在函数 $y=A\sin(\omega x+\phi)$ 中，A、ω、ϕ 属于参数。其中，A 的作用是确定该函数的最值，也就是函数图像最高点与最低点所对应的纵坐标；$\frac{2\pi}{\omega}$ 代表的是函数的周期；ϕ

代表的则是图像的初相，它可以最终决定函数图像距离坐标轴的相对距离，进而言之，它可以决定该函数的奇偶性。

（四）化归与分类的思想方法

除以上三种以外，还有其他的思想方法也被应用到平面三角学习当中。例如，化归、分类等方法就比较常用。假如某一单元拥有较多的公式，而且变换较多，使用的方法也相对更加灵活，多种题会有一题多解的情形，这样的单元学习，如果仅靠题海战术，往往达不到预期效果。因此，学习这样的单元，需要全面提升学生的观察、运算、思维等多种能力，在学生熟记了公式的情形下，通过函数的多种思想方法，对其角与角进行分析，找到各个函数之间的关系，从而更好地了解这些三角函数的结构特征，并最终找到最佳解题方案。

例如，化简 $\cos(\alpha+\beta+\gamma)+\cos(\alpha+\beta-\gamma)+\cos(\beta+\gamma-\alpha)+\cos(\gamma+\alpha-\beta)$，在对其进行化简的过程中，我们只要了解了这四个角之间的相加与相减的关系即可：$\alpha+\beta+\gamma=(\alpha+\beta)+\gamma$，$\alpha+\beta-\gamma=(\alpha+\beta)-\gamma$，$\beta+\gamma-\alpha=\gamma-(\alpha-\beta)$，$\gamma+\alpha-\beta=\gamma+(\alpha-\beta)$，通过这些方法，进而利用两角的差与余弦公式进行下一步的计算，就可以实现式子的化简。再如，对 $\tan20^\circ+\tan40^\circ+3\tan20^\circ\tan40^\circ$ 进行计算的过程中，也要全面抓住几个角的关系 $20^\circ+40^\circ=60^\circ$，通过两角和的正切公式从而计算 $\tan(20^\circ+40^\circ)$。相关的证明题也可以运用这种方式来完成。

通过两角和的正切公式来实现计算，将其分式与整式之间进行转换，最终得到自己想要的结论。在借助于两角和与差的三角公式来解决相关问题的过程中，我们要加强对常规方法的应用，要满足相关的基本要求，同时还要淡化一些特殊的技巧，这样才能使自己的知识得以结合，将数学思想方法全面融入教学中。如片面地追求变换的技巧，进行题海战术，这样会加重学生的负担，效果也不一定会好。

四、平面解析几何中的数学思想方法与教学

（一）运动与变化的思想方法

早在 17 世纪时，运动与变化的思想方法便形成了，这在数学的思想史上而言意义重大。笛卡儿的解析几何及牛顿的微积分标志着变量数学的正式创立。笛卡儿将运动与变化的思想融入数学中，他将一些复杂的代数问题与几何问题运用动态的方式进行解决。例如，他将曲线比作一个点的运动所产生的轨迹，甚至可以用代数的语言来表达，即曲线方程 $f(x,y)=0$，它是由变量 x 与 y 在即定的规律之下形成的。因此，这个方程 $f(x,y)=0$ 在代数中似乎没有多大的用途，但是在用一个变量的变化来确定另一个变量这样的思想中，它就变成了一个表达变量之间存在关系的函数，它蕴含着深刻的数学哲学思想，即将变量当作基础，我们可以从物体的运动中来分析整个几何与代数，将两者有机地统一，因此我们认为，全面深入地研究几何，运动与变化的思想方法是重中之重。

（二）数形结合的思想方法

在平面上建立直角坐标系后，平面上的点与有序实数对之间就建立了一一对应关系。在此基础上，平面上的曲线可以用方程来表示。这样，研究曲线性质的几何问题就可通过研究方程的代数问题来进行。例如，研究椭圆的几何性质可以转化为讨论椭圆的方程 $\frac{x^2}{a^2}+\frac{y^2}{b^2}=1(a>b>0)$ 的性质。如果要求椭圆的范围，可以从方程中求得 $|x|\leqslant a,|y|\leqslant b$，由此得出椭圆位于直线 $x=\pm a$ 和 $y=\pm b$ 围成的矩形内。可见，数与形的结合可以把图形的位置关系转化为数量关系。

我们也可以把讨论直线与圆的位置关系转化为讨论圆心到直线的距离与半径的数量关系（这是一种以数助形的做法）。基于数与形的结合，我们又可以把某些代数问题转化为图形的位置关系来研究。

例如，求函数 $y=f(x)=x^2+a^2+(x-b)^2+c^2$（其中 a、b、c 是正常数）的最小值。我们剖析解析式的特征可知，函数为零时的两个根式可视为平面上的两点间的距离，从而可设法借助于几何图形求解。这是一种以形助数的做法。数与形的有机结合与转化，可以使复杂问题简单化、抽象问题具体化，以便化难为易，使问题得以解决。

（三）化归思想方法

我们从认识论的角度分析可知，化归是一种借助于各种联系、发展及变化来全面解析问题，借助于对原问题的各种转换，将其变成更为简单、形象的问题，因此，化归思想方法最终的结果是将复杂难懂的问题转换为化归思想应用过程中的诸多典型案例之一，解析几何就是其中最具特色的案例。解析几何的研究是将数量关系与空间图形相结合，从而实现它们之间的相互转化，最终借助于化归的方法来对另外一种问题进行全面的分析。在解析几何中，诸多的概念、定理及公式等都有化归思想蕴含其中。

（四）参数的思想方法

在中学的诸多数学问题中，都会运用到参数思想，运用最多的就是曲线的参数方程。在数学问题中，“引参思变”是一个非常重要的解题思路，参数能够实现两个变量之间的相互联系，从而令各个不同分支的内容实现化归。在运用参数思想进行问题的分析过程中，最为重要的就是要正确地实现参数的引进，并且科学地运用参数。在设定定点与动点的坐标过程中要恰当地运用参数，同样，在曲线方程中也要合理地运用参数，同时还要巧妙地处理好常数与变数之间的相互联系及相互转换。在解析几何中，我们也要充分地重视起参数的应用。

（五）概率统计中的数学思想方法与教学

在中学概率统计的学习过程中，运用的数学思想是借助集合论来对事件间的关系进行全面地解析与计算。事件的概率是借助概率模型构建而来的，以加法、乘法计数原理为基础的排列组合是计算概率的主要方法。

中学统计学中运用的最为广泛也最为根本的一种思想便是统计推断。它是指从一个样本的现状中，推断出总体的现状。例如，我们在几次检查过程中，来推断一个学生的综合能力；在对几个班的学习进行抽查的情况下，推断出整个学校的学习情况；等等。在数量统计中，统计推断是关键所在，它分为两大类内容：一个是统计理论，另一个是统计假设检验理论。在我们日常的生活与生产中，统计推断的思想往往会在无意识中得以应用。例如，我们对某一车蔬菜的推断，通常是从其中抽取一小部分来检验，从而实现对整车蔬菜品质的推断。

第三节　应 用 案 例

一、案例一

纵观历年中考命题，尽管形式上是以选择题、填空题、解答题等各种题型考查学生对数、方程、函数、三角形、四边形和圆等重要内容的理解，但是从数学思想方法的角度来看，本质上考查的其实是学生对初中数学常用思想方法的掌握及应用。因此，从这个意义上来说，能否熟练运用数学思想方法进行分析问题、解决问题是关系到中考成败的重要因素。

在此，我们对一道 2017 年河南省中考题进行剖析，发掘其中所蕴含的数形结合思想、化归思想、函数思想及待定系数法等常见的数学思想方法。

例 4-7　2017 年河南中考数学压轴题。如图 4-7 所示，在平面直角坐标系中，已知四边形 $ABCD$ 的三个顶点坐标 $B(4,0)$、$C(8,0)$、$D(8,8)$，抛物线 $y=ax^2+bx$ 过 A、C 两点。

1）直接写出点 A 的坐标，并求出抛物线的解析式；

2）动点 P 从点 A 出发，沿线段 AB 向终点 B 运动，同时点 Q 从点 C 出发，沿线段 CD 向终点 D 运动。速度均为每秒 1 个单位长度，运动时间为 t s。过点 P 作 $PE\perp AB$ 交 AC 于点 E。

① 过点 E 作 $EF\perp AD$ 于点 F，交抛物线于点 G。当 t 为何值时，线段 EG 最长?

② 连接 EQ，在点 P、Q 运动的过程中，判断有几个时刻$\triangle CEQ$ 是等腰三角形，请直接写出相应的 t 值。

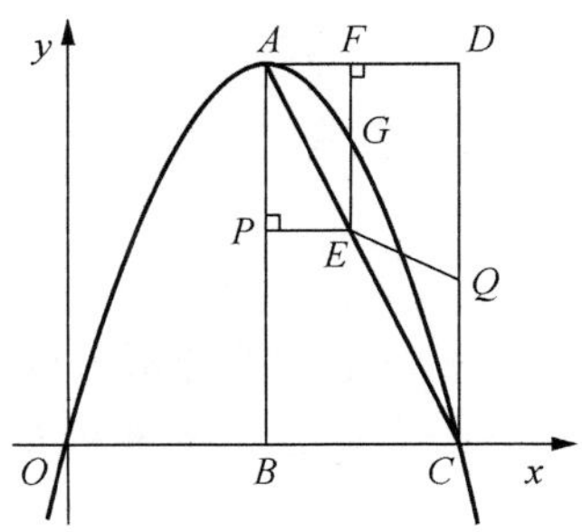

图 4-7

分析：经过统计，这道 2017 年的中考题得分率普遍偏低，解答效果不好。主要原因还是对本题所考查的数学思想方法没有掌握好。

1）利用数形结合的思想先画出大致图形，进而把求交点坐标的问题转化为求方程解的问题。再利用待定系数法的思想，容易求得抛物线的解析式。

2）本小题考查的是综合运用转化、数形结合和函数的思想。

解：

1）点 A 的坐标为(4,8)。

将 $A(4,8)$，$C(8,0)$两点坐标分别代入 $y=ax^2+bx$，得

$$\begin{cases} 8 = 16a + 4b \\ 0 = 64a + 8b \end{cases}$$

解此二元一次方程组，得

$$\begin{cases} a = -\dfrac{1}{2} \\ b = 4 \end{cases}$$

所以抛物线的解析式为 $y = -\dfrac{1}{2}x^2 + 4x$。

2）① 在 Rt△APE 和 Rt△ABC 中

$$\tan\angle PAE = \frac{PE}{AP} = \frac{BC}{AB}$$

即 $\dfrac{PE}{AP} = \dfrac{1}{2}$，所以

$$PE = \frac{1}{2}AP = \frac{1}{2}t, PB = 8 - t$$

所以点 E 的坐标为 $\left(4 + \dfrac{1}{2}t, 8 - t\right)$，点 G 的纵坐标为

$$-\frac{1}{2}\left(4 + \frac{1}{2}t\right)^2 + 4\left(4 + \frac{1}{2}t\right) = \frac{1}{8}t^2 + 8$$

所以

$$EG = -\frac{1}{8}t^2 + 8 - (8 - t) = -\frac{1}{8}t^2 + t$$

因为 $-\dfrac{1}{8} < 0$，所以当 $t = 4$ 时，线段 EG 最长为 2。

② 共有三个时刻，分别为

$$t_1 = \frac{16}{3}，\ t_2 = \frac{40}{13}，\ t_3 = \frac{8\sqrt{5}}{2 + \sqrt{5}}$$

通过上题的分析可以看出，中考数学题有时候可能包含多种数学思想方法，如果不能熟练地综合运用各种数学思想，就很难在解题的过程中打开思路，发现灵活的解题方法。

二、案例二

随着课改的启动，高考试题在命题中体现出了更加重视通性通法，淡化特殊技巧，不在细枝末节上多纠缠的特点。坚持让学生“算得少一点，想得多一点”。有研究统计表明，近年来上海市高考卷中对数学思想方法的考查基本稳定在 40%～50%。高中数学中常见的数学思想方法主要包括数形结合、化归、分类讨论、函数与方程、类比、特殊化与一般化等。

下面我们对近年来的具体高考试题进行分析，发掘其中所蕴含和考查的数学思想方法。

例 4-8　2015 年江苏高考 23 题。设数列$\{a_n\}$的前 n 项和为S_n，已知$a_1=1$，$a_2=6$，$a_3=11$，且$(5n-8)S_{n+1}-(5n+2)S_n=An+B$，$n=1,2,3,\cdots$，其中 A、B 为常数。

1）求 A 与 B 的值；

2）证明：数列$\{a_n\}$为等差数列；

3）证明：不等式$\sqrt{5a_{mn}}-\sqrt{a_m a_n}>1$对任何正整数 m、n 都成立。

解：

1）由已知，得

$$S_1=a_1=1,\quad S_2=a_1+a_2=7,\quad S_3=a_1+a_2+a_3=18$$

由$(5n-8)S_{n+1}-(5n+2)S_n=An+B$，$n=1,2,3,\cdots$，得

$$\begin{cases}-3S_2-7S_1=A+B\\2S_3-12S_2=2A+B\end{cases}$$

将S_1、S_2、S_3代入，即

$$\begin{cases}A+B=-28\\2A+B=-48\end{cases}$$

解得 $A=-20$，$B=-8$。

2）由 1）知

$$(5n-8)S_{n+1}-(5n+2)S_n=-20n-8 \quad ①$$

从而

$$(5n-13)S_n-(5n-3)S_{n-1}=-20n+12 \quad ②$$

以上两式相减得

$$(5n-18)S_{n+1}-(10n-11)S_n+(5n-3)S_{n-1}=-20 \quad ③$$

从而

$$(5n-3)S_{n+2}-(10n-1)S_{n+1}+(5n+2)S_n=-20 \quad ④$$

同样，由④-③得

$$(5n-3)S_{n+2}-(15n-9)S_{n+1}+(15n-9)S_n-(5n-3)S_{n-1}=0 \quad ⑤$$

由$a_n=S_n-S_{n-1}$，代入⑤式，得

$$(5n-3)a_{n+2}-(10n-6)a_{n+1}+(5n-3)a_n=0 \quad ⑥$$

因为$(5n-3)>0$，化简⑥式，得

$$a_{n+2}-2a_{n+1}+a_n=0 \quad ⑦$$

也即

$$a_{n+2}-a_{n+1}=a_{n+1}-a_n=\cdots=a_3-a_2=a_2-a_1=5$$

从而数列$\{a_n\}$为等差数列。

3）由 2）可得$a_n=1+5(n-1)=5n-4$，要证$\sqrt{5a_{mn}}-\sqrt{a_m a_n}>1$，只需要证

$$5a_{mn}>1+a_m a_n+2\sqrt{a_m a_n} \quad ⑧$$

因为$a_{mn}=5mn-4$，所以

$$a_m a_n=(5m-4)(5n-4)=25mn-20(m+n)+16$$

带入⑧式化简，即只需要证

$$20m+20n-37>2\sqrt{a_m a_n}$$

最后由当 m、n 为正整数时，

$$2\sqrt{a_m a_n}\leqslant a_m+a_n=5m+5n-8<5m+5n-8+(15m+15n-29)=20m+20n-37$$

从而命题得证。

总结该考题的解题过程，我们发现第一小问的解答体现了特殊化一般的数学思想，而第二小问和第三小问则考查了化归与转化的思想，这都是高中数学中常见的一些典型数学思想，本题主要难在综合了多种数学思想的考查，因此对考生在数学思想方法上的综合能力有很高的要求。

思　考　题

1. 简述加强数学思想方法教学的意义。
2. 中学常见的数学思想方法有哪些？
3. 举例说明数学思想方法在中学数学解题中的应用。

第五章 听课、说课、评课

第一节 听 课

一、听课概述

（一）听课的含义

听课是一种对课堂进行仔细观察的活动，它对于了解和认识课堂有着极其重要的作用。课堂上许多司空见惯的问题经由听课者自觉地观察，就可洞见到很多值得探索、深思的地方[1]。听课是提高教师素质，提升教学质量的重要方式。

（二）听课的意义

听课是初为人师的起点。教师教学中经常出现这样那样的问题，却不知如何向学生讲解传授，如何使学生融会贯通，如何使学生扎实地掌握知识，因此，教师要多听课，虚心接受老教师的谆谆教诲，做到备好第一堂课，讲好每一堂课，努力完善、充实自己。

听课，教师进步的基石。对于一个教师来说，对教材的理解不是很深，教法也不一定就适合学生，所以讲完后再听课，也是一种进步的途径。讲前听课和讲后听课都非常重要，每个人有每个人的教学思路与方法，每个人有每个人的优点，如果听课者都能将每个授课者的经验领会且用到日常教学中，就能达到听课的目的了。

听课，教师成长的阶梯。教师们总去听课是不可能的，时间也不允许，因此，教师要提高自己的听课水平，扎扎实实地听好每一堂课，做到听一堂课有一堂课的收获，听一堂课有一堂课的体会，只听不想、不总结，那是浪费了 45 分钟的时间。如果又听、又想、又总结，那会使自己的教学方法更丰富，更具有特色，时间长了，就会从量变到质变，成为一个合格的教师。

听课，教师自我检验的法宝。听课中，教师可以联系自己的教学实际，思考自己每堂课的实际教学中有没有需要补充的地方，并及时地写在教案中，正是这一次次的修正与补充，使教师们听课水平越来越高，教学技能越来越强。

听课是一种有效学习、借鉴、补充、反思、研究课堂教学的重要方法和手段，它具有自觉性、针对性、有效性，是促进听课者专业成长的必经之路。

二、听课的作用、类型、步骤和原则

（一）听课的作用

听课的作用很多，主要有监督检查、评估指导、探索研究、提高促进、沟通协调等。

（二）听课的类型

关于听课的类型说法不一，主要有以下几种分法。按听课的作用，可分为研究类听课、指导类听课、考评类听课；按听课的时间，可分为课前听课和课后听课；按听课的性质，可分为模仿型听课、思考型听课和创新型听课。

（三）听课的步骤

1. 课前要有一定的准备工作

留心天下皆学问。教师要想听课时真正有所收获，就必须做一个听课的有心人。要用心听课就要做好准备工作。打算听谁的课，应该事先问问他教什么内容，把课本找来预习一下，看看教材写的是什么，是怎样写的，有没有难点、疑点；同时自己设想一下，假如让我教这样的课，我准备怎样去教，以便听课时有个对比。如果教师听课不做准备，匆忙走进教室，懵懵懂懂地听，不理解授课教师的教学意图，不熟悉教材，就不会有较大的收获。

教师去参加教研活动时听公开课也要做准备。由于大多数教师平时埋头教学工作，对某些教学理论、学术研究知之甚少，因此需要教师在参加教研活动之前，千方百计去了解与钻研一下与之相关的学术理论，或向人求教，或重温自己积累的资料，这样才能拓宽视野，缩短与“学术”的差距，去听公开课收获就会更大一些。

2. 听课中要认真观察和记录

教师听课要高度集中注意力，全身心地投入，还要有虚心求教的态度。教师在课堂上不仅要听，还要看，要仔细捕捉讲课者的语言和表情，记下他的每个教学环节和教学方法。教师要一边听、一边观察思考。既要看教，又要看学，二者兼顾。看授课教师对教材的钻研，重点的处理，难点的突破，教法学法的设计，教学基本功的展示。看学生的学，要看学生的课堂表现，学习参与的情绪，学习的习惯。总而言之，要看教师主导作用和学生主体地位的有机结合情况。有时教师听课也不一定非要面面俱到地注视课堂上的每个方面，根据授课者的特点和听课者的目的，可以适当有所侧重。一般说来，对熟悉的教师，由于对其班级情况有所了解，可着重就其课堂上对学生学习习惯的培养做跟踪式的动态分析；对一般的研究课，就着重看其在研究方向上的达成度；对于名家的课，宜着重领略其教学风格及其相应的学术思想在课堂上的体现。听课应详尽记录课堂的教学过程，也记下自己的主观感受和零星评析。

3. 听课后要思考和整理

俗话说，“思之，思之，鬼神通之”。教师不能一听了之。应对课堂实况过几遍电影，进行反复的琢磨。思考的办法有很多，或翻翻听课记录，或与授课教师交谈，或将几堂“互相牵连”的课做一番比较，或写一篇“听课一得”，或干脆将他人执教的内容拿到自己班上试试，等等。在分析总结他人的授课时要注意比较、研究，取长补短。每个教师在长期教学活动中都可能形成自己独特的教学风格，不同的教师会有不同的教法。听课的教师要善于进行比较、研究，准确地评价各种教学方法的长处和短处，并结合自己的教学实际，吸收他人的有益经验，改进自己教学中的不足。在分析他人授课时，听课者还要注意分析授课教师课外的功夫，看其教学基本功和课前备课情况。这种思考对自己也会有很大帮助。

（四）听课的原则

去听其他教师的课，不管是青年教师还是老教师，都会受益匪浅，其乐无穷。但很多时候课讲了，教师们也听了，效果却并不理想。当然，原因是多方面的，而听课教师不会听课，不知每次听课应该听什么是主要原因之一。尤其是青年教师，他们缺乏这方面的指导，所以对于“听课”这一最普通的日常教学研究不加以重视。漫无目的地讲课是白白浪费时间，增加学生负担；同样地，漫无目的地听课也是浪费时间，增加教师的负担。

学会听课，首先就是要用辩证的头脑看待各种各样的观摩课，要以鉴别和挑剔的眼光学会筛选。不管多么优秀的教师，课堂也同样存在这样那样的问题，不要神化别人，那实际上就是愚化自己。要用自己的头脑去思考、鉴别，不能全信，不能照搬，应该创造性地吸收，有选择地学习。这是教师听课要把握的原则。

1. 听课应该有准备地去听

听课的时候，听课者应把自己定位为教学活动的参与者、组织者，而不是旁观者。听课前要有充分准备，对要听的课程内容有所了解，了解授课教师的意图，知道要听的课是什么，教学目的是什么，重点、难点是什么，这样，在听课的过程中就能做到有的放矢，带着问题去听。只有有“备”而听，并尽可能以学生的身份参与到学习活动中，才能获取第一手材料，从而为自己能够上好一堂课奠定基础。

2. 明确听课重点

教学是涉及教师与学生的双边活动过程。一堂课成功与否，不仅仅在于教师讲了多少，更在于学生学会了多少。所以听课应从单一听教师的“讲”变为同时看学生的“学”，做到既听又看，听看结合，注重观察。

第一，听教师是怎么讲的，是不是讲到点子上了，课堂教学确定怎样的教学目标，重点是否突出，详略是否得当；第二，听授课教师课讲得是否清楚明白，课堂教学目标是采用什么方式实现的，如何引导学生复习回顾、回顾什么，学生能否听懂，教学语言如何；第三，听教师启发是否得当，新课如何导入，包括导入时引导学生参与了哪些活动，创设了怎样的教学情境，采取了哪些教学手段，设计了哪些问题让学生进行探究、如何探究（设计活动步骤）；第四，听学生的讨论和答题，明确授课教师设计了怎样的问题或情境引导学生对新课内容和已有的知识进行整合，安排了哪些练习让学生动手练，使所学知识得以迁移巩固，课堂教学氛围如何；第五，听课后学生的反馈。

3. 关注学生的学习活动

听课者应该关注：第一，学生是否在教师的引导下积极参与到学习活动中；第二，学习活动中学生经常做出怎样的情绪反应；第三，学生是否乐于参与思考、讨论、争辩、动手操作；第四，学生是否经常积极主动地提出问题；等等。由于教学是一种学习活动，本质是学而不是教，而且教师活动是围绕学生的学习活动而展开的，因此在关注教与学双边活动时，更要关注学生的活动。

4. 听课不但要听，还要看

1）看教师。看授课教师的精神是否饱满，教态是否自然亲切，看教师板书是否合理，看教师运用教具是否熟练，看教法的选择是否得当，看教师指导学生学习是否得当，看教师实验的安排及操作，看教师对学生出现问题的处理是否巧妙……一句话，看教师主导作用发挥得如何。

2）看学生。看整个课堂气氛，听课的学生是静坐呆听，死记硬背，还是情绪饱满，精神振奋；看听课学生参与教学活动的程度；看听课学生对教材的感知；看听课学生注意力是否集中，思维是否活跃；看听课学生的练习、板演、作业情况；看听课学生的举手发言、思考问题情况；看听课学生活动的时间是否得当；看各类听课学生特别是后进生的积极性是否被调动起来；看听课学生与教师情感是否交融；看听课学生自学习惯、读书习惯、书写习惯是否养成；看听课学生分析问题，解决问题能力如何……一句话，看听课学生主体作用发挥得如何。

5. 听课要思考

一位专家说过："你讲给我听，我是要忘记的；你做给我看，我说不定记住了；你若让我参与，我肯定能够学会。"听课，必须伴随着多思考才能有进步、有提高。

听课者要一边听，一边思考这样的一些问题：授课教师对教材为何这样处理？换成自己该如何处理？授课教师是怎样把复杂问题转化为简单问题的？他的教学有哪些值得自己学习的地方？他是怎样突破重点、难点的？自己应怎样对授课教师的"闪光点"进行活学活用？自己所听的一堂好课，学生是怎样从不懂到懂，从不会到会，从不熟练到比较熟练的？在课堂上，学生是否答错了，是否答得不完整，是否答得结结巴巴？授课教师在学生答错时，是否加以引导了？在学生答得不完整时，是否加以启发了？等等。所以听课，一定要注意看实际效果，看学生怎么学，看教师怎样教。思考之后，听课者可以和自己的备课思路进行对比分析，大胆地去粗取精，扬长避短，写出更能帮助自己授课的教案。

6. 听课必须要有反馈式的交流

听课作为第一感受，必须要有反馈式的交流，才能进一步地深化。听课时，听课者要使自己的思维和授课教师、学生的思维一致；听课后，能比较详细地向授课教师讲述收益与看法，再让授课教师指出哪几点还没有听出门道，再就具体问题做进一步的切磋，共同探讨如何做得更好。

7. 听后要讲评

听课的目的是使教师个人和整体教学活动得到改进和提高。因此，发展性听课不应有终结性听课的结论，而应该鼓励、支持教师积极参与教学改革，促进自己的事业不断发展。

（五）听课需要注意的问题

向别人学习，其实也是一种创造。这种创造有赖于自己的观察、思考与探索，只有通过这样的努力才能将别人的教育教学思想转化为自己的理念，而不仅仅是表面上的方法与技巧的增多。要达到这样的目的，首先要想办法提高自己的思想素养，让自己能够站在一定高度上来学习别人的经验，并逐步形成自己的教育思想、教育理念。

课堂是听课者学习知识、培养能力的重要场所。课堂的听课效率直接影响着听课者对知识的掌握程度，也影响着听课者对今后知识的吸收能力，同时还影响着对旧知识的深化运用和加深。把握好课堂 45 分钟，提高课堂 45 分钟的学习效率，是听课者提高教学水平的一个重要途径，也是听课者培养自身教学能力的一个重要途径。

1. 提高听课者听课效率的注意事项

1）集中注意力，跟随授课教师的课堂动向，把握其课堂动向。

2）从根本上提高听课者的自制力，抵制不良因素的影响。

3）听课前预习，明确目标，以目标激励自己。

4）听课过程中要主动根除分散注意力的因素，保证听课效果。

5）注意记好听课笔记。

2. 新教师听课的注意事项

1）要听其他教师怎样教。听课者应该注意授课教师教学流程的安排。课型不同，教学设想也不同。新教师在听课时要关注授课教师课程的组成部分及各部分的顺序和时间分配。例如，教学目标在何时采用何种方式呈现才能最大限度地引起学生的好奇，激发学生的学习动机；如何通过课堂提问使学生有意识地从认知结构中提取相关的旧知识，并激活旧知识；怎样创设教学情境，导入新课的教学；怎样通过简明、生动的语言系统呈现新内容；采用何种方式完成对新内容讲授，要听教师是怎样纵横联系学生已有知识举例说明，化难为易，突破难点，突出重点的，这些往往是授课教师积累多年教学经验的所得。

2）关注授课教师的板书技巧。一般说来，听课教师要看授课教师板书是否详略得当，重点是否突出，是否能起到提纲挈领的作用；层次是否分明、脉络是否清晰；是否能增强直观效果，是否有利于引导学生由形象思维向抽象思维过渡。此外，还要关注其板书是否具有训练学生的随意注意的主动性，是否便于课堂小结和课后复习等功能。

3）关注授课教师教学媒体的运用是否对教学起到了辅助作用。听课教师应关注授课教师是否恰当地运用了多媒体，是否能调动学生的学习兴趣，是否增大了课堂教学信息的容量，是否有助于提高学生的接受能力，多媒体的运用是否注意结合教学内容，媒体的选择、运用是否行之有效。

4）关注所听课的课堂气氛。听课者应关注所听课的课堂气氛是否是弥漫、充盈于师生之间的一种教育情景氛围。这种氛围是否是和谐融洽、平等民主的，是否能激发学生的潜能，树立学习的信心，培养学生的创新能力。在课堂上，师生是否能够平等对话，完成情感交流；在课堂上，师生是否能共同创造奇迹，唤醒各自沉睡的潜能；在课堂上，教师的主导作用和学生的主体作用是否会得到淋漓尽致的发挥。教师是否能通过恰当的方式让学生积极参与教学活动，发挥学生的主体地位，授课教师是否能以激情感染学生，用亲切的语言鼓舞学生，这些都是新教师听课时需要特别注意的。

5）关注所听课堂的学生活动情况。关注学生是否在授课教师的引导下积极参与到学习活动中；学习活动中学生经常做出怎样的情绪反应；学生是否乐于参与思考、讨论、争辩、动手操作；学生是否经常积极主动地提出问题；学生活动的时间是否充裕得当；学生自学习惯、读书习惯、书写习惯是否养成；学生分析问题、解决问题能力如何；等等。

6）新教师要以一个学习者而不是批评家的心态听课。新教师听课要以谦虚的心态多学习老教师的长处、闪光点，为我所用。从这个角度讲，新教师不仅要用美的眼光去感受老教师的仪态美、语言美、板书美、直观教具美等外在的美；还要去领略老教师如何通过精巧的思维、严密的推理、严肃的实证来充分展示科学的理性美；更要用心去体会教学过程中的尊重、发现、合作与共享，这是更高境界的美，值得新教师去永远追求。

7）新教师听课后，要认真思考。没有十全十美的课，一堂课的好坏，不同时期、不同学科有不尽相同的标准。此外，一堂好课还要做到：①要有科学性。这里的科学性一是指呈现的材料、知识、观点必须是正确的；二是指教师所采用的教学手段、教学方法要符合学生的认知规律。②要有特色。一堂成功的课必须包含着教师特有的教学风格，没有鲜明的个性特点就很难把课讲出色。同时必须体现一定的教育思想。一堂课要有足够的信息量，而且结构严谨，密度合理。当确定所听课为一堂好课后，就要进一步思考这样一些问题：教师对教材为何这样处理？换成自己该如何处理？教师是怎样把复杂问题转化为简单问题的？自己应怎样对“闪光点”活学活用？思考之后，要和自己的备课思路进行对比分析，大胆地去粗取精，扬长避短，写出能帮助自己授课的教案，并付诸实施，但不能生搬硬套。

第二节　说　　课

说课起源于集体备课。说课作为一种教学、教研改革的手段，最早是由河南省新乡市红旗区教研室于 1987 年提出来的。实践证明，说课活动有效地调动了教师投身教学改革、学习教育理论、钻研课堂教学的积极性，是提高教师素质，培养造就研究型学者型青年教师的较好途径之一。说课也是教师资格证考试和教师招聘考试中的必需环节。

一、说课的含义

所谓说课，即教师在学习有关教育教学理论、现代教学手段，钻研专业知识、课程标准（教学大纲）与教材的基础上，有准备地在一定的场合下，根据教材中某一章节内容的教学任务，向同行分析教材内容，并结合学生的特点和教材的育人功能阐述教学目标，讲解自己的教学方案的一种有组织、有目的、有理论指导的教学研究与交流活动形式。

通俗地说，说课就是阐述“教什么内容、为什么教这些、怎么教和为什么这么教”的问题。由于说课能够展现出教师在备课中的思维创新过程，能突显出教师对课程标准、教材的理解和把握水平及运用有关教育理论和教学原则组织教学的能力，同时又具有时间短、操作方便的优点，所以说课经常被应用在教师基本功竞赛、教师招聘、新教师上岗、教研组备课等教学、教研、竞赛之类的活动中。

说课有两个明显的特点：一是重在交流，二是重在分析。首先，由教师对说课内容进行阐述，接着对说课进行评议，然后进一步展开讨论，各抒己见，相互交流。通过交流，大家达到相互学习、共同提高的目的，从而为提高教学技能和教学质量创造条件。其次，说课不仅要摆过程，还要说道理；既要分析大纲、教材，明确所讲内容的地位作用、来龙去脉，又要对课堂教学结构设计的各个环节说清道理。这就要求教师在课的分析上下一番功夫，从而有效地提高课的设计质量。

说课与上课的区别在于说课不仅要说准备好的教学方案怎样教，而且要说为什么要这样教，运用了什么教育理论；要说备课中的有关思考；还要对教学目标充分地分析，揭示学生所应形成的能力或倾向，确定促使这些能力或倾向形成的有效的教学条件，使教学理论得到较好的应用与发展，使备课的过程趋于理性化；上课的对象是学生；说课的对象是同行；上课存在备课准备与突发事件的矛盾；而说课无对象的不稳定性。

1）说课与讲课的要求不同：说课的重点在完成教学任务、反馈教学信息，从而提高教学效果；而讲课要求必须有效地向学生传达知识。

2）说课与讲课的对象不同：说课的对象是同行的教师、专家；而讲课的对象是学生。

3）说课与讲课的内容不同：说课的内容是解说自己对某课题的理解、教学设想、方法、策略及组织教学的理论依据等；而讲课的内容是对某课程的内容进行具体的分析，向学生传授知识及学习的方法。

4）说课与讲课的意义不同：说课的意义主要是提高课堂教学的效率及教研活动的实效；而讲课的意义是增加学生的基本知识及引导学生领悟和应用新知识。

更确切地说，说课是介于备课和上课之间的一种教学研究活动，对于备课是一种深化和检验，能使备课理性化，对于讲课是一种更为严密的科学准备。所以，说课是教师在备课的基础上，面对同行、专家，系统而概括地解说自己对具体课程的理解，阐述自己的教学观点，表述自己具体执教某课题的教学设想、方法、策略及组织教学的理论依据等，然后由大家进行评说。

说课一般要求在 10～15 分钟，用凝练、浓缩的语言说完一堂课的内容。

由此可见，说课涉及的主要内容，其实就是教学设计要解决的主要问题。把说课作为教学设计训练的一种形式，不仅解决了教学设计技能训练的方法问题，而且使教学技能训练的内容更有目的性和针对性。

二、说课的类型

因为每次说课的目的不同，说课的类型也有所不同。通常说课有以下几种类型。

1. 研究型

这种类型的说课，一般以年级组或教研组为单位，常常以集体备课的形式，先由一位教师事先准备并写好讲稿，说后大家评议修改，变个人智慧为集体智慧。这种说课可以一个星期举行一次，年级组或教研组里的教师可以轮流说课。

2. 专题型

这种类型的说课是以某一项专题研究为目标来进行说课。我们知道，说课灵活性就在于它可以不像上课那样教学内容固定，教学时间固定，教学对象固定。说课可以根据需要灵活选择内容，安排时间，邀请同行和专家作为听课对象。专题型说课是在众多教学内容中选取专题，单项研究，这样会把问题研究得更深入一些。

3. 示范型

示范型说课，一般选择素质好的优秀教师先向听课教师做示范性说课，然后让说课教师将说课的内容付之于课堂教学，最后组织教师或教研人员对该教师的说课内容及课堂教学做出客观公正的评析。听课教师从听说课、看上课、听评析中可以增长见识、开阔眼界。示范型说课可以是校级或乡（镇）级的，也可以是区级或县（市）级的，一般一学期可以举行一次。示范型说课是培养教学能手的重要途径。

4. 评比型

这种形式的说课带有竞赛性质。参加说课的教师往往是通过层层推荐和选拔出来的优秀教师。通常这种说课，要求参赛教师按指定的教材，在规定时间内自己写出说课讲稿，然后登台演讲，最后由听课评委评出比赛名次。听课人员一般是学科的教研人员和专家。一般这种类型的说课，有时除了说课外，还要上课，或者把说课与交流有关的教学经验结合起来。这种说课类型多用于培养骨干教师和学科带头人。

三、说课的功能

1. 具有营造实践理论研究氛围的功能

说课是现实的教学实践与理论研究结合的体现，教师是说课的主体，通过这种具有坚实群众基础的活动，营造了一种良好的教学研究氛围。为了说好课，教师应加强教学理论、学科知识的研究，主动翻资料、查依据、寻教法、制教具、与同行商讨、向老教师学习。这样，可使教学变成由被动地教到主动地学。通过以课题作为载体的说课，不仅加深了对新教材的编写意图、编写特色的理解，而且深入地理解了为什么要制订这样的教学目标，设计这样的教学过程，运用这样的教学方法。同时，说课也为各学科的教研活动提供了一种实用有效的活动模式。各学校通常都在每周安排一定的时间举行以各学科组为单位的教研活动。通过说课将全体学科教师凝聚在一起进行实实在在的教学研究，学校的教研活动就能“活”起来、“动”起来。

2. 具有提高教师素质的功能

说课是一种新型教学研究活动。它的要求严格，教师既要有深厚的文化专业知识，又要有较好的教育教学理论知识，更需要有较强的理论联系实际的应用能力和研究能力。因此，教师为说好课，为寻求本人教学特色的理论支撑点，不仅要认真钻研教材，而且要自觉学习相关的教育教学理论和国内外有关的教育信息资料。在新课程改革的背景下，教师传统的教学观念、教学方式将面临前所未有的挑战。这就需要教师自我加压，不断学习。说课能锻炼人、培养人，更是课程改革的需要。

四、说课的着力点

说课，其着力点在“说”和“课”两个字上，“说”是表述形式，“课”是表述内容。说课能否生动、深刻、吸引人，说课者的说功是关键。要达到好的效果，说课者在说课时要合理地用好三种语言：一是陈述性语言。在说课时大部分使用的是这种语言，分析教学内容、教学目标、教学重难点及在说教学程序过程中表述自己的操作意向的描述性部分和理论依据部分，都要使用陈述性语言。由于面对的基本上都是同行，陈述性的语言尽量要做到言简意明、有条理。用好这种语言，容易拉近说者与听者之间的距离，让听者明了说者的意图及具体的操作策略，从而让说课变得有亲和力与感染力。二是课堂语言。这种语言在说教学程序这个环节中用得比较多。说课者在预演课堂中将会出现的教学情境时，要把自己的身份由说课者切换为课堂上的教师，通过自己绘声绘色的课堂语言把预设的教学情境展现在听者的眼前，把听者带到预想的教学情境中去，这是课堂语言在说课中的独特魅力。说课者要用课堂语言描述，注意把握语速、语调，就如同面对学生一样，尽量运用语言艺术攫住听者的心，激发听者探究的兴趣，向同行展示自己的新课导入艺术和语言魅力，用好课堂语言能让说课锦上添花。三是肢体语言。尽管说课只是说课者的单向活动，但是如果说课者能充分运用好肢体语言，会为自己的说课增色不少。因为说课面对的是同行，所以说课者不能手舞足蹈、目中无人，特别是要注意和听者做好眼神交流，不溺不倦，不媚不冷，在平等中温情交流。

虽然说课的显著特点在于说理，但精彩的说课，往往把内容与说理有机地融合在一起，而且略偏重于说教学设计。说课者切不可舍本逐末，为赋新奇强说理，而对具体的操作措施轻描淡写，整个课的设计只有个模模糊糊的框架。说课之道，关键是把握住“课”，依据教材特点和学生实际，以教育教学理论为指导，精心设计教学程序。展示自己对教育教学理论理解的深度，展示自己对学生学情把握的准确度，展示自己在教学设计上的独到之处，这才是说课成功的根基。“说”是形式，“课”及“课程”是内容，只有做到形式与内容辩证统一，才能达到预期的说课目的。

五、说课的主要内容

说课一般从简析教材、阐述教法、指导学法、阐明教学过程和分析教学效果等方面展开。撰写说课稿不必拘泥于固定、呆板的模式，可以分块写清，按部分阐述；可以按照整体构思融为一体，综合论述。另外，在语言描述上，既要把问题论述清楚，又切记过长，避免陈词滥调、泛泛而谈，力求言简意赅、文辞准确、针对性强。要做到这些，并非易事，需要认真学习，深入研究，多下苦功。

说无定法。说课虽然有一般的程序要求，但并没有固定的模式，通常有以下内容。

1. 说课标

说课标就是把课程标准中的课程目标作为本课题教学的指导思想和教学依据，从课程论的高度驾驭教材和指导教学设计。要重点说明有关课题教学目标、教学内容及教学操作等在课程标准中的原则性要求，从而为自己的教学设计找到有力的依据。说课标，可以结合到说教材中去进行。

2. 说教材

大家都知道说教材就是说明如何依据某一课在全册或单元中的地位，确定教学目标、教学重难点，主要是介绍该课在教材中的地位和作用，以及和前后课文的知识联系，还要进行简单的教材分析，依据教材内容和学生实际，说明自己对教材的处理及这样处理的理论依据。在这个环节中许多教师受到了“教参”的束缚，淡化了个性，大家都理解“有一千个读者就有一千个哈姆雷特”这句话的含义，一样的教材，不同的教师有不同的解读，每个人都有自己独特的感受、体验和理解。但一些教师往往把“教参”当成了圣经，在说课的时候，相同的篇目，经常会听到完全相同的教材分析，而个性化阅读、个性化分析理解却在说课中几乎完全消失了。

3. 说教法、学法

教学有法而无定法，不同的教材，不同的学情，教法、学法也相应变化。切不可盲目跟风，把时尚当成救命的稻草。教法、学法的选择应以教育教学理论为指导，依据教材的特点和学生的实际来确定，落脚点应在学生的可持续发展上。

4. 说教学过程

这是说课的核心部分，既要说清准备通过哪几个教学环节，借助何种教学手段，突破教学重难点，实现自己预设的教学目标，又要说明自己这样实践的理论依据。有些教师在这个环节上过度追求语言的对仗、华美、新奇，过度追求理论依据的前沿、全面、经典，而忽视了对教材的个性化处理，忽视了对画龙点睛之处的重彩渲染，导致本末倒置。不同的教学内容、不同的课型、不同的教学方法采用不同的教学程序进行教学。对于数学课程来说，基本的教学程序为复习提问、引入新课、讲解新课、巩固练习、课堂小结、布置作业。在说课的过程中针对具体的课程围绕着基本的教学程序进行说课。

数学课的很多内容需要在教学中对学生进行训练，说课中要说明怎样进行训练和为什么这样训练，主要说训练目的、训练方式、训练题的设计。数学课的训练主要分为如下几类：

1）形成性训练：用以加深对概念、定义、基础知识的理解。

2）巩固性训练：帮助学生进一步熟练基础知识和基本技能，达到能基本掌握的程度。

3）分层次的能力训练：精心选题，针对不同学习能力的学生设计不同的题目。

5. 说教学评价

教学评价是教学过程中不可或缺的环节，在教学前、教学过程中包括教学结束后都要分析教学反馈与调节的措施；分析练习题的功能与教学目标是否具有一致性。

六、说课要注意细节

1. 读稿

一般的说课时间是 10～15 分钟，在说课之前一般会给说课教师 1～2 小时的准备时间，一些教师基本上能成文，到时候“读”给别人听，这样说课者心中就不慌了，表面上也能给人流畅的感觉。其实，说课应该称为“演说课”，要求说课者把为什么这样教和指导学生怎样学的理论依据“演说”给同行听，因此说课者要尽量脱稿，草稿充其量只能是个“演说”提纲，要增加肢体语言，声情并茂地说课，尽量争取把听者的注意力、思维引入自己的预设中去，使听者受到感染，引起共鸣。

2. 板书

由于受说课时间的限制，有些教师在说课时不板书。其实，在说课的过程中适当地板书是非常有必要的。如在介绍自己的说课篇目时，可在黑板上写下课题。教材中的一些重要词语也可板书在黑板上。这些板书可以向听者展示说课者的书写才华，又能牵引听者的视线，吸引听者的注意力，关键是能让听者知晓本课的重点。

3. 利用多媒体辅助

利用多媒体辅助，能同时给参与者以听觉、视觉上的刺激，更能加深影响，同时也有利于自己脱稿讲说。

七、说课的评价标准（仅供参考）

普遍观点认为，中学数学说课的主要环节应为：①教学内容解析；②教学目标设定；③学生情况分析；④教学重点与难点分析；⑤教学策略解说；⑥教学过程（含作业安排）设计；⑦板书设计介绍。中学数学说课的评价表可按上述七个说课环节，再加上对“教师专业素养”的评价，从不同的角度设计说课评价表，如表 5-1～表 5-3 所示。

表 5-1　说课评价表一

评课人：　　　　　　　　　　　　　　　　　评课时间：

说课教师			课题		
项目		内容	分值	得分	备注
一	科学性（30 分）	1）教材分析	10		
		2）教学内容	10		
		3）教学目标	10		
二	理论性（30 分）	4）整体设计	10		
		5）典型设计	10		
		6）教法设计	10		
三	实践性（15 分）	7）方案对学生的可操作性和实践性	10		
		8）方案对授课教师的可重复操作性和实践性	5		
四	逻辑性（15 分）	9）逻辑严谨，条理清晰	15		
五	艺术性（5 分）	10）说课具有艺术气息，雅俗共赏	5		
六	时间性（5 分）	11）时间安排合理	5		
总体评价					

表 5-2　说课评价表二

评课人：　　　　　　　　　　　　　　　　　评课时间：

说课教师			课题		
项目		内容	分值	得分	备注
一	教材内容（20 分）	1）教材把握适切度	10		
		2）重点、难点表述的正确性	10		
二	教学目标（20 分）	3）目标的科学性、全面性、层次性	10		
		4）目标具体明确，具有可测性	10		
三	教学程序（45 分）	5）整体设计	10		
		6）教学方法	10		
		7）教学环节	10		
		8）方案对学生的主体性	10		
		9）反馈与矫正	5		
四	教师素质（15 分）	10）语言表达的逻辑性	10		
		11）语言表达的艺术性	5		
总体评价					

表 5-3　说课评价表三

评课人：　　　　　　　　　　　　　　　　　评课时间：

说课教师			课题		
项目		内容	分值	得分	备注
一	说教材（20 分）	1）清楚、准确地阐述本堂课教学内容在教材中的地位及作用	10		
		2）教学目标明确、具体，重点、难点突出	10		
二	说教法、学法（30 分）	3）具体说明如何转变教师的教学方式和学生的学习方式，即教师的教法和指导学生学习的方法	20		
		4）说明采取的教法和学法所体现的教育理念	10		

续表

项目		内容	分值	得分	备注
三	说教学过程（30 分）	5）说明课时安排、教学程序及教学环节的衔接与结合	10		
		6）阐明教学重点、难点、关键点及具体处理的过程和理论依据	10		
		7）说明教学过程所贯穿的新的教育理念	10		
四	说教学（板书）提纲（5 分）	8）所表述的教学（板书）提纲重点突出，内在联系清楚	5		
五	说课语言（15 分）	9）普通话准确、流利	7		
		10）语言简明，表述条理清楚、重点突出、自然得体	8		
总体评价					

图 5-1 和图 5-2 分别为说课技能训练运行模式与运行机制。

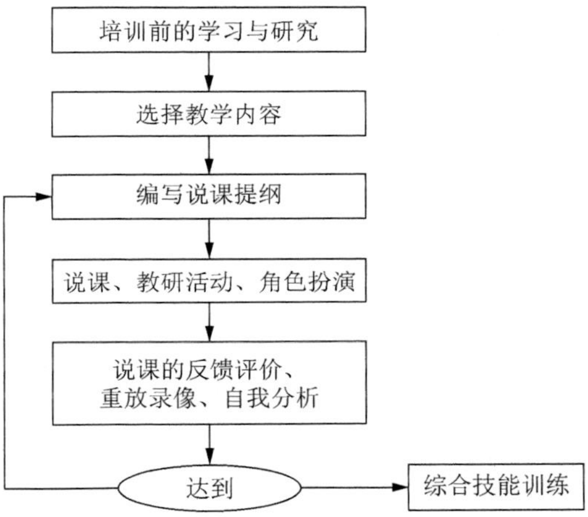

图 5-1　说课技能训练运行模式

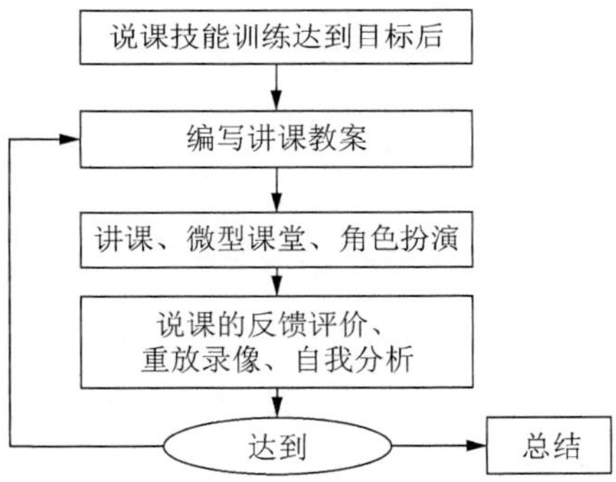

图 5-2　说课技能训练运行机制

第三节　评　　课

一、评课的要求

（一）评课的总体要求

1）树立正确的评课观：科学、实事求是。
2）提高评课者的素质。
3）运用心理学处理矛盾关系。

（二）评课的具体要求

常言说“内行看门道，外行看热闹”“当局者迷，旁观者清”“冰冻三尺，非一日之寒”。评课者，要认真学习评课理论，掌握评课方法，把握评课原则，评出特色，点出创新[6]。

1. 从教学目标上分析

目标是人做事的内在动因，目标越具体明确，做事的自觉性和积极性越高，效率也越高，反之亦然。教学目标是教学的出发点和归宿，它的正确制订和达成，是衡量课好坏的主要尺度，所以分析课首先要分析教学目标。

首先，从教学目标制订来看，要看是否全面、具体、适宜。全面是指能从知识、能力、思想情感等几个方面来确定；具体是指知识目标要有量化要求，能力、思想情感目标要有明确要求，体现学科特点；适宜是指确定的教学目标，能以大纲为指导，体现年段、年级、单元教材特点，符合学生年龄实际和认识规律，难易适度。

其次，从目标达成来看，要看教学目标是不是明确地体现在每一教学环节中，教学手段是否都紧密地围绕目标，为实现目标服务。要看课堂上是否尽快地接触重点内容，重点内容的教学时间是否得到保证，重点知识和技能是否得到巩固和强化。

2. 从处理教材上分析

评析教师一堂课上的好与坏不仅要看教学目标的制订和落实，还要看教师对教材的组织和处理。在评析教师一堂课时，既要看教师知识教授得是否准确科学，更要注意分析教师在教材处理和教法选择上是否突出了重点，突破了难点，抓住了关键。

3. 从教学程序上分析

教学目标要在教学程序中完成，教学目标能不能实现要看教师教学程序的设计和运作。因此，评课就必须要对教学程序做出评析。教学程序评析包括以下几个主要方面。

（1）看教学思路设计

工作要有思路，写文章要有思路，上课同样要有思路，这就是教学思路。教学思路是教师上课的脉络和主线，它是根据教学内容和学生水平两个方面的实际情况设计出来的。它反映一系列教学措施怎样编排组合、怎样衔接过渡、怎样安排详略、怎样安排讲练等。

教师课堂上的教学思路设计是多种多样的。为此，评课者评教学思路，一是要看教学思路的设计符不符合教学内容实际，符不符合学生实际；二是要看教学思路的设计是不是有一定的独创性、超凡脱俗，给学生以新鲜的感受；三是要看教学思路的层次、脉络是不是清晰；四是要看课堂上教学思路的实际运作效果。平时评课看到有些教师课上得不好，效率低，很大一个原因就是由于教学思路不清，或教学思路不符合教学内容实际和学生实际而造成的。所以评课，必须注重对教学思路的评析。

（2）看课堂结构安排

教学思路与课堂结构既有区别又有联系，教学思路侧重教材处理，反映教师课堂教学纵向教学脉络，而课堂结构侧重教法设计，反映教学横向的层次和环节。它是指一堂课的教学过程各部分的确立，以及它们之间的联系、顺序和时间分配。课堂结构也称为教学环节或步骤。课堂结构不同，也会产生不同的课堂效果，可见课堂结构设计是十分重要的。通常一堂好课结构严谨、环环相扣、过渡自然、时间分配合理、密度适中、效率高。授课时间设计包括教学环节的时间分配与衔接，计算授课者的教学时间设计，能较好地了解授课者的授课重点、结构安排。第一，计算教学环节的时间分配，看教学环节时间分配和衔接是否恰当。看有无前松后紧（前面时间多，内容松散，后面时间少，内容密度大）或前紧后松现象（前面时间短，教学密度大，后面时间多，内容松散），看讲与练时间搭配是否合理等。第二，计算教师活动与学生活动时间的分配，看是否与教学目的和要求一致，有无教师占用时间过多，学生活动时间过少现象。第三，计算学生的个人活动时间与学生集体活动时间的分配。看学生个人活动、小组活动和全班活动时间分配是否合理，有无集体活动过多，学生个人自学、独立思考、独立完成作业时间太少现象。第四，计算优、差生活动时间。看优、中、差生活动时间分配是否合理。有无优等生占用时间过多，差等生占用时间太少的现象。第五，计算非教学时间，看教师在课堂上有无脱离教学内容、背离教学主题、浪费课堂教学时间的现象。

4. 从教学方法和手段上分析

评析教师教学方法、教学手段的选择和运用是评课的又一重要内容。什么是教学方法？它是指教师在教学过程中为完成教学目的、任务而采取的活动方式的总称。但它不是教师孤立的单一活动方式，它包括教师教学活动方式，还包括学生在教师指导下“学”的方式，是“教”的方法与“学”的方法的统一。评析教学方法与手段包括以下几个主要内容。

（1）看是不是量体裁衣，优选活用

教学有法，但无定法，贵在得法。教学是一种复杂多变的系统工程，不可能有一种固定不变的万能方法。一种好的教学方法总是相对而言的，它总是因课程、学生、教师自身特点而相应变化的。也就是说，教学方法的选择要量体裁衣，灵活运用。

（2）看教学方法的多样化

教学方法最忌单调死板，再好的方法天天照搬，也会令人生厌。教学活动的复杂性决定了教学方法的多样性。所以评课既看教师是否能够面向实际恰当地选择教学方法，又要看教师能否在教学方法多样性上下一番功夫，使课堂教学超凡脱俗、常教常新、富有艺术性。

（3）看教学方法的改革与创新

评析教师的教学方法既要评常规，又要看改革与创新。尤其是评析一些素质好的骨干教师的课，既要看常规，又要看改革和创新。要看课堂上的思维训练的设计，要看创新能力的培养，要看主体活动的发挥，要看新的课堂教学模式的构建，要看教学艺术风格的形成等。

（4）看现代化教学手段的运用

现代化教学呼唤现代化教育手段。“一支粉笔，一本书，一块黑板，一张嘴”的陈旧单一教学手段应该成为历史。看教师教学方法与手段的运用还要看教师是否适时、适当用了投影仪、录音机、计算机、电视机、电影等现代化教学手段。当前在教学方法的问题上还存在“四个一”现象，这应该在听课评课中得到解决。这“四个一”是：第一，一讲到底，满堂灌。不给学生自读、讨论、思考交流时间，教师“讲”“灌”包打天下。第二，一练到底，满堂练。由一个极端，走向另一个极端。教师备课找题单，上课甩题单，讲解对答案，怪不得学生说：“不是灌就是串，要不就是满堂练。”第三，一看到底，满堂看。有的教师上课便叫学生看书，没有指导，没有提示，没有具体要求，没有检查，没有反馈。名为“自学式”，实为“自由式”。第四，一问到底，满堂问。有的教师把“满堂灌”变成了“满堂问”，而提的问题，缺少精心设计，提问走形式。

5. 从教师教学基本功上分析

教学基本功是教师上好课的一个重要方面，所以评析课还要看教师的教学基本功。通常，教师的教学基本功包括以下几个方面的内容：

1）看板书：好的板书，首先，设计科学合理，依纲扣本。其次，言简意赅，有艺术性。再次，条理性强，字迹工整美观，板画娴熟。

2）看教态：据心理学研究表明，人的表达靠55%的面部表情+38%的声音+7%的言辞。教师课堂上的教态应该是明朗、快活、庄重，富有感染力，仪表端庄，举止从容，态度热情，热爱学生，师生情感交融。

3）看语言：教学也是一种语言的艺术。教师的语言有时关系到一堂课的成败。教师的课堂语言，首先，要准确清楚，说普通话，精当简练，生动形象有启发性。其次，教学语言的语调要高低适宜，快慢适度，抑扬顿挫，富于变化。

4）看操作：看教师运用教具，操作投影仪、录音机、计算机等的熟练程度。

6. 从教学效果上分析

苏联教育家巴班斯基说：“分析一堂课，既要分析教学过程和教学方法方面，又要分析教学结果方面。”经济工作要讲效益，课堂教学也要讲效果。看课堂教学效果是评价课堂教学的重要依据。课堂效果评析包括以下几个方面。一是教学效率高，学生思维活跃，气氛热烈；二是学生受益面大，不同程度的学生在原有基础上都有进步，知识、能力、思想情操目标达成；三是有效利用 45 分钟，学生学得轻松愉快、积极性高，当堂问题当堂解决，学生负担合理。课堂效果的评析，有时也可以借助测试手段，即上完课后评课者出题对学生的知识掌握情况当场做一个测试，而后通过统计分析来对课堂效果做出评价。

综合分析还包括从教师教学个性上分析、从教学思想上分析等。整体评析法的具体操作，不一定一开始就从六个方面逐一分析评价，而要对所听的课先理出个头绪来。怎样理：第一步，从整体入手，粗略地看一看，全课的教学过程是怎么安排的，有几个大的教学步骤；第二步，由整体到部分，逐步分析各个教学步骤，要分别理出上面的六个方面；第三步，从部分到整体，将各个教学步骤理出的内容汇总起来。然后再按照一定的顺序，从全课的角度逐个分析评价。

二、评课的评价标准（100 分）

表 5-4～表 5-6 为从不同角度设计的评课评价表。

表 5-4　评课评价表一

授课教师			课题			
项目		内容		分值	得分	备注
一	教学目的评价（20 分）	1）教学目标全面、具体、明确，符合大纲、教材和学生实际		7		
		2）重难点的提出预处理得当，抓住了关键，能以简驾繁，所教知识准确		7		
		3）教学目标达成意识强，贯穿教学过程始终		6		
二	教学程序评价（30 分）	1）教学思路清晰，课堂结构严谨，教学密度合理		6		
		2）面向全体，体现差异，因材施教，全面提高学生素质		6		
		3）传授知识的量和训练能力的度适中，突出重点，抓住关键		6		
		4）给学生创造机会，让他们主动参与、主动发展		6		
		5）体现知识形成过程，结论由学生自悟与发现		6		
三	教学方法评价（16 分）	1）精讲精练，以思维训练为重点		4		
		2）教学方法灵活多样，符合教材、学生和教师实际		4		
		3）教学信息多项交流，反馈及时，矫正奏效		4		
		4）从实际出发，运用现代化的教学手段		4		
四	情感教育评价（8 分）	1）教学民主，师生平等，课堂气氛融洽和谐，培养创新能力		4		
		2）重视学生动机、兴趣、习惯、信心等非智力因素的培养		4		
五	教学基本功评价（8 分）	1）用普通话教学，语言规范简洁、生动形象		2		
		2）教态亲切、自然、端庄、大方		2		
		3）能熟练运用现代化教学手段		2		
		4）调控课堂能力强		2		
六	教学效果评价（11 分）	1）教学目标达成，教学效果好		4		
		2）学生会学，学习主动，课堂气氛活跃		3		
		3）信息量适度，学生负担合理，短时高效		4		
七	教学特色（7 分）	1）教学有个性特点		3		
		2）教师形成教学风格		4		
总体评价						

表 5-5　评课评价表二

授课教师			课题			
项目		内容		分值	得分	备注
一	教学思想（24 分）	1）育人为本——坚持以学生发展为本，以培养创新人才为宗旨		6		
		2）德育为核心——抓住学习内容的德育成分，坚持寓德于教		6		
		3）面向全体——使各类学生都能在原有基础上得到发展		6		
		4）因材施教——根据学生的不同才能、特长、兴趣和性格进行教学		6		
二	教学目标（15 分）	1）反映大纲要求——理解大纲，注重教学的教育性		5		
		2）符合学习特点——了解学生，注意学生各方面的特点		5		
		3）体现于教学过程中——制订明确具体的目标，并明显体现于教学全过程中		5		

续表

<table>
<tr><th colspan="2">项目</th><th>内容</th><th>分值</th><th>得分</th><th>备注</th></tr>
<tr><td rowspan="3">三</td><td rowspan="3">教学内容(12 分)</td><td>1) 科学准确——能准确地把握本堂课的知识内容，无科学性错误</td><td>4</td><td></td><td></td></tr>
<tr><td>2) 处理得当——对教材进行加工、整理，做到抓住重点，揭示本质，详略得当，不生搬硬套教材</td><td>4</td><td></td><td></td></tr>
<tr><td>3) 熟练自如——对所涉及的教材内容运用自如，不照本宣科</td><td>4</td><td></td><td></td></tr>
<tr><td rowspan="3">四</td><td rowspan="3">教学环节(15 分)</td><td>1)灵活多样——适应学生能力发展需要，教学环节灵活多样、形式多变</td><td>5</td><td></td><td></td></tr>
<tr><td>2) 自然得体——根据教学内容的特点，教学环节运用自如、恰到好处</td><td>5</td><td></td><td></td></tr>
<tr><td>3) 善于组织——发挥学生的主体地位作用，组织、指导学生自主学习</td><td>5</td><td></td><td></td></tr>
<tr><td rowspan="5">五</td><td rowspan="5">教学方法(20 分)</td><td>1) 逻辑性强——符合学生的认知规律，循序渐进，逻辑性强</td><td>4</td><td></td><td></td></tr>
<tr><td>2) 启发性强——运用引导讨论和有效的提问技能，启发学生积极思维，激发学生的学习兴趣和学习动机，引导学生主动学习、探索、创新、实践</td><td>4</td><td></td><td></td></tr>
<tr><td>3) 通俗性强——内容讲授和学法指导简单明了，易被学生接受</td><td>4</td><td></td><td></td></tr>
<tr><td>4) 开放性强——尊重学生人格，开发学生潜能，发展学生个性差异，允许学生有异议、“走弯路”“犯错误”</td><td>4</td><td></td><td></td></tr>
<tr><td>5) 实用性强——学生学习愉快、轻松、有序、和谐</td><td>4</td><td></td><td></td></tr>
<tr><td rowspan="3">六</td><td rowspan="3">教学效果(14 分)</td><td>1) 达成教学目标——通过师生的双边活动，使教学目标在学生身上得以实现</td><td>5</td><td></td><td></td></tr>
<tr><td>2) 进行学法指导——培养了学生良好的学习习惯，能指导学生如何学习</td><td>4</td><td></td><td></td></tr>
<tr><td>3)促进能力发展——促进了学生思维能力和学习能力的提高和发展</td><td>5</td><td></td><td></td></tr>
<tr><td colspan="2">总体评价</td><td colspan="2"></td><td></td><td></td></tr>
</table>

表 5-6　评课评价表三

<table>
<tr><th colspan="2" rowspan="2">评价维度</th><th colspan="2" rowspan="2">评课因素</th><th rowspan="2">权值</th><th colspan="4">评课层次</th><th rowspan="2">对比因素</th></tr>
<tr><th>优</th><th>良</th><th>中</th><th>差</th></tr>
<tr><td rowspan="6">评价教师行为的 5 个维度(40 分)</td><td rowspan="6">组织能力(15 分)</td><td rowspan="3">组织教材</td><td>对教材进行科学合理的调整、充实与处理</td><td rowspan="3">5</td><td rowspan="3"></td><td rowspan="3"></td><td rowspan="3"></td><td rowspan="3"></td><td rowspan="3">照本宣科，缺乏创新，重点难点处理不当，教学目标不符合要求，脱离学生实际，教学过程与教学目标脱节</td></tr>
<tr><td>突出重点，分散难点，抓住关键</td></tr>
<tr><td>教学全面、明确、恰当，落实好</td></tr>
<tr><td rowspan="3">组织教学活动</td><td>教学程序安排科学合理，衔接自然，符合学生认知规律，教学节奏科学协调</td><td rowspan="3">6</td><td rowspan="3"></td><td rowspan="3"></td><td rowspan="3"></td><td rowspan="3"></td><td rowspan="3">教学过程设计不合理，时间安排不恰当；难度过大或过小；节奏不协调；课内活动单调或只追求表面形式，学生不能积极展开思维，无实效</td></tr>
<tr><td>课内活动新颖实用，形式多样，重视组织学生经历有数学思想含量的“数学化”过程，能引发学生积极思维</td></tr>
<tr><td>教法及教学手段运用自如，教学有特色，与现代信息技术自然整合，运用恰当，注意实效</td></tr>
</table>

续表

评价维度		评课因素		权值	评课层次				对比因素
					优	良	中	差	
评价教师行为的5个维度（40分）	组织能力（15分）	组织语言	教态亲切和蔼，语言亲切生动，文明规范	4					教态严肃呆板，语调平淡，缺乏激情，不能感染和吸引学生，语言逻辑混乱，口齿不清
			能根据内容的起伏节奏和学生情绪变化及时调整音调、音速，新颖别致，富有启发性和感染力						
	注意中心（5分）	关注学生	注意力放在学生身上，关注不同层次的学生在参与学习的过程中思维与心智的发展情况	3					注意力放在自己的教案或自己的思路上，只顾自己唱主角，让学生配合自己
		及时反馈	及时反馈与调节学生的活动	2					
	教学态度（5分）	尊重信任	充分尊重与信任学生，以热情和宽容的态度对待学生	3					对学生冷淡，不耐烦，摆出权威架子，经常用指责的方式管理学生
		激励评价	注意捕捉合适的时机激励评价学生，有足够的热心和耐心帮助学困生	2					
	教学机智（5分）	灵活调整	敏锐快速地捕捉各种信息，根据学生需要灵活调整教学策略，保证主要目标完成	3					反应较迟钝，应变能力较差，不善于采取恰当的方式处理突发事件，不善于及时调整教学思路，不善于和学生沟通
		恰当处理	恰当处理课堂教学中的偶发事件，消除学生心里暂时的课堂之外的兴奋点，把注意力重新转移回来，使教学程序恢复正常	2					
	教学境界（10分）	面向全体	把握教学目标，正确处理基础和发展的关系；因材施教，使各种不同的学生需要获得不同程度的发展；保证学生参与学习的时间，促使每一个学生都有必需的学习机会和时间	4					不能有效地调动学生积极性，只注意面向少数学生，把认知任务当成课堂教学的中心或唯一目标；不重视创造友好、民主、平等的教学氛围激励学生主动参与学习，不重视学生个性特长的充分发展
		全面发展	知识、技能、原理的阐述具有科学性，准确恰当，有利于学生数学素养的形成和发展；注重暴露思维过程，提高每个学生的抽象、符号变换、应用、思维、计算等基础能力，让每个学生都会用自身的情感体验主动参与学习数学	3					
		自主发展	从学生实际出发，教学设计符合认知规律，注重学生自行获取数学知识的方法，促使学生主动参与数学实践；注重学生的个性发展，培养学生的创造能力（如是否提出开放性问题？提供几种解答？怎样处理学生的解答？）	3					
评价学生学习活动的5个维度（60分）	参与状态（14分）	参与形式	参与学习活动的形式多样、恰当，如师生谈话、合作交流、动手实践、自主探索等	4					学生无精打采或只有少数学生在按教师要求学习，只重视学生练习时的参与，学生参与方式单一
		投入	学生参与教学的全过程	3					
		展开	不同层次的学生是否都能积极参与	2					

续表

<table>
<tr><th colspan="2" rowspan="2">评价维度</th><th colspan="2" rowspan="2">评课因素</th><th rowspan="2">权值</th><th colspan="4">评课层次</th><th rowspan="2">对比因素</th></tr>
<tr><th>优</th><th>良</th><th>中</th><th>差</th></tr>
<tr><td rowspan="10">评价学生学习活动的5个维度（60分）</td><td rowspan="2">参与状态（14分）</td><td>深入</td><td>学生在参与学习中，师生、生生能进行深层次的思考和交流，即能进行实质性的参与</td><td>3</td><td></td><td></td><td></td><td></td><td rowspan="2"></td></tr>
<tr><td>拓展</td><td>学生不仅参与学，还参与教；不仅在课内，还延伸到课外</td><td>2</td><td></td><td></td><td></td><td></td></tr>
<tr><td rowspan="2">情绪状态（10分）</td><td>气氛活跃</td><td>学生是否具有适度的紧张感和愉悦感</td><td>6</td><td></td><td></td><td></td><td></td><td rowspan="2">课堂气氛沉闷，学生情绪较低落，学生注意力分散，课堂秩序混乱</td></tr>
<tr><td>及时反馈</td><td>学生能否善于自我控制，调节学习情绪，保持良好的状态</td><td>4</td><td></td><td></td><td></td><td></td></tr>
<tr><td rowspan="2">交往状态（14分）</td><td>交流充分</td><td>能否构建师生、生生及媒体之间的信息交流的立体结构，信息交流充分</td><td>6</td><td></td><td></td><td></td><td></td><td rowspan="2">师生配合不够，缺乏民主，师生或生生之间讨论的内容属浅层次、低水平或没经过个体精思就匆忙展开合作讨论，或合作讨论不充分，刚一开锣就草草收场，只追求表面形式，而无视实际效果</td></tr>
<tr><td>有效合作</td><td>合作讨论的内容是否有思考性，有价值；是否有明确分工，每人都有事可做；是否注重合作前的独立思考（有多少时间）；是否有足够的时间和空间展开合作讨论（多少时间）</td><td>8</td><td></td><td></td><td></td><td></td></tr>
<tr><td rowspan="2">思维状态（12分）</td><td>主动积极参与思考</td><td>能否引发大多数学生积极思考，展现出解决问题的强烈欲望，举手答题率在80%以上，学生是否敢于提出问题，发表自己的见解（这样的人次有多少？）</td><td>6</td><td></td><td></td><td></td><td></td><td rowspan="2">学生举手答题率较低，学生很少有发表见解的机会或对学生的质疑缺乏深入的探讨。学生独立自主思考的时间很少</td></tr>
<tr><td>思维得到深层次发展</td><td>学生提出的问题具有挑战性或独创性（是否引发了其他学生主动创造？这样的人次有多少？）学生能否把经过猜想和探索发现的结论作为新的思维素材，去努力探索新的发现（这样的人次有多少？）</td><td>6</td><td></td><td></td><td></td><td></td></tr>
<tr><td rowspan="2">生成状态（10分）</td><td>成就感</td><td>学生能否各尽所能，感到踏实和满足。学生是否保持一种积极进取的心态，有强烈的成功欲望，对学习更有信心和兴趣</td><td>5</td><td></td><td></td><td></td><td></td><td rowspan="2">学生学习态度很被动或紧张；缺乏上进心、自信心，不积极参与思考或分析问题；思路狭窄、不灵活，易受不良情绪干扰</td></tr>
<tr><td>严谨感</td><td>学生能否调控自己学习的消极心理，调整不利于积极思维的思维定式及惰性、畏惧、自卑、闭锁等不良心理</td><td>5</td><td></td><td></td><td></td><td></td></tr>
<tr><td rowspan="3">总体评价</td><td colspan="3" rowspan="2">优点、特色</td><td colspan="2">优</td><td>良</td><td>中</td><td>差</td><td rowspan="2">问题、建议</td></tr>
<tr><td colspan="2">90～100</td><td>75～89</td><td>61～74</td><td>60以下</td></tr>
<tr><td colspan="3"></td><td colspan="2"></td><td></td><td></td><td></td><td></td></tr>
</table>

三、评课的原则

评课的总体原则是优点谈足，缺点抓准，评在点子上，谈在情理中，评出特色、点出创新，达到以评促交流，以评促提高的目的。

1. 实事求是原则

1）实事求是就是客观公正，通用一把尺子、一个衡量标准。

2）实事求是要以课堂的真实情况为基础，以科学的理论为依据，不带任何偏见，不夹杂感情因素。

2. 坦率诚恳原则

1）坦率诚恳就是对课的长处一定要充分肯定，看准了的问题要明确地指出来，成绩要说够，缺点要说透。

2）评课时要考虑教师的承受力，对年长和心理承受力弱的教师应含蓄、客气一些，对年轻且心理承受力强的教师可坦率直爽一些。

3. 兼顾整体原则

1）评课者应树立整体意识，坚持在评课中，把点和面、局部和整体结合起来。

2）兼顾整体原则还包括对教师教学能力的评价，既要看所听的课，还要看平时的课，也要看教学成绩。

4. 激励性原则

1）目标激励：给教师提出一个教学研究的目标。

2）榜样激励：为教师树立一个教学典型。

3）闪光点激励：抓住教师课堂成功之处鼓励。

4）信息激励：为教师提供教改信息。

5. 差异性原则

1）对教改观摩课的评议，应突出一个“研”字，倡导一个“争”字。

2）对选优课的评议，应突出一个“严”字，倡导一个“学”字。

3）对检查了解课的评议，应突出一个“实”字，倡导一个“促”字。

6. 讲究方法原则

1）要充分尊重讲课者的劳动，先肯定成绩，再找出不足。

2）评课的褒奖与贬斥要有个“度”。

3）评课要主次分明，重点问题上要多加分析，道理讲透，一般问题可一带而过；对缺点问题要抓住要害，一般问题可轻描淡写。

四、评课的方法

评课的一般方法是介绍体会，深入讨论分析（明确成功的经验和存在的不足）所点评的课，必要时可对讲课者进行有针对性的指导。具体评课方法的选择上，既要考虑方法的多样性，又必须注意方法的综合运用。采用从宏观到微观，从整体到部分再到整体的评课方法，也可以做专题性的评课等，还可以从课堂四要素（教师、学生、文本、环境）进行评课。

五、评课的作用

所谓评课，就是指参与听课的人员对其所听的一堂（或几堂）课给予评议，对组成该堂课的各构成要素及其间的关系、效果等方面进行较为全面的考查、分析，从而做出价值判断，并通过反馈，进而改进教学的一种教学研究活动的过程[7]。评课是中小学教师研究活动中一种重要的常规活动。科学的评课活动至少有三种作用。

一是诊断作用。常言道“当事者迷，旁观者清”，上课教师在上课过程中所暴露出来的问题，如果没有别人指出来，他是很难发现自己的成功之处和不足之处的。因此，评课时如果听课人员能把上课过程中所暴露出来的问题诊断出来，然后再诚恳地提出来，这无疑是对上课教师的莫大帮助。

二是互助作用。评课的过程也是教师间互动的过程，显然它有利于教师之间互相学习、切磋技艺和交流心得。

三是导向作用。评课时，大家在一起以先进的教学观念针对课堂教学中的优点和不足提出中肯的评议，并在此基础上形成集体的共识，这在一定意义上对以后的课堂教学起到了导向的作用。可以说，评课活动是经验交流的总结场、疑难问题的解决地、教学方法的点拨处、先进教学手段的演示台、教学特色的发掘源、现代教学思想的传播站、更新教育思想的着力点。这在强调加强对教师进行校本培训的今天，对教师而言，科学的评课活动无疑是一种行之有效的校本培训方式。然而，在教学研究的实践中，我们也不无遗憾地发现这种行之有效的教研活动在具体操作时却多多少少有些走样儿了，让人有种流于形式之感。这主要表现在评课人员的角色意识不强、评议的方式或方法有问题等，致使评议不到位，失去了评课应有的功能。事实上，科学的评课过程主要是参与评议的人员之间的角色互动过程。社会学的有关理论认为，角色与互动是密不可分的。互动是角色之间的互动，在日常生活中，人与人之间的互动之所以能够有条不紊地进行，是因为互动的双方（或多方）都遵循一定的角色规范而进行交往，如果一方角色失调，就有可能使互动中断，或者改变原来的互动方向。因此，要搞好科学的评课活动，以下几对关系是值得评课者关注的。

1. “权威”与“平民”

这里所说的“权威”主要有两层含义：一个是所谓的领导权威，另一个是所谓的学术权威。而“平民”则是指普通的教师。在实际的评课过程中经常会看到这样的情景：

听完课后，大家聚集于一室，等召集人请大家就所听的课谈谈个人的看法的话音一落，大家就都作沉思状，低下头都不说话了，为什么？他们在等待！在等待什么？是在等待“权威”先说，“权威”的话语既出，此堂课的“调子”便被定了下来（尽管有的“权威”可能有言在先，所说的仅仅是个人的意见）。接下来的便多是“平民”随声附和的声音。这是极不正常的事情，所以，在评课活动中，首先要遏止的应是“权威”的话语霸权。

2. “教”与“学”

在评课活动中，已经习惯于重点关注上课教师的“教”的表现，而据此来设计的评价指标则多是以师为本的，这势必导致教师上课时过多注重于表演而不太关注教学的实效，而新的教育理念以学生发展为本、关注学生发展，所以，科学的评课活动应该主要从学生的学习效果来评价教师的教学水平。

3. “捧杀”与“棒杀”

鲁迅先生早在20世纪30年代就对文学批评中的“捧杀”与“棒杀”现象给予过有力的抨击，然而，令人遗憾的是，“捧杀”与“棒杀”现象的生命力至今还相当旺盛，表现在评课过程中，要么是对上课的教师一味地进行“捧杀”，肆意夸大优点，不讲或很少讲缺点，要么是无情地一味“棒杀”，过于苛刻，一棍子把人打死。显然，这两者无论是哪一方面，都会对上课教师及评课教师带来严重的危害。

4. “独唱”与“合唱”

评课活动中，不能由听课教师唱“独角戏”，也应该让上课教师有充分的空间来说说自己的教学设想、上课感受等，只有双方（或多方）“合唱”，才能达成互动，也才能撞击出智慧的火花。

5. “中庸”与“中肯”

评课时，有的教师奉守“中庸”的原则，走走过场，尽说些无关紧要的套话和行话，如“听了某某教师的课后，收获很大、很受启发”等。这也是害人误己之举，评课的初衷是肯定优点、找出不足，共同提高，评课者只有给予上课教师中肯的评议，才是对双方都负责任的行为。

6. “沉默”与“喧嚣”

有些评课教师遵循“沉默是金”的宗旨，一副“事不关己、高高挂起”的态度；还有些评课教师则恰恰相反，“评”起课来是滔滔不绝、不着边际，让人难忍“喧嚣”之苦。其实，评课时不仅仅是对上课教师的评议，也是对评课者的评议，评课者在评课时，大家也同样在关注着你，关注着你的学识、你的人格魅力。所以，“沉默”与“喧嚣”都是不足取的，关键是要把握好两者之间的度。

总之，评课活动中，所有的课评人员都要有正确的角色意识，并且要积极地处于互动的角色意识之中，唯有如此，才能使评课活动不至于流于形式，也才有可能使评课活动的作用最大限度地发挥出来。

思　考　题

1．简述评课的作用。
2．举例说明评课的具体要求。
3．试论听课的作用、类型、步骤和原则。
4．简述说课的内容。
5．谈一谈说课的具体要求。

第六章　微 格 教 学

一般而论，人们在谈及艺术的时候，首先想到的总是音乐、美术、舞蹈、雕塑、诗歌等，而很少真正将它和教学联系在一起。这不能不说是一大憾事。事实上，教学也是一门艺术。早在300多年前，捷克教育家夸美纽斯就将教学与艺术有机地联系在一起了。他在《大教学论》一书中明确地指出："教学论的意思是指教学的艺术。"从此以后，关于教学是一门艺术的见解便公之于世，人们开始研究它的内涵、功能、原则、特征、表现方式和技巧等。本章暂不探讨这些问题，而只讨论训练教学艺术的表现技巧。

当然，训练教学艺术的表现技巧的方法很多，如通过学习教学论和教学法等课程，从理论上提高对教学艺术的认识水平；也有通过讲演比赛和教学实习等活动训练教学艺术技巧。而实践证明，自20世纪80年代中期引入我国的新课程——微格教学，是训练教学艺术技巧的有效方法。

第一节　微格教学的产生和发展

1957年10月4日，苏联成功地发射了世界上第一颗人造卫星。美国政府和各界人士深感震惊，他们意识到美国科技大国的地位受到了强有力的挑战。通过认真地调查和分析，美国人认为他们落后的主要原因是教育。1958年美国开始了全国性大规模的教育改革运动。改革涉及课程设置、教育结构、教师培训、教学方法、教学管理和评价等各个教育领域。进入20世纪六七十年代，美国掀起了改善教师教育的CBTE（Competency Based Teacher Education）运动。这个运动的出发点认为，"现代的教师教育旧态依然，已经不能适应现代社会的要求与教育革新的步伐了。要培养教师适当而有效的能力，就得摆脱传统的仅仅限于理论灌输的教育模式，要把重点放在理论与实际的统一过程和教师的各种能力训练上"。

一、微格教学的产生

随着改善师范教育运动的开展，这一时期教学方法的改革也十分活跃。美国的教育学院开始改革课堂教学中"教师讲、学生听"的教学方法，运用先进的教育理论与现代教育技术对教师和师范生进行科学化的培训。福特财团设立了师范教育基金，奖励为开发师范教育课程和培训教师有贡献的教育工作者。

1963年，斯坦福大学借助录像、录音设备和电教技术，对"角色扮演"（相当于我国师范教育实习前的试讲）进行改造，使之完善，形成了微格教学课程。在教学研究中，人们认识到教学质量与教学中教师对学生的影响是密切相关的。所以，在微格教学的开发中，明确提出三项任务：一是对教学行为要有分析和反馈，以便提高培训效果；二是对教学技能要有系统和科学的分类，以便清楚培训的目的和进行评价；三是通过对每一种技能的训练，再综合成各种风格的生动教学。

纵观这一时期美国教育改革状况，包括师范教育改革，有一个很重要的特点，就是以先进的教育科学理论做指导，应用现代科学技术来促进教育的发展。由此可见，师资培训的科学化、现代化是师范教育改革的主要任务之一。

二、微格教学的发展

微格教学自 20 世纪 60 年代提出后，很快推广到世界各地。例如，在英国，微格教学被安排在四年的教育学士课程内：在第四学年的第一学期介绍微格教学概念和课堂交流技能的理论与实践；在第二学期教授课堂交流与相互作用分析。课程内容的目的有三：①帮助师范生掌握在教学过程中可能发生问题的处理方法；②分析有关人际交流的主要沟通因素；③训练教师在课堂上与学生交流的方法，促进反馈评价。在第四学年中，多数学校的微格教学课程安排 42 周，每周 5 学时，共计 210 学时。接受微格教学训练之后，这些师范生再到各中学进行教育实习。

后来，亚洲许多国家和地区也开始了微格教学的培训与研究。香港中文大学教育学院从 1973 年开始采用微格教学的方法来训练学生。为了加强微格教学的真实性，他们以真实学生当作试教过程中的听讲对象，用录像的方法记录被培训者在教室里与学生的教学活动过程，1983 年，该学院在进修的在职教师中也进行了实验。从 1986 年开始，上海教育学院、北京教育学院、首都师范大学等院校也开设了微格教学课程。20 世纪 90 年代以后，我国各师范院校都陆续建立起了微格教学实验室，并将微格教学列为学生的必修课；还成立了全国微格教学研究会，开展课题研究和教学经验交流活动。

微格教学在发展过程中，吸收了许多新的教学思想和科技方法，尤其是录像机、计算机等教育新媒体的应用，为教学行为的记录和分析创造了更为理想的条件；同时，微格教学课程本身也得到不断的丰富和发展，不仅注重以讲授为主的教学技能培训，而且还注重以导学为主的教学模式训练。

从国内外教师培训机构和师范院校的实践来看，微格教学既可以应用于师范生的教学训练与在职教师的提高培训上，又可以运用于课堂教学的实验研究方面[8]。

第二节　微格教学的概念、特点和程序

微格教学的创始人之一盖奇指出：“教育学应采用科学家剖析分子的方法来解决复杂的教学现象。”他从整堂课的教学过程中的各种教学行为中分析归纳出不同的教学技能，这些技能历来是许多优秀教师的教学策略和方法的概括与总结，对改进教师的教学工作具有显而易见的意义。然而，过去各种教学技能都是综合地出现在课堂中，初学者很难分辨和掌握。微格教学解决了这个难题，它把各种教学技能具体地、逐项地进行研究和训练，使复杂的教学得以简化，并且可以依据具体情况做不同层次的简化，把教学由难变易，再由易到难，由浅入深，进而达到全面掌握的目的。

一、微格教学的基本概念

微格教学，英文为 Micro teaching，又被译为微型教学、微观教学、小型教学等。微格教学的创始人之一爱伦说："它是一个有控制的实习系统，它使师范生有可能集中解决某一特定的教学行为，或在控制的条件下进行学习。"英国的布朗说："它是一个简化了的、细分的教学，从而使学生易于掌握。"简化、细分主要体现在以下方面：

1）授课时间短，这样可以减轻受训者的压力和负担，也有利于指导教师集中观察、评价教学。

2）教学内容单一，只教一个概念和一个片段。

3）训练目标单一，只关注一种技能，使受训者容易掌握，指导教师容易评估。

4）学生人数少（一般 5～10 人），简便灵活，易于受训者控制。北京教育学院微型教学课题组给微型教学下的定义为："微型教学是一个有控制的实践系统，它使师范生和教师有可能集中解决某一特定的教学行为，或在有控制的条件下进行学习，它是建立在教学理论、视听理论和技术基础上，系统训练教师教学技能的方法。"

我国学者黄晓东先生将微格教学定义为："微型教学法是在有限的时间和空间内，利用现代的录音、录像等设备，训练某一技能技巧的教学方法。"我们认为，微格教学是一个有控制的教学实验系统，它是运用现代教学理论和电教技术，系统地训练师范生和在职教师掌握与提高教学技能的一种培训方法，是一个有控制的实践系统。

微格教学的理论基础是认知学习理论、信息传播理论、行为科学理论和系统控制理论。微格教学课程内容主要包括新教学思想实验、教学技能分类、教学模式研究及教学技能和教学模式训练等。微格教学关注教学思想和理论的研究，但更注重教学技能和教学模式的训练。

二、微格教学的特点

微格教学是模拟课堂教学的教学实验，又是一门实践性较强的课程，所以它有许多特点或者说是优点：

1）理论联系实际。微格教学中的示范、备课、角色扮演、反馈和讨论等一系列活动，使教育教学理论得到具体的贯彻和体现。

2）目的明确。由于一次试教训练所用时间短、学生人数少、只集中训练几个教学技能，所以训练目的可以制订得更加明确具体。

3）重点突出。被培训者在较短时间内训练一两个教学技能，他们可以把精力集中放在要突出掌握的重点上。

4）易于控制。特殊的教学环境为实现培训目标提供了有利的条件。

5）反馈及时。当一堂微型课结束后，被培训者可以通过放录像及时进行自我分析和相互讨论评价，找出教学中的优点和不足。如果需要，可以把有争议的片断用暂停、重放等方法把"毛病"找出来。

6）自我教育。由于使用录音和录像这一新的记录技术，被培训者可以作为"第三者”来观察自己的教学活动，从而认识自己的不足之处。

7）心理压力小。教师的角色扮演者不必因为试教失败产生不良影响而担心。这将为他们下一步的教育实习打下良好的基础，增强自信心。

三、微格教学的程序

微格教学经过多年的研究和实践，已基本形成一定的程序模式，一般包括以下几个步骤。

1. 试教前的学习和研究

微格教学是在现代教育理论指导下的实践活动。因此，在进行微格教学的试教前进行教育理论的学习和研究是非常必要的。学习的内容主要有教学设计、教学目标分类、教材分析、教学技能分类、课堂教学观察方法、教学评价和学习者的特点等。

2. 确定训练技能和编写教案

微格教学是把课堂教学分为不同的单项教学技能分别进行训练，每次只集中培训两三个技能，以便容易掌握。例如，英国的特洛特提出了六种教学技能，即变化、导入、强化、提问、例证、说明。当培训技能确定后，被培训者就要选择恰当的教学内容，根据所设定的教学目标和技能进行教学设计，并编写出较为详细的教案。微格教学的教案具有不同于一般教案的特点，它要详细说明教师的教学行为（即所应用的技能）和学生的学习行为（包括预想的反应）。

3. 提供示范

在正式训练前，为了使被培训者明确训练的目标和要求，通常利用录像或实际角色扮演的方法对所要训练的技能进行示范。示范的内容可以是一堂课的全过程，也可以是课堂教学的片断。示范可以是正面典型，也可以是反面典型，两种示范可以对照使用。

4. 微格教学实践

微格教学实践也称为试教，具体分为以下三个步骤：

1）组成微型课堂。微型课堂一般由教师角色（师范生或在职教师）、学生角色（被培训者的同学或真实的学生）、教学评价人员（被培训者的同学或指导教师）等组成。

2）角色扮演。在微型课堂上被培训者试讲一堂课的一部分，练习两三种技能，所用时间为15～20分钟。

3）准确记录。在进行角色扮演时，一般用录像的方法对教师的行为和学生的行为进行记录，以便能及时准确地进行反馈。

5. 反馈评价

反馈评价分三步进行：

1）重放录像。为了使被培训者及时地获得反馈信息，当角色扮演完成后要重放录像。有关人员一起观看，进一步观察被培训者达到培训目标的程度。

2）自我分析。看过录像后，教师角色要进行自我分析，检查试教过程是否达到了自己所设定的目标，所培训的教学技能是否掌握。

3）讨论评价。作为学生角色、评价人员要从各自的立场来评价试教过程，讨论所存在的问题，指出努力的方向。评价的方法主要有三种：第一种是漫谈讨论评价；第二种是制作评价表量化评价；第三种是把角色行为范畴化，然后输入计算机进行评价。

6. 修改教案

被培训者根据自我分析和讨论评价中所指出的问题修改教案，准备进行微格教学的再循环，或进入教学实习阶段。

微格教学的程序模式如图 6-1 所示。

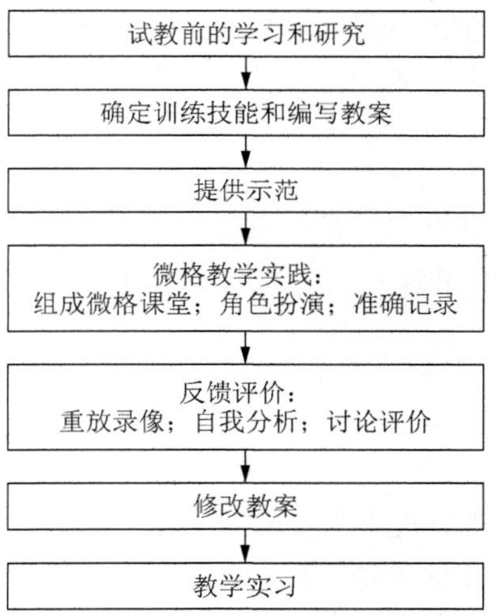

图 6-1 微格教学的程序模式

第三节 微格教学技能

教学既是一门科学，又是一门艺术。教育艺术是建立在教师广博的专业知识和熟练的教学技能基础之上的。所谓教学技能是教师在教学过程中，运用与教学有关的知识和经验，促进学生学习的教学行为方式。它可以通过学习来掌握，在训练中得到巩固和提高。在微格教学培训中，为了便于学习、操作，将教学技能分为导入技能、教学语言技能、提问技能、讲授技能、变化技能、强化技能、演示技能、板书技能、结束技能和课堂组织技能十种。其中，导入技能、教学语言技能、提问技能、讲授技能、板书技能在课堂基本技能中已经予以说明，在此就不再赘述。

一、变化技能

心理学的研究表明，人在注意对象时，大脑皮层的相应区域就产生一个优势兴奋中心，它是大脑皮层对当前刺激进行分析、综合的核心，在这一皮层区域大脑具有适度的兴奋性，使旧的暂时神经联系容易恢复，新的暂时神经联系容易形成和分化，所以能充分显示出注意的对象的意义和作用，从而对客观事物产生清晰、完善的反应。引起人们注意的客观因素是刺激物的强度、活动和刺激物之间的对比，那些千篇一律、刻板、多次重复的东西是很难引起注意的。因为新的东西很容易成为注意的对象，所以我们的教学就必须经常有新的内容，教学手段必须多样化。多样化就是教学活动要有多种的变化，即教师的声音和教态、教学材料和教学媒体、师生间相互作用和学生自身活动等方面的变化。以上每个方面是相互交织在一起的，教师在教学过程中通过这些变化和综合运用来引起、保持学生的注意力，激发学生兴趣，提高学生的认知水平。

1. 变化技能的定义

变化技能是教学过程中信息传递、师生相互作用和各种教学媒体、资料的转换方式。所谓变化是变化对学生的刺激，能引起学生的兴趣。

2. 运用变化技能的意义

呆板的、照本宣科式的课堂教学是不受学生欢迎的。课堂教学也需要多种多样的变化方式，如语言的变化、动作的变化、师生相互交流的变化等，这样可以活跃课堂气氛，提高教学效果。

3. 变化技能的类型

变化技能大致可分为以下四类：

1）教态的变化：教态是指教师的表情和动作，像教师的头部动作，眉宇、面部表情、手势等变化都属教态变化的类型。教师可以用目光接触的变化表示对学生的期待和鼓励等情感，也可以表达对学生的警告或提醒。

2）教调的变化：教调即教师在课堂上运用语言的声调、速度等。教调的变化指教师讲课声音的变化、语速快慢的变化。教调要抑扬顿挫，教师的讲解要有节奏感、不枯燥，能唤起学生的注意力。

3）信息传输通道和教学媒体的变化：包括视觉通道和媒体的变化，听觉通道和媒体的变化，触觉、嗅觉通道和学生的操作等的变化。

4）师生相互作用的变化：包括师生交流方式的变化、学生活动安排的变化。

4. 变化技能的应用要点

1）要有明确的目的。所有变化技能的运用都应当是有目的的、必要的、为实现教学目标服务的。过多的或盲目的变化不仅不能促进学生的学习，反而会起干扰作用。

2）要有针对性。要针对学生的认识水平、能力、兴趣及教学内容和学习任务的特点选择恰当的变化方式。

3）要把握分寸。教师运用变化技能要适度、有分寸，不宜夸张。授课不同于表演，尤其是教师教态变化的强度和幅度都要恰当，否则会喧宾夺主，产生消极作用。

4）做好计划和灵活运用相结合。在教学中采取的主要变化方式要在课前做好计划，但有时还需要根据课上的具体情况，及时灵活自然地运用变化技能，帮助学生理解知识或解决疑难。

二、强化技能

“操作性条件反射”是美国行为主义心理学家斯金纳提出来的。其主要特征是：机体自发的反应因有强化或无强化的伴随而相应增加或降低重复出现的概率；强化只同反应有关，并出现在反应之后。如果将操作性条件反射的原理应用在教学中，则具体体现为：当学生对教学材料的刺激做出了正确的反应，教师就给予肯定或奖励（即强化），学生就会在以后的学习中重复那些受到奖励的反应，而中止那些没有受到奖励的反应，这种强化也称为正强化。教师在学生做出正确反应后消除厌恶性刺激，如取消处分，也可以强化正确反应，这种强化称为负强化。教师的作用在于运用强化的方式创设奖励学生学习的课堂环境。

1. 强化技能的定义

强化技能是教师在教学中促进和增强学生反应与保持学习力量的方式。

2. 运用强化技能的意义

为了使学生保持浓厚的学习热情和旺盛的学习精力，在教学过程中运用各种强化技能是非常必要的。强化技能是变枯燥学习为快乐学习的重要手段，也是提示教学重点和难点的基本方法。

3. 强化技能的类型

1）语言强化：教师运用语言，即通过表扬、鼓励、批评、惩罚等方式来强化教学行为。

2）标志强化：运用一些醒目的符号、颜色对比等各种标志来强化教学活动的行为。

3）动作强化：运用师生之间的交流动作来强化教学行为。

4）活动强化：指导学生用自己的行为相互影响，学生通过自我参与、自我活动达到强化。

5）变换方式强化：运用变换信息的传递方式或变换活动等使学生增强对某个问题的反应。

4. 强化技能的应用要点

1）要有明确的目的。在运用强化技能时，教师应根据教学目标，有目的、有选择地对学生的反应进行强化。在课堂教学中，教师不必对学生所有的正确反应都给予强化，而应当对与达到教学目标有密切关系的正确反应予以强化。

2）态度要真诚。教师的态度应该是客观的、真诚的，这样才能使学生受到鼓励。不恰当的强化，如过分夸大学生反应的正确程度，教师的语言、表情过分戏剧化等，将会使学生感到别扭，甚至被学生认为是虚假的而适得其反。

3）要有区别和变化。由于学生在年龄、性别、性格等方面的差异，学生个人对强化方式的喜好是不同的，教师应针对学生的特点，有区别地、灵活地采取适合个别学生的强化方式。在进行强化时，还应注意变换方式。如果反复使用单一的强化物，对学生的激励作用就会减弱而失去应有的作用。

4）要把握好时机。把握好强化的时机，对提高强化的有效性也是很重要的。对短小、简单的问题，作业完成的情况等，教师应进行即时强化，这样可给学生留下较深刻的印象；学生对一些抽象、复杂问题的解答或对概念、原理的理解，则应待学生充分反应后再进行强化，以使强化更具有针对性。

三、演示技能

由具体到抽象，由感性认识到理性认识是人们认识一切事物的普遍规律，当然也是中学生学习数学概念、原理的主要途径。

1. 演示技能的定义

数学课的演示技能是数学教师根据教学内容和学生学习的需要，运用各种教学资源、教学媒体让学生通过直观感性材料，理解和掌握数学知识，解决数学问题，传递数学教学信息的教学行为方式。

演示技能是教师进行实际表演和示范操作的一种方式，如运用实物、标本、模型等进行演示。

2. 运用演示技能的意义

课堂教学需要调动学生的所有感官，通过视、听、言、动来学习是最有效率的学习。运用演示技能可以达到这样的教学目的。

3. 演示技能的类型

1）分析法：先演示实验，接着从分析实验入手，引导学生得出可能性的结论。

2）归纳法：通过观察实验、提出问题，归纳总结出概念或原理。

3）展示法：结合教学内容，展示肖像图、示意图、说明图等，加深对知识的印象和理解。

4）声像法：通过放映与课程内容有关的电化教学片，扩展和深化教学内容。

四、结束技能

任何事物的发展过程，总是有头有尾的。课堂结束与课堂导入是相互对应的一对范畴。课堂教学结束如果不加以注意，有始无终，虎头蛇尾，草草收场，不仅会导致课堂教学过程没有完整性，而且会直接影响教学效果。

1. 结束技能的定义

结束技能是教师结束教学任务的方式。教师通过归纳总结、实践活动、转化升华等教学活动，对所学的知识和技能进行及时的系统化、巩固和运用，使新知识有效地纳入学生原有的认知结构中。

2. 运用结束技能的意义

1）重申所学知识的重要性或应注意的关键点。
2）强调重要事实、概念和理论的关键。
3）检查或自我检测学习效果。
4）引导学生分析自己的思维过程和方法。
5）布置思考题和练习题，对所学知识及时复习、巩固和运用。

3. 结束技能的类型

1）系统归纳：在教师指导下，让学生动脑动手，总结知识的规律、结构和主线，及时强化重点，明确关键。

2）比较异同：将新学概念与原有概念，或者将并列概念与对立概念，近似的、容易混淆的概念进行分析、比较，既可找出它们各自的本质特征或不同点，又可找出它们之间的内在联系或相同点。

3）集中小结：将在不同章节中循序渐进学习的同一事物的属性和变化集中归纳小结，从而掌握某一事物的全貌，概括出零散知识的规律。

4）领悟主题：通过精要论述或揭示本质的提问，顿悟所学内容的主题，做到情与理的融合。

4. 结束技能应用原则

1）小结要紧扣教学内容的目的、重点和知识结构，做到简明、精要，有利于学生回忆检索和运用。

2）课结束时，应概括本单元或本节知识的结构，深化重要事实、概念和规律。

3）要安排适当的实践活动，如练习、口答和实验等。

4）布置作业，应要求明确，数量恰当。

5）结束课有封闭型和开放型两种：所谓封闭型结束，是由教师或学生通过归纳概括，总结出明确的结论；所谓开放型结束，是不做出结论，但要提出问题，鼓励学生继续探索，运用发散思维，培养丰富的想象力。

五、课堂组织技能

1. 课堂组织技能的定义

所谓课堂组织技能，是指教师不断地组织学生注意力、管理纪律、引导学习，建立和谐的教学环境，帮助学生达到预定的教学目标的行为方式。这种技能是课堂教学的“支点”，是使课堂教学得以顺利进行的重要保证。

2. 课堂教学的组织步骤

1）预备阶段的组织教学：预备上课之前，教师在教室门前用眼力、语言或手势等方式提示学生做好上课的准备。

2）开课之前的组织教学：教师走进教室后要提示学生安静和集中注意力，以便在授课阶段有一个良好的教学秩序与活跃的课堂教学气氛。

3）开课阶段的组织教学：开课之后教师首先应以一个主导者的身份组织教学活动，自己既要讲解清楚问题，又要调动学生积极参与课堂教学活动。同时对于个别违纪学生，要做出妥善处理，不要因为处理违纪行为而过多地占用教学时间和花费精力。

4）巩固阶段的组织教学：在一堂课或一个单元课的教学任务即将完成之后，教师要通过提问、讨论、做练习和实验等活动，检查学生对所学知识和技能的掌握情况。特别要注意到大多数学生对学习内容的反映，不能以少代多、以一概全。

3. 课堂教学时间的划分

对于以讲授为主的课堂教学来说，45 分钟的教学时间大体这样划分：开讲阶段激发兴趣需用 5 分钟，学生感知尝试学习阶段需用 10 分钟，讲授阶段需用 20 分钟，巩固反馈阶段需用 5 分钟，总结练习阶段需用 5 分钟。

4. 课堂组织技能的类型

1）管理性组织：以严格的组织纪律维持课堂教学秩序，要求学生遵守课堂纪律，参与教学活动。学生如有违纪行为，教师将给予严厉批评。

2）指导性组织：教师用学导法指导教学活动，调动每一位学生的学习积极性，指导学生参与教学活动的过程，就是组织课堂教学活动的过程。

3）诱导性组织：通过提示、提问和安排活动，引导学生对课堂教学活动感兴趣，并能参与其中。

第四节　微格教学的教学模式

一、社会型教学模式

（一）合作型学习

1. 目的和手段

合作型学习的目的是使学生成为学习中的合作者，手段是从小组学习到团体调查。美国学者 H. 泰伦认为，人们不懂得怎样教孩子们进行合作学习是令人困惑不解的，其原因大概在于人们自身没有从学校教育和社会生活中获得有关的知识。人们相互合作的需求如果不是一种遗传驱动的话，也是一种社会本能。人们如果不进行相互合作，那么甚至就会不清楚自己是谁。

美国教育家 J. 杜威在《民主和教育》一书中介绍说，整个学校可以组织成一个微型的民主团体，学生参与其中进行活动。通过亲身体验，学生逐渐懂得怎样用科学的方法去改善人类社会。

J. U. 迈克尔斯吸取了杜威的思想和做法，他创立的教学方法的核心就是建立民主团体，在这个团体中，人们可以对某些社会问题发表意见并进行抨击。H. 泰伦创立的团体调查模式在许多方面与杜威和迈克尔斯的方法相似。他的团体调查方法致力于把重视民主过程模式的形式和过程与学业过程合并为一种教学策略。他认为，教师应创造一种以经验为基础的具有团体调查特点的学习情境，这种情境很容易迁移到学生以后的生活之中。泰伦从一种社会存在的概念开始论述“人们一起制订了组成社会现实的规则和协定”，形成社会秩序和社会文化。教室是社会的缩影，它也有集体秩序和教室文化，学生们也关注着班级生活方式，即班级标准和班级期望值的确定。教师应寻求有效途径维护创造集体秩序的积极性。这种教学模式复制了社会所要求的协调方式，通过相互之间的协调，学生获得学业知识，学习解决社会问题。泰伦强调，教师不应该不教授社会协调而只从事所谓的纯知识性的教学。

2. 教学策略

合作型学习的基本方法是以学生面临一个感兴趣的问题为开端。如果学生们对这个问题产生了反应，教师就把他们的注意力集中到反应的差异上——他们采取的是什么态度？他们观察到了什么？他们用什么方式组织问题？他们有什么感触？当学生开始对他们反应的差异产生兴趣时，教师再指导他们自己去说明问题。接着，引导学生分析解决这个问题所需要的角色，然后让学生自己进行组织分工，采取行动，汇报结果。最后，小组根据最初的目标来评价解决问题的方法。

在这个教学类型中，团体内的体制是民主的，活动是在理智和协商的气氛中进行的；教师与学生除了活动中的角色差异外，其他一律平等；教师的作用既是顾问，又是友好的评论家。

（二）角色扮演型学习

1. 目的和手段

角色扮演型学习的目的是让学生学习社会行为和社会价值观，是通过角色扮演的手段来实现的。

美国学者 F. 沙夫特指出：“对价值观进行分析是非常重要的。如果对价值观的分析是正确的话，通过角色扮演可以使价值观成为具体可见、易于理解的东西。因此，理解由自己的价值观所支配的行为就是探究的开始。”

2. 教学策略

角色扮演型学习的基本方法是先将问题找出来，再演示这个问题，然后进行讨论。

在这个过程中，一些学生当演员，一些学生当观众。一个人把自己置身于别人的位置上，然后试着与那些扮演者进行沟通。在相互沟通的过程中，产生出诸如移情、同情、愤怒和爱慕等情感，若能成功地进行角色扮演，它就成为生活的一部分。这种情感表现及语言和行为成为后来大家进行讨论的基本内容。

角色扮演的成功依赖于较高的表演水平，特别是依赖于随后进行的分析，同样也取决于学生对现实中各种角色的认识。角色扮演活动分九个步骤：①小组预备活动；②挑选扮演者；③布置场景；④组织观众；⑤表演；⑥讨论和评价表演；⑦重新表演；⑧再次讨论和评价表演；⑨总结。

个案举例：在一所学校的一个班级里，全班学生因为一场排球比赛的一个判球而争论不休。班主任教师发现后，联想到本学期开学以来班里一直存在着对一些问题的争论和矛盾，于是他说："今天我们不得不面对这个问题了，你们一定也和我一样对此疲惫不堪。因此，现在我打算用一种我们曾用来讨论家庭问题的方法——角色扮演来解决我们自己的问题。现在，你们先分成几个小组进行讨论，确定我们所存在的问题的种类。"

班主任教师将学生分成几个小组，每组指定一名学生为组长，对每组提出的种种问题进行讨论。各组一致认为始终有几个问题困扰着大家。学生们将问题分成了不同的种类：第一类问题是关于劳动分工的；第二类问题与游戏时双方挑选人员的原则有关；第三类问题是如何解决游戏中的争端。这时，教师给每组指定一类问题，让大家详细描述出现这种问题的情境。然后，全班同学对这些问题进行投票。他们选择的第一个问题是由游戏角色引起的争端，选择的真实问题情境是由于判球引起争论的排球比赛。于是，教师挑选了几个学生进行表演，重复当时的情境，让其他学生聚集在一起观察不同角色的情况。看后，大家一起讨论当时的情况，对有争执的地方争论不休。最后，同学们注意力集中到一个他们认为很重要的问题上："我们怎样制订一条决定谁当裁判的规则？别人对裁判的判罚应持什么态度？"

通过角色扮演及具体问题的解决，在教师的引导下，同学们的讨论逐步深入，开始考虑支配个人行为的基本道德问题。大家渐渐认识到：无论个体或群体，在共同的生活中，都必须形成支配自己行为的规则。他们还开始注意培养自己的协商能力。那些总爱与别人发生冲突的学生也开始懂得，如果自己在行为上能有所改变，别人也会谅解、让步，也就不会出现解决不了的问题。

在这个教学类型中，学生能提高他们认识自己和他人情感的能力，通过角色扮演中对困难情境的处理，他们能获得新的行为方式，提高解决问题的能力。教师基于两个原因采用角色扮演的模式：第一，角色扮演可以将众多的材料集中起来进行讨论和分析，从而开始了系统化的社会教育程序；第二，教授学生学会处理发生在眼前的人际关系问题。

二、信息加工型教学模式

（一）基本的归纳模式

1. 目的和手段

基本的归纳模式的目的是发展人的归纳性思维，手段是通过数据的搜集、组织、处理和运用来达到。

H. 塔巴说："归纳性的思维是人的天赋，是有规律性的。"他围绕三个假设来建立自己的教学方法：一是思维能够通过教学而提高；二是思维是个人和资料之间的动态沟通；三是思维的发展需要有"合理的"顺序。

2. 教学策略

基本的归纳模式的教学步骤如下：

第一，形成概念。这一阶段包括：①确定和列举与主题相关的资料；②将这些资料分成具有共同特征的类别；③为各类别命名。

个案举例：组织学生参观超市，他们在那里看到了超市的建筑物、食物、进货员、收款员、设备、食物出售等。然后，让学生分类命名，形成"商品"和"服务"等概念。

第二，诠释资料。这一阶段以解释、推理和概括的智力操作为基础。教师提出因果关系方面的问题，学生探讨这方面的关系。从本质上说，学生的思维过程是依据资料的相互关系建立起假设，推断出因果关系，然后在假设的基础上进行概括。

个案举例：通过对一些国家的国民生产状况分析，区分出哪些国家以农业或矿产业为主，哪些以商业或制造业为主，哪些兼而有之。

第三，应用原理。这一阶段的任务是应用获得的原理来解释新的现象，或根据已知条件预测结果。

个案举例：当联合国开会时，预测哪些国家有着相关利益，因此可能影响它们在联合国大会上对有关事件的投票。

（二）概念的获得模式

1. 目的和手段

概念的获得模式的目的是提高基本的思维技能，手段是通过概念的获得来实现的。在了解学生获得概念的方式方面有两种途径：第一，在学生正确地确定了概念后，可以要他们讲述一下自己在整个练习过程中的思考方法，即自己在每一阶段的想法，开始注意哪些特征，以后又做了哪些修改？教师可以问学生："请告诉我开始你想的是什么，为什么那样想，以后你又是怎样修改的？"这种方法常能引起讨论，学生从中可以了解到其他同学的思考方法和过程。第二，让学生把获得概念的过程写下来，给他们自己留下一个可供后来分析的记录。他们要记下自己的假设、所做的修改及原因。

2. 教学策略

概念的获得模式的教学方法可以按下列阶段进行：

第一阶段：给学生提供资料，每一份资料都是一个例子，或者包括或者不包括所求的概念。这些资料以成组的形式出现，它们可以是事件、人、物体、故事、图片或任何可描述的内容。告知学生，所有肯定型例子中都包含有一个共同点，它们的作用是表达出所求概念本质的假设。这些例子以事先排好的顺序被提出并标明为"是"或"否"，要求学生比较并判断不同例子的特征。最后，学生被要求根据这些本质来命名概念并说出概念规则。

第二阶段：学生检验所获得的概念，方法是首先将未标示的例子正确地分类，然后举出自己的例子。

第三阶段：学生们开始分析自己获取概念的方法，并比较出不同方法的不同效果来。

个案举例：选择 10 个城市，搜集这些城市的各种资料，如城市规模、人口、种族分布、工业类型、地理位置及主要自然资源等。然后，把学生分成若干个小组，根据教师提供的城市分类，依据材料分析比较各个城市的特点，并将它们归类。

在使用概念获得模式教学之前，教师首先要选择概念，挑选资料并把它们组织成肯定型和否定型的例子，然后排列成一定的顺序。同时，教师要支持学生大胆地假设，但一定要强调这些假设只是暂时的，并组织学生在对话中相互检验对方的假设。最后，教师必须把学生的注意引向对他们的概念和思维方法的分析上，鼓励学生去分析各种不同方法的优点，而不是试图寻找一种在任何情况下适用于任何人的最佳方法。

（三）记忆的模式

1. 目的和手段

记忆的模式的目的是直接获得事实，手段是通过整理归类和性质关联来实现的。

无论从学术的还是常识的角度来考虑，记忆力对于智能来说都是至关重要的。记忆绝不是一个被动的和无足轻重的活动，而是一种积极的、主动的追求。获得信息，把它们赋予意义并组成一体，需要时能够按照自己的意愿对它们进行检索，这种能力是记忆学习的结果。个人能力的较有效形式之一是以知识为基础的能力，这是成功和成就感的基础。人的一生都需要有技巧的记忆。提高这种能力将会增加学习效率、节省时间，并且建立一个更好的信息仓库，甚至到老年也受益匪浅。

2. 教学策略

首先，掌握以下记忆的基本原则和方法。

（1）有意注意

在记住识记对象之前必须给予它足够的注意。观察对于最初的注意来说十分重要。任何一种开始时就十分注意的事情不会被遗忘。

（2）建立联系

记忆的基本规律：任何新的信息都可以被你记住，只要你能把它们与已经知道或已经记住的东西联系起来。

（3）形成系统

记忆程序的核心是将两种观点联系起来，再用第二种观点联系第三种观点，依次类推。许多记忆的实质都与两种联系有关，如名字和日期或地点、名字和观点、词汇和它们的意义等。

（4）词语替代

词语替代体系是找出一种既不真实又真实、同时具有某种意义的联系物的方法。也就是说，要想记住比较抽象的单词或者短语，你不妨想象出与它读音相似或能唤醒你记起这个抽象材料，并且可以在你的头脑中形成图像的东西来，如用“I' ll ask her.”来记住 Alaska（阿拉斯加州）。

（5）记住关键词

关键词的本质是选择一个单词来代表一个较长的思想或若干个从属的观点。

其次，按以下四个阶段进行教学。

第一阶段：识记材料。要求学习者集中注意力去识记学习材料，并以有利于记忆的方法对其加以整理。例如，识记重要观点和事例，把要记住的观点和事件用自己的话加以解释，对需识记的材料进行思考，比较各种观点并决定它们相互间的关系。

第二阶段：建立联系。运用一些记忆技巧来建立学习材料之间的联系，如识记联系词、替代词、关键词等，把新的识记材料与已熟悉的词汇、图像或者观点联系起来。

第三阶段：扩展感觉表象。要求学生以多种感觉通道将它们联系起来，并且通过荒谬的联想或夸张来制造幽默的渲染效果，从而使这些表象得到加强。这时的表象更容易唤起回忆。

第四阶段：练习回忆。要求学生对这些材料反复进行回忆练习。

三、个人型教学模式——非指导性教学

（一）目的和手段

个人型教学模式，也称非指导性教学，其目的是以学生的个人发展为中心，手段是通过教师帮助学生探究生活、学业及和别人的关系来实现。

美国学者 C. 罗杰斯指出：“要琢磨出如何教学就在于弄清什么时候应该闭上自己的嘴——绝大部分的时间。”从非指导性教学的观点来看，教师扮演着指导学生成长和发展的促进者的角色，两者之间是一种咨询关系。在这一角色中，教师帮助学生探究生活、学业及和别人关系的新的思想。这种方法创造了一种师生之间互相学习、坦诚交流的伙伴关系的氛围。实施这种教学模式的核心在于培养学生、促进学习，而不是控制学习过程，要求教师有耐心，而且不能有通过强调即时结果而牺牲长远发展的思想。

（二）教学策略

非指导性教学的实质是不同于正规的课堂教学，它是对学生进行的个别指导和帮助，其基本步骤如下。

1. 创造一种非指导性的氛围

非指导性教学模式源于 C. 罗杰斯的非指导性咨询。在非指导性咨询中，当事人富有成效地处理自己生活的能力应得到尊重和培养。因此，在非指导性教学中，教师必须跟学生建立一种相互平等的关系，教师应当尊重学生确定自己的问题及选择解决问题方法的能力；教师应尝试着从学生的角度观察世界，创造一种相互理解的交流氛围，从中培养和发展学生的自我指导能力。这种氛围有以下四个特征：

1）教师对学生表示热情并做出反应，对学生表示真正的兴趣并且接受他们。

2）对学生表现出来的情感，教师不要做评判或训导。因为情感对个人是非常重要的，那些师生关系一般的学生会从心理上对所讨论的内容加以防范的。

3）学生可以自由地表达情感，但是不能随便地控制教师或冲动做事。

4）这种关系没有任何压力或强制。教师应该把每项学习任务都看作帮助学生长大成人的机会，避免对学生表示出个人偏见，或以批评的方式做出反应。

2. 掌握谈话的基本技巧

非指导性教学模式认为，要揭开一个问题背后隐含的感情之谜，最有效的方法就是当学生的情感自由地表达时教师应顺其自然，不要为了诱探学生的情感而直接地问问题。如果学生能够自由地表达情感，存在的问题和问题背后的情感就会自动地显现。教师对学生流露出的情感所进行的反思性评价则会加速这一过程，从而使他们更清醒、更敏锐地把握问题的核心。谈话的几种技巧如下：

1）不替代学生责任的情况下引导学生。由教师以积极而和善的方式率先直接陈述，例如：

“你怎样看待这些问题？”

“你对那个问题能再谈点看法吗？”

“那件事发生时你是怎样反应的？”

2）用反思、澄清、接受并表示理解的态度和方法交谈。其目的在于创造一种轻松的气氛，从而使学生愿意扩展他们所表达的思想观点。通常情况下，这种谈话是一些支持性的简短的陈述，能够使学生继续讨论下去。例如：

“我知道。”

“我理解你，一个人的时候特别难办。”

“这种事并不会影响你所做的事，它会同样继续下去。”

3）解释。解释性的谈话可以给那些无法将谈话继续下去的学生提供一些建议。但是只能对那些能被学生明显接受的情感进行解释。教师必须非常小心地做出是否使用解释的决定，并且这种决定只能在教师非常有把握地认为他的解释将会促进对话而不是结束对话的情况下使用。下面是几个解释性谈话的例子：

“你做这些是因为……”

“也许你感到你不会成功。”

“你的理由听起来有点像是……”

非指导性教学模式的五个活动阶段：

第一阶段：确定帮助情境。这包括教师告诉学生可以自由地表达情感，对面谈话题达成共识，对问题进行初步陈述，如果问题继续存在的话讨论一下其关系，并明确面谈的有关程序。

第二阶段：由于教师对自己情感的接受，学生对自己所表达的积极或消极情感的澄清就会积极地陈述，并探究面临的问题。

第三阶段：学生逐步形成自己的见解，他从个人经历中感受到新的意义，看到新的因果关系，并且理解他们以前行为的意义。在大多数情况下，学生会在探究问题本身和形成对自己情感的认识之间发生变化。这种活动对学生的进步都是必要的。

第四阶段：学生开始做出与问题有关的计划和决定，教师的任务是使学生清楚他有多种选择的可能性。

第五阶段：学生报告他们所采取的行动，进一步发展理解力和洞察力，计划在更高的整合水平上的积极行动。

四、行为系统型模式

行为系统型模式更多地强调学生在一定的系统程序中独立自主地学习和在教师的指导下进行行为训练。它包括以下三种方式。

（一）掌握学习与程序教学

1. 目的和手段

这种教学的目的是独立、自主地掌握学习，手段是在程序教学中实施个别性教学计划。马德琳·亨特认为："如果允许他们一次只学习一样东西，然后再学习下一个，再下一个，直到他们运用自如，我们就可能冲破失败的怪圈。"

掌握学习是计划教学顺序的一个框架体系。它提供了一种简洁而又有趣的方法。这种方法增加了学生在课程学习中获得满意成绩的可能性。它是由美国匹兹堡大学学习研究发展中心与 Baldwin-Whitehall 学区联合开发的专为中小学教学设计应用的个别教学计划（Individually Prescribed Instructional，IPI），采用综合性的课程体系、现代教学技术和独立自主的学习方法来实施。在个别化教学中，学生通常独立地学习为他们每天（或每隔几天）指定的学习材料。这些材料的选定取决于学生表现出来的能力水平、学习风格及特殊的学习需要。

2. 教学策略

实施掌握学习与程序教学方式可以按下列步骤进行：

第一步，对学习过程和相关的学习环境进行设计，从而达到：①使每个学生能在学习序列中根据自己的学习进度按教学单元顺序进行学习；②在学习一系列教学单元时，学生必须在获得一个单元教材所规定的最低程度的掌握的前提下才能开始新单元的学习；③鼓励学生对学习进行自我评价，激发学习动机，发展自动和自导学习；④教师的责任是忙于对学生个别或小组辅导，诊断学生的需要并设计教学方案，而不是忙于做保存记录、给考试打分等秘书性的工作；⑤在制订计划和执行自己的学习方案时，每个学生都能承担比多数课堂所许可范围大得多的责任；⑥指导学生之间以某种方式互相帮助，这样做，无论是帮助者和被帮助者都会提高学习效果。

第二步，把操作模式分解成一系列按顺序组成的行为目标，应具备以下要求：

① 每一目标应能准确表明，一个学生应该做什么才能显示出他对于指定内容及技巧的掌握情况。目标中应包括解决、陈述、解释、列出、描绘这样的行为动词，而不是

理解、欣赏、了解和领悟这样的概括性用语。

② 目标应被组成有意义的内容系列，如算术中的目标应被组合成加、减、乘、除等领域。这样的组合有助于对教学材料意义的理解和对学生成绩的诊断。

③ 在每一个教学部分，这些目标应该尽可能按照这样的顺序制订，即每一目标应建立在它前面目标的基础之上，并成为后面目标的基础。其目的是让这些目标构建出一个能力梯度。

④ 在每一部分的目标序列中，这些目标应被组合成有意义的序列或单元。同时，标明这个单元所代表的进度并提供突破点，使学生在完成那个部分的一个单元时，可以继续进行那个部分下一个单元的学习或转入另一部分的单元学习。如完成了 B 级加法，学生可以进行 C 级加法，也可以转入 B 级减法。

第三步，开发让学生用来达到每一个学习目标的材料。大多数的自学材料是学生能够在教师较少的帮助下自己掌握的，如课程指导、个人笔记或小组记录等。

第四步，把一系列的组成部分——学生、教师、教学材料，有机地集中在一起以便达到行为目标。因为，精确地找出每个学生在读、算、科学等领域中的能力水平是一个基本的问题。如在数学中，每一个主题都开发有系统的材料：数学、测量和加减法等。涉及如此多的项目，必须了解学生应该从每个项目的哪一级水平开始，所以要花上几天的时间去诊断学生的能力。在诊断的基础上，为每个学生开出不同课题的“药方”。这个“药方”列出学生将要着手学习的材料。

第五步，发展监控学生学习进程，调整学习内容的管理系统，以便进行适当的反馈。

在 IPI 中，教师的角色是至关重要的。他应该是诊断师（分析关于每个学生的 IPI 诊断资料以便修整方案来满足个人学习需要）、选择者（把一切可能利用的人力资源和书面材料用于 IPI 教学）、指导者（使学生获得有意义的、合适的学习体验），引导学生在 IPI 学习环境中更加独立、对自己的角色更有责任感。

这一计划为教学提供了一个不同的组织方法。这与只有一个授课教师，教师每天都和天天看到的学生们一起，并且在教育中承担全部责任的教学有着很大的不同。

（二）直接指导

1. 目的和手段

直接指导的目的是以学习为中心并实现学习时间的最大化，直接指导的手段是教师进行高度的指导和严格的控制。

直接指导教学方式是教师向全班学生讲解新概念或新技能，学生在教师的指导下进行练习（控制练习），并通过练习测试学生的理解程度，鼓励他们在教师指导下继续练习（指导练习）。

直接指导最显著的特点是以学习为中心。所谓“以学习为中心”是指一个人要把完成所布置的学习任务置于一切活动之上。在教学过程中强调学习活动，跟学习无关的活动不受重视和鼓励。

尽管直接指导是建立在对高效率的教师进行研究的基础上，但其理论却源于行为型教学模式，尤其是训练心理学家和行为心理学家的工作。训练心理学家致力于训练人们执行高度准确的复杂行为。他们对学习情境的主要贡献是明确任务和任务分析；提出的教学设计原则集中在把学习者的表现概念化为目标和任务，然后再把这些目标任务分解成更小的组合任务，进而发展为能确保掌握每一部分的训练活动。而行为心理学家则强调教学设计和教学计划，注重教师和学生之间的互动作用。他们讲的是示范、强化、反馈及循序渐进。

2. 教学策略

首先，创造一个以学习为中心的环境，一个使学生把大量时间用来完成学习任务并且成功率很高的环境。这种环境的氛围是积极的，不存在消极情感。

其次，指导活动。指导活动一般分五个阶段：

第一阶段是导向，即建立该学习任务的框架。这一阶段有三个特别重要的步骤：①教师提出课程目标和操作要求；②教师陈述课程内容及其与知识和经验的关系；③教师讨论课程的进度——课程的不同部分及学生在这些活动中的责任。

第二阶段是讲解。教师讲解新的概念或技能并演示或举例，无论哪一种，都应该做到声情并茂地传递信息。

第三阶段是有组织地练习。教师用环环紧扣的方法引导学生通过一个个的练习强化所学的新的概念或技能。在这一阶段中，教师的任务是对学生的反应做出反馈，强化正确反应，纠正错误反应。

第四阶段是指导练习。指导练习是给学生自己练习的机会，但教师仍在这个环境之中，其任务是监控学生的学习，必要时提供纠正性反馈。

第五阶段是独立练习。当学生在指导练习中达到85%～90%的准确度时，开始进入这一阶段。在独立练习阶段，学生在没有帮助的情况下自己练习，而且只出现延迟反馈。教师的任务是要保证在学生完成之后马上检查对学习的精确度是否保持稳定进行评估，为那些需要纠正性反馈的学生提供反馈。

个案举例：组织学生观摩一位中学特级教师讲课，学习这位特级教师是怎样用直接指导方式进行教学的。

（三）模拟训练学习

1. 目的和手段

模拟训练学习的目的是使学生有机会掌握在现实生活中不易掌握的极具难度的技能，模拟训练学习的手段是把学习任务设计得不像真的那样复杂并通过模拟训练学习来获得。

模拟训练学习是心理学的一个分支——控制论原则在教育领域的应用。控制论心理学家在人与机器之间做了一个类比，把学习者概念化成一个自我调节的反馈系统。作为一个学科，控制理论“被描述成人类（或生物）控制机制和像计算机那样的电子机械系统的比较性研究”。其核心在于电子机械系统的反馈控制机制与人类系统之间明显的相似。用控制论的说法，学习就是个人对行为的环境后果的感觉体验和进行自我改正的行为。控制论的教学是为学习者创造一种能产生这种全部反馈的环境。

2. 教学策略

模拟训练教学有四个阶段，如下：

第一阶段是导向。在这一阶段，教师提出要探究的题目，呈现融于实际模拟训练中的概念。如果这是学生的第一次经历，教师还要对模拟训练进行解释并对游戏本身进行概括。

第二阶段是参与者的培训。这时，学生开始进入模拟训练。教师通过向学生介绍规则、角色、程序、打分制度、要做出决定的类型及模拟训练的目标等来设置情境。教师把学生安排成各种角色并进行简短的示范，以确保学生理解所有的指令并执行他们各自的任务。

第三阶段是参与模拟训练。学生参与到游戏或模拟训练中，教师则发挥裁判和教练作用。

第四阶段是参与者总结问询。教师根据结果帮助学生注意：①描述事件经过及他们的其他感觉和反应；②分析进程；③把模拟情境同真实世界相比较；④把活动与课程内容联系起来；⑤评估并重新设计模拟训练。

在模拟教学过程中，教师的作用与在其他模式中有所不同：

解释：向参与者解释模拟的概念和过程，并对执行大多数活动的规则有足够的理解。

裁判：课堂中的模拟试验要有教育上的收益。教师应控制学生参与游戏，以确保实现这些教育收益。教师应该充当一个裁判，负责让规则得到遵守，但又要尽可能不干扰游戏活动。

教练：必要时教师应扮演一位教练，给参与者提出能使他们做得更好的建议。

讨论：模拟一段之后需要讨论一下游戏多大程度上模拟了真实世界，学生有什么样的困难和看法，以及在模拟和探索的主题之间发现了什么样的关系。

个案举例：驾驶车辆模拟训练、计算机模拟训练、课堂教学模拟等。

知识拓展　微格教学教案设计案例

教案 1

课题章节	第十七章（第 1 课时）反比例函数（人教版八年级下）
教学目标	知识与技能：理解反比例函数的概念，能判断两个变量之间的关系是否是函数关系，进而识别其中的反比例函数，能根据实际问题中的条件确定反比例函数的关系式。
	过程与方法：通过生活中的实际问题列出一些关系式，让学生探索这些关系式的共同特征，然后再由教师给出一些提示，让学生进行总结。如果总结得不全面，还可让其他学生进行补充。
	情感态度：体会数学从实践中来又到实践中去的研究、应用过程；培养学生的观察能力，以及发现问题、解决问题的能力。

续表

<table>
<tr><td>教学重点
难点</td><td colspan="5">重点：理解反比例函数的意义，了解它的一般形式。
难点：在实际问题中体会反比例函数的意义，并会求反比例函数关系式。</td></tr>
<tr><td>课型</td><td>讲授</td><td>教法</td><td>启发式、探究式</td><td>教学
手段</td><td>多媒体、黑板</td></tr>
<tr><td colspan="5">教学过程</td><td>设计意图</td></tr>
<tr><td colspan="5">一、新课导入
问题一：学校课外生物小组的同学们准备自己动手用旧围栏建一个面积为 24m^2 的矩形饲养场，它的一边长 x m 随另一边长 y m 的变化而变化。
那么，这两个变量间的对应关系可用怎样的函数式来表示呢？
问题二：某段铁路全程为 1600km，某次列车的平均速度 v km/h 随此次列车的全程运行时间 t h 的变化而变化。
此时，又可用什么样的函数式来表示这两个变量的对应关系呢？
根据题意列出相应的函数关系式。
二、讲授新课
1．反比例函数的意义
一般地，形如 $y=\dfrac{k}{x}$（k 为常数，$k\neq0$）的函数称为反比例函数。其中，x 是自变量，y 是 x 的反比例函数，k 是比例系数。
注意：
1）把 $y=\dfrac{k}{x}$（其中 k 为常数，$k\neq0$）称为反比例的一般式；
2）反比例函数还有其他两种表达形式：$xy=k$ 和 $y=kx^{-1}$（其中 k 为常数，$k\neq0$）。</td><td>由实际问题引入，让同学们列出关系式，找出两个关系式的共同特征，并试着概括反比例函数的意义。</td></tr>
<tr><td colspan="5">2．例题讲解
例 1　下列关系式中的 y 是 x 的反比例函数吗？
① $y=\dfrac{9}{x}$；② $y=\dfrac{3x}{2}$；③ $y=\dfrac{1}{x+5}$；④ $y=\dfrac{3}{x}+1$；⑤ $y=\dfrac{-4}{x^2}$；⑥ $xy=2$；⑦ $y:x=1:3$；⑧ $y:4=3:x$。
解：①、⑥、⑧是反比例函数。这个例题做了一些变动，引导学生充分讨论，若对反比例函数的定义理解不深刻，常会认为③、④、⑤也是反比例函数。</td><td>学生充分练习、操作，进一步理解概念：通过这个例题使学生进一步认识反比例函数概念的本质，提高辨别的能力。</td></tr>
<tr><td colspan="5">例 2　某村有耕地 346.2 公顷，人口数量 n 逐年发生变化，那么该村人均占有耕地面积 m 公顷/人是全村人口数 n 的函数吗？是反比例函数吗？
解：因为耕地面积是不变的，而人均占有耕地面积=$\dfrac{\text{总耕地面积}}{\text{全村人口数}}$，所以可知 m 是随 n 的变化而变化的，故 m 是 n 的函数而且是反比例函数。

例 3　k 为何值时，$y=(k+2)x^{k^2-5}$ 是反比例函数？
解：要使其为反比例函数，必须满足两个条件：
① $k+2\neq0$，所以 $k\neq-2$。
② $k^2-5=-1$，所以 k=2 或 k=−2。
综上所述 k=−2。</td><td>这个例题也是引导学生从反比例函数概念入手，着重从形式上进行比较，辨别反比例函数。</td></tr>
<tr><td colspan="5">通过几道例题后，同学们已经对反比例函数有一定的了解了，下面让同学们判断下列说法是否正确。
1）当 x 与 y 乘积一定时，y 就是 x 的反比例函数，x 也是 y 的反比例函数；
2）$y=\dfrac{k}{x}$ 就是 y 关于自变量 x 的函数；
3）一个函数不是正比例函数，就是反比例函数。</td><td>放眼中考，这是中考很可能出现的一种题型。</td></tr>
</table>

续表

教学过程	设计意图

三、课后思考

兄弟二人分吃一碗饺子，每人吃饺子的个数如表 1 所示。

表 1

兄（y）	29	28	27	26	25	24	23	22	…	3	2	1
	…→逐渐减少											
弟（x）	1	2	3	4	5	6	7	8	…	27	28	29
	…→逐渐增多											

（设计意图：增强对反比例函数的理解。）

1）写出兄吃饺子数 y 与弟吃饺子数 x 之间的函数关系式（不要求写 x、y 的取值范围）。

2）虽然当弟吃的饺子个数增多时，兄吃的饺子数（y）在减少，但 y 与 x 是成反比例吗？

四、课后小结

本堂课学习了反比例函数的意义及它的一般形式和两种变形，这既是重点也是难点，我们一定要熟练地掌握并会灵活地运用。

五、布置作业

如果函数 $y=(m+1)x^{m^2-2}$ 是反比例函数，则 m=________。

A．−1　　B．1　　C．−1 或 1　　D．无法确定

六、板书设计

17.1　反比例函数			
反比例函数的意义 一般形式的两种变形	例题 1：	例题 2：	例题 3：

（设计意图：让学生进一步理解究竟什么样的函数才是反比例函数。）

课后记	通过本堂课的学习，让同学们了解什么是反比例函数，并深层次地理解反比例函数的意义。例题的引入是很有层次性的，让同学们逐步掌握解题思维与解题技巧。

教案 2

课题章节	第十三章第二节三角形全等的条件（人教版八年级上）				
教学目标	知识与技能： 1．掌握“边边边”条件的内容； 2．能初步应用“边边边”条件判定两个三角形全等。				
	过程与方法：使学生经历探索三角形全等的过程，体验用操作、归纳得出的数学结论的过程。				
	情感态度：通过探究三角形全等的条件的活动，培养学生合作交流的意识和大胆猜想、乐于探究的良好品质及发现问题的能力。				
教学重点难点	重点：“边边边”的条件。 难点：探究三角形全等的条件。				
课型	新课讲授	教法	启发法、讲练法	教学手段	多媒体

续表

教学过程	设计意图
一、问题导入 1）如果$\triangle ABC\cong\triangle DEF$，点$A$与点$D$、点$B$与点$E$是对应顶点，试找出其中相等的线段和角。	明确探究方向，激发探究愿望。
2）$\triangle ABC$与$\triangle DEF$满足三条边对应相等，三个角对应相等，即$\angle A=\angle D$，$\angle B=\angle E$，$\angle C=\angle F$，$AB=DE$，$AC=DF$，$BC=EF$，就能满足两个三角形全等，那么如果$\triangle ABC$与$\triangle DEF$满足六个条件中的一个有几种情形？满足上述六个条件中的两个有几种情形？如果画出了图形，你画的$\triangle ABC$与$\triangle DEF$一定全等吗？试一试。	通过学生实践，形成认知：只给出一个条件或两个条件不能保证所画的三角形一定全等，培养学生分析、探究问题的能力。
二、讲授新课 1）满足上述条件中的三个条件，能保证$\triangle ABC$与$\triangle DEF$全等吗？我们可以分情况讨论，有几种情况呢？	让学生明确满足条件中三个有哪几种情形，为以后的学习埋下伏笔。
2）我们先探究两个三角形分别对应相等的三种情况：先任意画一个$\triangle ABC$，再画一个$\triangle DEF$，使$AB=DE$，$BC=EF$，$CA=FD$，你能画出满足上述条件的$\triangle DEF$吗？应该怎样画呢？ 3）把画好的$\triangle DEF$剪下，放到$\triangle ABC$上，它们相等吗？上面的探究又反映了什么规律呢？ 4）我们曾经做过这样的实验：将三根木条钉成一个三角形木架，这个三角形形状、大小就不变了，你能解释其中的道理吗？	以学生画图为主线展开探究活动，注重“SSS”条件的发生过程和学生的亲身体验，从实践中获取“SSS”条件，培养学生探索发现、概括规律的能力。
5）例：如图1所示，$\triangle ABC$是一个钢架，$AB=AC$，AD是连接点A与BC中点D的支架，求证：$\triangle ABD\cong\triangle ACD$。 证明：因为$D$是$BC$的中点， 所以$BD=CD$， 又因为$AB=AC$，$AD=AD$， 所以$\triangle ABD\cong\triangle ACD$。 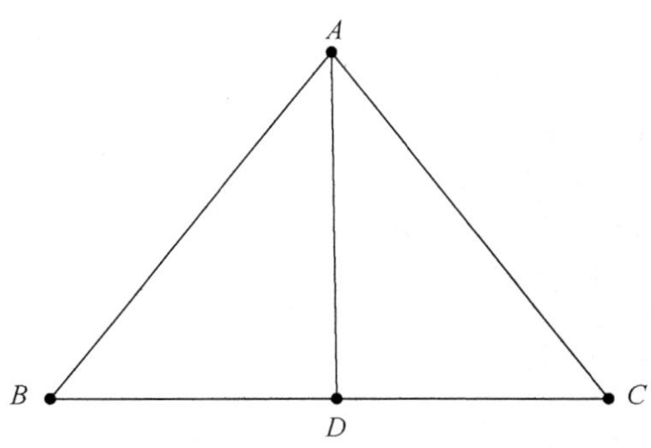 图1	培养学生逻辑推理能力，学会用“SSS”条件判断三角形全等。

续表

<table>
<tr><th>教学过程</th><th>设计意图</th></tr>
<tr><td>6）练习题：如图 2 所示，已知 $AC=FE$，$BC=DE$，点 A、D、B、F 在一条直线上。要用“边边边”证明△ABC≌△FDE，除了已知中的 $AC=FE$，$BC=DE$ 以外，还应该有什么条件？怎样才能得到这些条件？
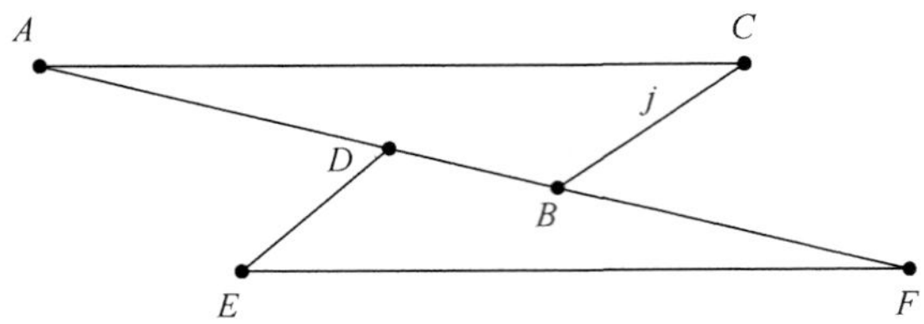
图 2
三、课后小结
在本堂课的学习中你有何收获？学生自我小结，谈感受，教师点评：主要学习了“SSS”的全等条件及寻找条件的过程。
四、布置作业
习题 13.2 第一题，第二题。
五、板书设计
<table><tr><td>△ABC≌△DEF 满足的六个条件及图形：</td><td>例 1：
证明：</td><td>练习：
解：</td></tr></table></td><td>培养学生观察图形的能力和分析问题的能力，会从问题的条件出发，获得运用“SSS”条件所需要的条件。

通过独立思考、自我评价的学习效果，学会反思，发现问题，并试着与同学交流解决问题，养成良好的学习习惯。</td></tr>
<tr><td colspan="2">课后记：内容安排合理，课堂气氛活跃，培养学生有意识地用数学思维来解决问题的能力，同时把一些有趣的语言从生活中提炼到了数学问题中，并及时鼓励学生精彩表现，及时以幽默的形式纠正了学生错误，板书工整，内容交代清晰，按要求完成任务。</td></tr>
</table>

教案 3

<table>
<tr><td>课题章节</td><td colspan="5">第二章第七节对数（人教版第一册上）</td></tr>
<tr><td rowspan="3">教学目标</td><td colspan="5">知识与技能：
1．理解对数的概念；
2．能够进行对数式与指数式的互化；
3．会根据对数的概念求一些特殊的对数式的值。</td></tr>
<tr><td colspan="5">过程与方法：通过介绍数学史，使学生认识到对数的由来及重要性，通过对数式、指数式、根式的比较，学生更清晰地掌握三者之间的关系。</td></tr>
<tr><td colspan="5">情感态度：使学生了解更多的数学史，激发学生的学习兴趣，通过类比、转化的探索方法，培养学生的观察能力、归纳概括能力、转化能力，运用联系的观点解决问题，认识事物之间的相互联系与相互转化。</td></tr>
<tr><td>教学重点难点</td><td colspan="5">重点：理解对数的概念，能够进行对数式与指数式的互化，并会求一些特殊的对数式的值。
难点：对数式与指数式的互化。</td></tr>
<tr><td>课型</td><td>新课</td><td>教法</td><td>类比，转化的探索方法</td><td>教学手段</td><td>多媒体</td></tr>
</table>

续表

<table>
<tr><th>教学过程</th><th>设计意图</th></tr>
<tr><td>一、创设情景，引入新课
16 世纪末，苏格兰的数学家皮纳尔在研究天文学的过程中发明了对数，这为数字计算提供了很好的方法，伽利略曾说过：“给我空间、时间及对数，我就能创造一个宇宙。”那么究竟什么是对数呢？它为什么会起这么大的作用？引入新课。
二、新课讲授
1．对数的定义
一般地，如果 a （$a>0$且$a\neq 1$）的 b 次幂等于 N，即 $a^b=N$，那么就称 b 是以 a 为底 N 的对数，记作 $\log_a N=b$，其中，a 叫作对数的底数，N 叫作真数。</td><td>使学生初步了解对数史，认识到对数的重要性，并激发学生的学习兴趣。</td></tr>
<tr><td>说明：
1）因为在指数式中幂 $N>0$，所以在对数式中，真数 $N>0$（负数与零没有对数）。
2）因为对任意 $a>0$ 且 $a\neq 1$，都有 $a^0=1$，所以 $\log_a 1=0$，同样有 $\log_a a=1$。
3）如果把 $a^b=N$ 中的 b 写成 $\log_a N$，则有 $a^{\log_a N}=N$。
如果把 $\log_a N=b$ 中的 N 换成 a^b，则有 $\log_a a^b=b$。</td><td>通过三点说明使学生全面理解对数的定义。</td></tr>
<tr><td>上述两式称为对数恒等式：
$$a^{\log_a N}=N$$ $$\log_a a^b=b$$ $$a^b=N \Leftrightarrow \log_a N=b$$</td><td>利于化简对数式。</td></tr>
<tr><td><table>
<tr><th rowspan="2">表达形式</th><th colspan="3">名称</th><th rowspan="2">对应的运算</th></tr>
<tr><th>a</th><th>N</th><th>b</th></tr>
<tr><td>指数式 $a^b=N$</td><td>底数</td><td>幂</td><td>指数</td><td>由 a、b 求 N——乘方</td></tr>
<tr><td>对数式 $\log_a N=b$</td><td>对数的底数</td><td>真数</td><td>对数</td><td>由 a、N 求 b——求对数</td></tr>
<tr><td>根式 $a=\sqrt[b]{N}$</td><td>方根</td><td>被开方数</td><td>根指数</td><td>由 b、N 求 a——开方</td></tr>
</table></td><td>通过表格清晰比较对数式、指数式、根式三者之间的关系，并更好地将三者进行互换。</td></tr>
<tr><td>2．对数的性质
① $\log_a 1=0$；② $\log_a a=1$；③ 对数恒等式。</td><td></td></tr>
<tr><td>3．介绍两种特殊的对数
1）常用对数：以 10 为底，$\log_{10} N$ 简记为 $\lg N$。
2）自然对数：以 e 为底（为无理数），e= 2.718 28⋯，$\log_e N$ 简记为 $\ln N$。
三、例题讲解
例 1　将下列指数式写成对数式：
① $2^4=16$；② $3^{-3}=\frac{1}{27}$；③ $5^a=20$；④ $\left(\frac{1}{2}\right)^b=0.45$。
例 2　将下列对数式写成指数式：
① $\log_5 125=3$；② $\log_{\frac{1}{\sqrt{3}}} 3=-2$；③ $\lg 0.01=-2$；④ $\ln 10=2.303$。
例 3　求下列各式的值：
① $\log_2 64$；② $3^{\log_3 \frac{1}{27}}$；③ $\log_{(2+\sqrt{3})}(2-\sqrt{3})$。
例 4　1）计算：① $\log_9 27$；② $\log_{\sqrt[3]{5^4}} 625$。
解：①设 $x=\log_9 27$，则 $9^x=27$，$3^{2x}=3^3$，所以 $x=\frac{3}{2}$；②略。
2）求 x 的值：$\log_{(2x^2-1)}\left(3x^2+2x-1\right)=1$。
解：$3x^2+2x-1=2x^2-1 \Rightarrow x^2+2x=0 \Rightarrow x=0,\ x=-2$。</td><td>了解特殊的对数。</td></tr>
</table>

续表

<table>
<tr><th>教学过程</th><th>设计意图</th></tr>
<tr><td>但必须 $\begin{cases}2x^2-1>0\\2x^2-1\neq 1\\3x^2+2x-1>0\end{cases}$ ，所以 $x=0$ 舍去，从而 $x=-2$ 。
3）求底数：① $\log_x 3=-\frac{3}{5}$ ；② $\log_x 2=\frac{7}{8}$ ；③ $\log_x 81=4$ 。
解：① $x^{-\frac{3}{5}}=3=(3^{-\frac{5}{3}})^{-\frac{3}{5}}$ ，所以 $x=3^{-\frac{5}{3}}$ ；②、③略。
四、课堂练习
P58 练习第 1、2、3、4 题。
五、课堂小结
1）理解对数的概念。
2）能够进行对数式与指数式的互化。
3）会根据对数的概念求一些特殊的对数式的值。</td><td>通过四组例题的设计，使学生理解对数的概念，熟练对数式与指数式的互化，并能求特殊的对数式的值。</td></tr>
<tr><td>六、课外作业
1）计算：① $\log_{\sqrt[4]{3}} 81$ ；② $\log_{27}\frac{1}{9}$ 。
2）求 x 的值： $\log_2 x=-\frac{5}{3}$ 。
3）求底数： $\log_x 4=-\frac{2}{3}$ ； $\log_x 3=\frac{1}{4}$ 。
4）已知 $\log_a 2=m,\log_a 3=n$ ，求 a^{2m+n} 的值。
5）计算 $3^{1+\log_3 2}+100^{\frac{1}{2}\lg 9}$ 。
七、板书设计

2.7 对数
1．对数定义　　2．对数的性质　　例 2　　课外作业
对数式、指数式、根式　　3．介绍两种特殊的对数　　例 3
的互换示意图　　例 1　　例 4</td><td>进一步熟悉对数的定义与性质，进而化简求值。</td></tr>
<tr><td>课后记</td><td>通过本堂课的学习，使学生了解更多的数学史，激发学生的学习兴趣，培养学生的观察能力、归纳概括能力、转化能力，运用联系的观点解决问题，认识事物之间的相互联系与相互转化。</td></tr>
</table>

思　考　题

1．近年来在国内各师范院校兴起的什么课程，实践证明是训练教学艺术技巧的有效方法？

2．20 世纪六七十年代，美国掀起的改善教师教育的 CBTE（Competency Based Teacher Education）运动的出发点是什么？

3．为什么说师资培训的科学化、现代化是师范教育改革的主要任务之一？

4．在微格教学的开发中明确提出了哪三项任务？

5．微格教学在开发过程中，课程内容有哪些新的丰富和发展？

6．微格教学的基本概念是什么？

7．微格教学是建立在什么理论基础之上的？
8．微格教学有哪些优点？
9．微格教学课程主要包括哪些内容？
10．简述微格教学的程序模式。
11．在课堂教学中运用变化技能有什么意义？
12．强化技能的类型有哪几种？
13．演示技能的类型有哪几种？
14．结束技能有哪几种类型？运用结束技能有何意义？
15．联系教学实际分析课堂教学的组织步骤。
16．合作型学习的目的和手段是什么？分析其教学策略。
17．角色扮演型学习的目的和手段是什么？举例说明其教学策略。
18．基本的归纳模式的目的和手段是什么？简述其教学策略。
19．概念获得模式的目的和手段是什么？简述其教学策略。
20．记忆模式的目的和手段是什么？分析其教学策略。
21．个人型教学模式的目的和手段是什么？简述其教学策略。
22．行为系统型模式有哪几种方式？简述每一种方式的教学策略。

第七章　教学模式的变革

第一节　微　　课

微课（Micro Learning Resource）是指运用信息技术按照认知规律，呈现碎片化学习内容、过程及扩展素材的结构化数字资源。

一、微课的组成

微课的核心组成内容是课堂教学视频（课例片段），同时还包含与该教学主题相关的教学设计、素材课件、教学反思、练习测试及学生反馈、教师点评等辅助性教学资源，它们以一定的组织关系和呈现方式共同“营造”了一个半结构化、主题式的资源单元应用“小环境”。因此，微课既有别于传统单一资源类型的教学课例、教学课件、教学设计、教学反思等教学资源，又是在其基础上继承和发展起来的一种新型教学资源。

微课作为一种数字化教育资源，从其“教育资源”属性出发，一个典型的微课需要包含以下构成要素：目标、内容、教的活动、交互与多媒体，以及其相互关系。

1. 目标

目标是指教师预期微课的适用教学阶段和期望教学应用中所要达成的结果。它包含两方面的含义：应用目的，即为什么要设计开发微课，这与微课应用的教学阶段（课前、课中、课后）有关，如为学生的课后练习提供个别化的指导而设计制作某练习详解的微课；应用效果，即教师期望学生在使用微课后所要达到的效果，如引发学生的思考、掌握某道题目的解题方法等。微课的目标一般具有单一、具体、明确的特征，对微课的内容选择和应用形式起到导向作用。

2. 内容

内容是指服务于微课预期目标达成的、与特定学科相关的有意传递的素材及信息。它是教师实现微课预期目标的信息载体。微课内容是教师依据微课目标，根据学生学习情况、准备应用的教学阶段等教学实际，有针对性地对特定学科教学内容进行综合加工而成的。微课内容的不同会直接影响教师对“教的活动”的设计。由于微课的时间很短，在内容上具有短小、主题明确、相对独立的特征，需要教师对内容进行精心选取、删减、改编、设计。

3. 教的活动

“活动”是主体与环境的相互作用过程，其中环境包括客体、其他主体及主体本身。这里说的“教的活动”就是指教师作为活动的主体与特定微课内容的客体之间的相互作用过程，通过这种相互作用向学习微课的学生有效传递教学信息，以帮助学生对内容进行思考、理解与意义建构。教的活动是实现微课目标的方法。从教的方法来看，教的活动可以分为教师讲授、教师演示、教师操作、教师与其他活动主体的言语对话等活动类型。

4. 交互与多媒体

教师需要借助特定的工具来完成微课中相应的“教的活动”，以促进学生与微课之间形成有助于学生对内容产生正确意义建构的相互交流与相互作用。在微课中，这种工具主要包括两类：一是交互工具，当学生在学习微课时，能促进学生与微课之间更有效地进行信息交互和操作交互；二是信息呈现工具——多媒体，能更好地帮助教师表达、解释教学内容，提高学生在学习微课时与学习资源间信息交互的有效性，如微课中呈现的课件、图形图像、动画、视频等多媒体资源。

微课的五大构成要素是相互联系、相互影响的，教师通过对这五大要素的精心设计，组织构成一个具有一定结构化程度的数字化课程资源[9]。

二、微课的主要特点

1. 时间较短

教学视频是微课的核心组成内容。根据中小学生的认知特点和学习规律，微课的时长一般为 5～8 分钟，最长不宜超过 10 分钟。因此，相对于传统的 40 或 45 分钟一堂课的教学课例来说，微课可以称之为“课例片段”或“微课例”。

2. 内容较少

相对于较宽泛的传统课堂，微课的问题聚集，主题突出，更符合教师的需要：微课主要是为了突出课堂教学中某个学科知识点（如教学中重点、难点、疑点内容）的教学，或是反映课堂中某个教学环节、教学主题的教与学活动，相对于传统一堂课要完成的复杂众多的教学内容，微课的内容更加精简，因此又可以称为“微课堂”。

3. 容量较小

从大小上来说，微课视频及配套辅助资源的总容量一般在几十兆左右，视频格式须是支持网络在线播放的流媒体格式（如.rm、.wmv、.flv 等），师生可流畅地在线观摩课例，查看教案、课件等辅助资源；也可灵活方便地将其下载保存到终端设备（如便携式计算机、手机、iPad 等）上实现“移动学习”“泛在学习”，非常适合教师的观摩、评课、反思和研究。

4. 组成/结构/构成“情景化”

微课选取的教学内容一般要求主题突出、指向明确、相对完整。它以教学视频片段为主线“统整”教学设计（包括教案或学案）、课堂教学时使用的多媒体素材和课件、教师课后的教学反思、学生的反馈意见及学科专家的文字点评等相关教学资源，构成了一个主题鲜明、类型多样、结构紧凑的“主题单元资源包”，营造了一个真实的“微教学资源环境”。这使得微课资源具有视频教学案例的特征。广大教师和学生在这种真实的、具体的、典型案例化的教与学情景中可易于实现“隐性知识”“默会知识”等高阶思维能力的学习，并实现教学观念、技能、风格的模仿、迁移和提升，从而迅速提升教师的课堂教学水平、促进教师的专业成长，提高学生学业水平。就学校教育而言，微课不仅成为教师和学生的重要教育资源，而且也构成了学校教育教学模式改革的基础。

5. 内容突出、具体

一个课程就一个主题，或者说一个课程一个事；研究的问题来源于教育教学具体实践中的具体问题：或是生活思考，或是教学反思，或是难点突破，或是重点强调，或是学习策略、教学方法、教育教学观点等具体的、真实的、自己或与同伴可以解决的问题。

6. 研究、趣味创作

正因为课程内容的微小，所以，人人都可以成为课程的研发者；正因为课程的使用对象是教师和学生，课程研发的目的是将教学内容、教学目标、教学手段紧密地联系起来，是“为了教学、在教学中、通过教学”，而不是去验证理论、推演理论，所以，决定了研发内容一定是教师自己熟悉的、感兴趣的、有能力解决的问题。

7. 简化、多样传播

因为内容具体、主题突出，所以研究内容容易表达，研究成果容易转化；因为课程容量微小、用时短，所以传播形式多样（网上视频、手机传播、微博讨论）。

8. 及时、针对性强

由于在较短的时间内集中开展“无生上课”活动，参加者能及时听到他人对自己教学行为的评价，获得反馈信息。较之常态的听课、评课活动，“现炒现卖”，具有即时性。由于是课前的组内“预演”，人人参与，互相学习，互相帮助，共同提高，在一定程度上减轻了教师的心理压力，不会担心教学的“失败”，不会顾虑评价会“得罪人”，较之常态的评课就会更加客观。

三、微课的分类

1. 按照课堂教学方法来分类

根据李秉德教授对我国中小学教学活动中常用的教学方法的分类总结，同时也为便于一线教师对微课分类的理解和实践开发的可操作性，编者初步将微课划分为 11 类，即讲授类、问答类、启发类、讨论类、演示类、练习类、实验类、表演类、自主学习类、合作学习类、探究学习类（表 7-1）。

表 7-1　微课的分类及适用范围

分类依据	常用教学方法	微课类型	适用范围
以语言传递信息为主的方法	讲授法	讲授类	适用于教师运用口头语言向学生传授知识（如描绘情境、叙述事实、解释概念、论证原理和阐明规律），是中小学最常见、最主要的一种微课类型
	谈话法（问答法）	问答类	适用于教师按一定的教学要求向学生提出问题，要求学生回答，并通过问答的形式来引导学生获取或巩固检查知识
	启发法	启发类	适用于教师在教学过程中根据教学任务和学习的客观规律，从学生的实际出发，采用多种方式，以启发学生的思维为核心，调动学生的学习主动性和积极性，促使他们生动活泼地学习
	讨论法	讨论类	适用于在教师指导下，由全班或小组围绕某一种中心问题通过发表各自意见和看法，共同研讨，相互启发，集思广益地进行学习
以直接感知为主的方法	演示法	演示类	适用于教师在课堂教学时，把实物或直观教具展示给学生看，或者做示范性的实验，或通过现代教学手段，通过实际观察获得感性知识，以说明和印证所传授的知识
以实际训练为主的方法	练习法	练习类	适用于学生在教师的指导下，依靠自觉的控制和校正，反复地完成一定动作或活动方式，借以形成技能、技巧或行为习惯，尤其适合工具性学科（如语文、外语、数学等）和技能性学科（如体育、音乐、美术等）
	实验法	实验类	适用于学生在教师的指导下，使用一定的设备和材料，通过控制条件的操作过程，引起实验对象的某些变化，从观察这些现象的变化中获取新知识或验证知识。在物理、化学、生物、地理和自然常识等学科的教学中，实验类微课较为常见
以欣赏活动为主的方法	表演法	表演类	适用于在教师的引导下，组织学生对教学内容进行戏剧化的模仿表演和再现，以达到学习交流和娱乐的目的，促进审美感受和提高学习兴趣，一般分为教师的示范表演和学生的自我表演两种
以引导探究为主的方法	自主学习法	自主学习类	适用于以学生作为学习的主体，通过学生独立的分析、探索、实践、质疑、创造等方法来实现学习目标
	合作学习法	合作学习类	合作学习（Collaborative Learning）是一种通过小组或团队的形式组织学生进行学习的一种策略
	探究学习法	探究学习类	适用于在学生主动参与的前提下，根据自己的猜想或假设，运用科学的方法对问题进行研究，在研究过程中获得创新实践能力，获得思维发展，是自主构建知识体系的一种学习方式

值得注意的是，一堂微课作品一般只对应于某一种微课类型，但也可以同时属于两种或两种以上的微课类型的组合（如提问讲授类、合作探究类等），其分类不是唯一的，应该保留一定的开放性。同时，由于现代教育教学理论的不断发展，教学方法和手段的不断创新，微课类型也不是一成不变的，需要教师在教学实践中不断发展和完善。

2. 按课堂教学主要环节（进程）来分类

微课类型可分为课前复习类、新课导入类、知识理解类、练习巩固类、小结拓展类。其他与教育教学相关的微课类型有说课类、班会课类、实践课类、活动类等[10]。

四、区域微课资源的开发

1. 内容规划

区域教育行政部门必须首先做好微课建设内容的整体规划，确定建设方案和进程，形成建设规范和体系，避免重复和无序开发。内容规划的一项重要工作是要按照新课程标准并结合本地区使用的教材，组织教研员和一线学科专家共同确定各学科各年级的知识点谱系，在征求意见后统一发布，供学校和教师有针对性地选择开发。

2. 平台建设

微课平台是区域性微课资源建设、共享和应用的基础，须由区域教育行政部门统一开发。平台功能要在满足微课资源日常“建设、管理”的基础上增加便于用户“应用、研究”的功能模块，形成微课建设、管理、应用和研究的“一站式”服务环境。

3. 微课开发

微课内容开发是一个较为复杂的系统工程。其建设模式一般有“征集评审式”（面向教师个人）和“项目开发式”（面向学校和机构）。区域性微课资源建设一般要经过宣传发动、技术培训、选题设计、课例拍摄、后期加工、在线报送、审核发布、评价反馈等环节，才能确保其质量。

4. 交流应用

交流与应用是微课建设的最终目的。通过集中展播、专家点评和共享交流等方式，向广大师生推荐、展示优秀获奖微课作品；定期组织教师开展基于区域“微课库”的观摩、学习、评课、反思、研讨等活动，推进基于微课的校本研修和区域网上教研新模式形成[11]。

第二节　翻 转 课 堂

一、翻转课堂的起源和含义

翻转课堂（Flipped Classroom 或 Inverted Classroom）又称颠倒课堂，也有人将其表述为反转课堂。翻转课堂的理念最早出现在 19 世纪早期，西点军校的 General Sylvanus Thayer 有一套他自己的教学方法，即在课前学生通过教师发放的资料对教学内容进行提前学习，课上时间则用来进行批判性思考和开展小组间协作解决问题。这种教学形式已经具备翻转课堂的基本理念，也是翻转课堂思想的起源。

翻转课堂的核心理念就是翻转了传统的教学模式，课前，学生在家利用教师提供的视频和相关材料进行学习；课堂时间则用来解决问题，概念深化，参与合作性学习。此模式将最宝贵的学习资源——时间最大化。许多人将翻转课堂与网络课程等同，实际上弱化了翻转课堂的作用。网络视频课程确实是翻转课堂实施过程中的一个重要部分，视频可以替代教师的部分工作，但是并不能完全替代教师，翻转课堂中有教师和学生真实互动的环节。换句话说，是翻转课堂的综合教学方法而非单独的视频在起作用。表 7-2 为传统课堂、翻转课堂和网络课程的比较分析。

表 7-2　传统课堂、翻转课堂和网络课程的比较分析

要素	传统课堂	翻转课堂	网络课程
教师	知识传授者、课堂管理者	学习引导者、陪伴者	知识呈现者、传授者
学生	被动接受者	主动探究者	被动接受者
教学媒体	黑板、教材	多媒体资料、网络、教材、黑板	网络、教材
教学方法	讲授法	多方法结合	讲授法
教学形式	（预习）课堂讲解、课后作业	课前学习基本内容、课堂解决问题	在线视频、在线交流
课堂内容	知识讲解传授	解决问题、概念延伸、应用	知识讲解传授
评价方式	纸质测试	多环节、多方式	在线测试

翻转课堂重新调整课堂内外的时间，将学习的决定权从教师转移给学生。在这种教学模式下，学生能够在课堂上更专注于主动的基于项目的学习，共同研究解决本地化或全球化的挑战及其他现实世界面临的问题，从而获得更深层次的理解。教师不再占用课堂的时间来讲授信息，这些信息需要学生在课后完成自主学习，他们可以看视频讲座、听播客、阅读功能增强的电子书，还能在网络上与别的同学讨论，能在任何时候去查阅需要的材料。教师也能有更多的时间与每个人交流。在课后，学生自主规划学习内容、学习节奏、风格和呈现知识的方式，教师则采用讲授法和协作法来满足学生的需要和促成他们的个性化学习，其目标是让学生通过实践获得更真实的学习。翻转课堂模式是大教育运动的一部分，它与混合式学习、探究性学习、其他教学方法和工具在含义上有所重叠，都是为了让学习更加灵活、主动，让学生的参与度更强。互联网时代，学生通过互联网学习丰富的在线课程，不必一定要到学校接受教师讲授。互联网尤其是移动互联网催生“翻转课堂式”教学模式。“翻转课堂式”是对基于印刷术的传统课堂教学结构与教学流程的彻底颠覆，由此将引发教师角色、课程模式、管理模式等一系列变革。

二、翻转课堂的特点

利用视频来实施教学，在多年以前人们就进行过探索，如在 20 世纪 50 年代，世界上很多国家所进行的广播电视教育。为什么当年所做的探索没有对传统的教学模式带来多大的影响，而翻转课堂却备受关注呢？这是因为翻转课堂有如下几个鲜明的特点。

1．教学视频短小精悍

不论是萨尔曼·汗的数学辅导视频，还是乔纳森·伯尔曼和亚伦·萨姆斯所做的化学学科教学视频，一个共同的特点就是短小精悍。大多数的视频只有几分钟的时间，比较长的视频也只有十几分钟。每一个视频都针对一个特定的问题，有较强的针对性，查找起来也比较方便；视频的长度控制在学生注意力能比较集中的时间范围内，符合学生身心发展特征；通过网络发布的视频，具有暂停、回放等多种功能，可以自我控制，有利于学生的自主学习。

2. 教学信息清晰明确

萨尔曼·汗的教学视频有一个显著的特点，就是在视频中唯一能够看到的就是他的手不断地书写一些数学符号，并缓慢地填满整个屏幕。除此之外，就是配合书写进行讲解的画外音。用萨尔曼·汗自己的话语来说："这种方式它似乎并不像我站在讲台上为你讲课，它让人感到贴心，就像我们同坐在一张桌子面前，一起学习，并把内容写在一张纸上。"这是翻转课堂的教学视频与传统的教学录像的不同之处。视频中出现的教师的头像及教室里的各种物品摆设，都会分散学生的注意力，特别是在学生自主学习的情况下。

3. 重新建构学习流程

通常情况下，学生的学习过程由两个阶段组成：第一阶段是"信息传递"，是通过教师和学生、学生和学生之间的互动来实现的；第二阶段是"吸收内化"，是在课后由学生自己来完成的。由于缺少教师的支持和同伴的帮助，"吸收内化"阶段常常会让学生感到挫败，丧失学习的动机和成就感。翻转课堂对学生的学习过程进行了重构。"信息传递"是学生在课前进行的，教师不仅提供了视频，还可以提供在线的辅导；"吸收内化"是在课堂上通过互动来完成的，教师能够提前了解学生的学习困难，在课堂上给予有效的辅导，同学之间的相互交流更有助于促进学生知识的吸收内化过程。

4. 复习检测方便快捷

学生观看了教学视频之后，是否理解了学习的内容，视频后面紧跟着的四到五个小问题，可以帮助学生及时进行检测，并对自己的学习情况做出判断。如果发现几个问题回答得不好，学生可以回过头来再看一遍，仔细思考哪些方面出了问题。学生对问题的回答情况，能够及时地通过云平台进行汇总处理，帮助教师了解学生的学习状况。教学视频的另外一个优点，就是便于学生一段时间学习之后的复习和巩固。评价技术的跟进，使学生学习的相关环节能够得到实证性的资料，有利于教师真正了解学生[12]。

三、翻转课堂实践的准备

翻转课堂要在中国的教育热土上开花结果，要促进我国的课程教学改革向纵深的方向发展，需要做好以下几方面的准备。

第一，要树立教育变革的坚定信念。

观念决定行为。有什么样的教育观念，就会有什么样的教育行为。很多教师在"分数至上"的教育环境中，已经锤炼出了一整套的看家本领，形成了一种固定的教学范式和习惯。实施翻转课堂，必然要打破自己和教育环境之间原有的平衡态，让自己处于一个新的、自己内心没有确切把握的动荡状态之中。如果没有坚定的改革信念作为支撑，教师通常是不愿意“革”自己的命的。

第二，要有较高的教育信息化素养。

当今的学生，本身就生活在信息时代，对信息时代的电子产品和各类软件有着天生的亲近感。但今天的教师不同，他们的青少年时代基本上都没接触过计算机，缺少了与信息技术的一份亲近感。大多数的教师平时使用计算机就是上上网、编写一些文本和数据表格、制作 PPT 等，其他的软件和技术很少涉猎。虽然视频平台可以聘请人制作，但如果教师不具备与教学视频编制相关的系列技能，要推动翻转课堂改革是很困难的。

第三，要抓住翻转课堂的关键点。

为了实施翻转课堂，很多人将主要的精力都放在了视频的制作上，这其实也是一个误区。视频固然重要，但比视频更加重要的是如何支配课堂上多出来的这些时间。课堂的对话和讨论，需要教师做出精心的准备和细致的观察，真正做到因材施教。翻转课堂之所以成功，是因为课堂讨论所带来的学生“吸收内化”学习过程效益的提升。

第四，做好角色转换。

首先，教师的角色从传统的圣人角色转变成导师；其次，学生的角色更加突出学习的主体性和必要的主动性，因为如果没有一定的主动性，翻转课堂中的学习就无法进行，必须需要学生的主动操作和主动思考；第三，家长的角色转变，家长在传统的教育思想体系下很难接受新型学习模式，在此过程中，要加强翻转课堂学习的宣传工作，让家长也能够理解新型教育方式，从而能够为学生营造良好的学习环境和氛围[13]。

四、翻转课堂存在的问题及相应策略

从学生角度说，翻转课堂的模式是否真正解决了因材施教的问题。传统教育的诟病在于对待不同的孩子搞“一刀切”，不仅在教学上如此，考试时更是如此，这也就使得很多成绩一般的孩子只能在班级中“跟着跑”，而不能按照自己的学习能力和消化水平制订出符合自己的学习计划。

翻转课堂虽然将学习的掌控权给了学生，但是我们应该看清目前国内学生的情况：不擅于提问和主动性不强，这两点直接影响了翻转课堂的效果。

从教师的角度看，国内的教师是否具备引导学习的职业素质。翻转课堂很重要的一点是，通过教师的引导和答疑来检查学生学习的效果。在翻转课堂中，教师的角色其实不是被淡化了，而是从另一个侧面有所加强，它要求教师能够通过设问、学生之间的讨论和完成作业情况、项目的情况等来分析和把握学生的学习效果，相较于传统的教学模式，教师从主动变为被动，从主导变为引导，这对其职业素质有着更高的要求，而与学生一样习惯了传统教育模式的教师群体，也很难在短时间内完成自身的转变。

从家长的角度看，翻转课堂的教学效果如何去量化？中国的家长对于教育非常关注，“望子成龙，望女成凤”是家长们的心愿，虽然年轻的家长对于孩子的教育有了更加新潮的观念和更为开放的思想，但是有一点始终不变，就是如何量化教师的教学效果和学生的学习情况。过去通过考试来为学生排名次，为教师测评，但在素质教育观念影响下，家长更看重孩子的全面发展。对于翻转课堂来说，要翻转的不仅仅是教与学过程中的顺序，相对应的还要有最终的效果评估机制。

1. 学生在家看视频效果如何把握

回家看视频学新知识点，上课则不讲新课直接讨论，翻转课堂将教学由“教-学”模式变成了“学-教”模式，这对中国式课堂来说，可谓是“本末倒置”，因此也有一些一线教师提出质疑。例如，学生的自觉性和自主能力有差别，学生做作业可以有书面显示，教师比较能把握学情，而看视频学习的效果究竟如何呢？实际上，翻转课堂不仅提高了课堂效率，更加减轻了学生的负担，很多学生在课堂上就可以把作业完成，回家后就可以做自己喜欢的事。学校有个平台可以让教师知道学生看视频的情况，教师会及时地与学生进行沟通。

2. 大量视频制作考验教师能力

翻转课堂的第一步就是要求教师创建教学视频，这对教师借用科技手段进行教学的能力是一大考验。有的教师做一个视频至少要花 2 小时。做视频对很多教师来说是十分耗费精力的一件事。

3. 翻转课堂是不是降低教师的上课作用

新课教师不讲，课上主要讨论，这种课堂是不是降低了教师的作用？对于这个疑问，华东师范大学教授、中国慕课专家吴志宏教授说，慕课强调的是课前的学习和课堂教学的结合，它能够充分发挥现代信息技术的优势，并不是降低教师的作用，而是对教师提出更高的要求。

在线学习主要体现的是一种微视频，教师把讲的内容、知识点编制成微视频让学生在家里自己看，这种自行观看微视频的最大好处就是形象生动、方便记忆。并且，学生在家里看的时候可以自己掌控节奏，不断看、反复看。每个学生的学习能力和接受能力是不一样的，有的学生知识接受得快，有的学生则相对来说慢一些，在课堂上直接教学，教师需统一教学进度与要求，所以不能兼顾到每一个学生。用视频的形式在课前让学生先去看能很好地弥补这一缺陷，充分起到了预习的效果，是个性化教学的体现。让学生带着问题进课堂，可以使教师有针对性地对学生进行讲解，让学生展开充分的互动交流，进行自主思考。教师在其中起到的是一种助教、助导的作用，而不是像一般的课堂上那样处于一个以自己为中心的地位。课堂上会将更多的时间和精力留给学生，体现学生课堂上的主体地位。翻转课堂的形式最成功的是在理科方面，如数学、物理、化学等，因为理科相对来说知识点比较集中，教师在编制微视频的时候可以将问题带入，但是通过半年对翻转课堂的探讨发现，其实每一门学科都可以用翻转课堂的形式教学，只是各个学科有自己的教学特点和方式方法。

第三节　慕　　课

慕课（Massive Open Online Course，MOOC）的起源，得益于美国科罗拉州林地公园高中的两位化学教师乔纳森·伯格曼和亚伦·萨姆斯。2007 年，他们在自己的化学课上大胆地实践了慕课，并取得了成功。他们不仅受到学生的喜爱，也得到了众多同行的认同，慕课也在两位教师的推动下在全美推广开来。2011 年，萨尔曼·罕和他的可罕学院突然红遍全球。而可罕学院的免费在线教学视频正好降低了学校和教师实施慕课的门槛，推动了慕课的进一步普及。可以这样说，慕课是跟随着可罕学院蹿红全世界，被更多教育工作者了解的。现在已经有包括中国在内的越来越多的国家和地区的教师开始了自己的实践，推动慕课在全球的进一步普及[14]。

一、慕课的含义

所谓慕课，是新近涌现出来的一种在线课程开发模式。顾名思义，“M”代表 Massive（大规模），与传统课程只有几十个或几百个学生不同，一门慕课课程动辄上万人，最多达 16 万人；第二个字母“O”代表 Open（开放），以兴趣导向，凡是想学习的，都可以进来学，不分国籍，只需一个邮箱，就可注册参与；第三个字母“O”代表 Online（在线），学习在网上完成，无须旅行，不受时空限制；第四个字母“C”代表 Course，就是课程的意思。

慕课是以连通主义理论和网络化学习的开放教育学为基础的。这些课程跟传统的大学课程一样循序渐进地让学生从初学者成长为高级人才。课程的范围不仅覆盖了广泛的科技学科，如数学、统计、计算机科学、自然科学和工程学，也包括了社会科学和人文学科。慕课课程并不提供学分，也不算在本科或研究生学位里。绝大多数课程是免费的。Coursera 的部分课程提供收费服务“Signature Track”，可以自由选择是否购买。学生也可以免费学习有这个服务的课程，并得到证书。

这些课程不是搜集，而是一种将分布于世界各地的授课者和学习者通过某一个共同的话题或主题联系起来的方式方法。

尽管这些课程通常对学习者并没有特别的要求，但是所有的慕课会以每周研讨话题的形式，提供一种大概的时间表，其余的课程结构也是较小的，通常会包括每周一次的讲授、研讨问题及阅读建议等。

每门课都有频繁的小测验，有时还有期中和期末考试。考试通常由同学评分（例如，一门课的每份试卷由同班的五位同学评分，最后分数为平均数）。一些学生成立了网上学习小组，或跟附近的同学组成面对面的学习小组。

二、慕课的特征

1．课程规模

慕课（MOOC）的第一个字母“M”（Massive），有两层含义。一是指可以提供给学习者的课程数量不是三门五门，而是大规模的；二是指可以同时学习同一门课程的学习者的人数是大规模的，不是传统课堂的 30 人左右。以可汗学院为例，目前美国每天晚上在家同时观看可汗学院的数学教学视频的学生有数十万人。

2. 教学方式

一是实现了真正意义上的“分层教学”。每位学生的学习能力和兴趣都不同。虽然教师早已认识到这一点，但传统教学统一的课堂却无法真正分层教学。慕课承认了学生的不同，并能真正实现分层教学。每位学生可以按自己的速度来学习，学习速度快的学生可以掌握更难的课程内容，学习速度慢的学生则可以反复学习，并寻求教师的帮助。

二是实现了传授知识的“翻转”。慕课把知识传授的过程放在教室外，让大家选择最适合自己的方式接受新知识；把知识内化的过程放在教室内，以便同学之间、同学和教师之间有更多的沟通和交流。例如，可罕学院的数十万学生每天晚上在家观看网上教学视频，第二天则跟同学一起在教室做作业，遇到问题有教师和同学可以请教。这跟传统的“教师白天在教室上课，学生晚上回家做作业”的方式正好相反。

3. 学习方式

一般情况下，慕课的视频课程被切割成 10 分钟甚至更小的“微课程”。一个核心特点是在课堂中减少教师的讲授时间，留给学生更多的学习活动时间。将原先课堂讲授的内容转移到课下，在不减少基本知识展示量的基础上，增强课堂中学生的交互性。最终，该转变将提高学生对于知识的理解程度。此外，当教师进行基于绩效的评价时，课堂中的交互性就会变得更加有效。根据教师的评价反馈，学生将更加客观地了解自己的学习情况，更好地控制自己的学习。

另外，由于慕课视频课程被切割成 10 分钟甚至更小的“微课程”，并且由许多个小问题穿插其中连贯而成，就像游戏里的通关设置，只有答对才能继续听课，因此不少“上瘾”的学生因此津津乐道，“你被课程内容吸引住，根本不可能开小差，一秒钟都不能”。而学生如果有疑问，可以在平台上直接提出，5 分钟左右就会有师生提供解答。这无疑会极大提升学生学习的兴趣和主动性。

4. 教师角色

慕课使得教师从传统课堂中的知识传授者变成了学习的促进者和指导者。这意味着教师不再是知识交互和应用的中心，但他们仍然是学生进行学习的主要推动者。当学生需要指导的时候，教师便会向他们提供必要的支持。自此，教师成了学生便捷地获取资源、利用资源、处理信息、应用知识到真实情境中的脚手架，如表 7-3 所示。

表 7-3　慕课与传统教学的比较

要素	慕课	传统教学
教师	疑难的解答者和学习的促进者	知识的传授者和学习的管理者
学生	主动学习，学习的管理者	被动灌输，学习的被管理者

续表

要素	慕课	传统教学
授课地点	有网络的任何地点	教室
学习过程	课外学习知识，课堂内化知识	课堂学习知识，课外内化知识
时间分配	根据个人情况自主分配学习时间	被动按照教学安排进行学习
学习管理	自主管理	教育机构进行管理
课程评价	多方评价	教师评价

5. 学生角色

慕课是有活力并且是需要学生高度参与的课堂。随着技术的发展，教育进入一个新的时代，一个学生可以进行自我知识延伸的时代。在技术支持下的个性化学习中，学生成为自定步调的学习者，他们可以控制对学习时间、学习地点的选择，可以控制学习内容、学习量。然而，在慕课中，学生并非完全独立地进行学习。在技术支持下的协作学习环境中，学生需要根据学习内容反复地与同学、教师进行交互，以扩展和创造深度的知识。因此，慕课是一个构建深度知识的课堂，这个课堂的主角是学生而不是教师[15]。

三、优秀慕课的特性

无论是世界最大的慕课组织 Coursera、Udacity、edX，还是国内的果壳网、学堂在线、超星慕课等，编者在研究的过程中发现，用户相对较多的，能使学生坚持学下来的，反映比较好的慕课及慕课平台，都具有以下一些特性：

一是可看性。课程多采用多媒体视频，含有丰富的动画图片等素材，教师灵活多样的教学手段也使学生喜爱观看，生动有趣的课件是保证学生旺盛的学习兴趣的关键。

二是互动性。不光是平台的互动，课程内也要设计互动，教师在讲课中，应考虑到学生的反应，提出问题或者设计情境，给学生留有充分思考的余地，以便更好地掌握知识点。另外，互动性还表现在师生、生生，甚至是师师之间的互动等多种形式。

三是便捷性。每堂课的时间设计得非常短小，多在 15 分钟之内，表达一个或几个完整的知识点，便于学生充分利用小块时间随时学习。

四是记忆性。好的慕课平台还具有记忆性，充分记录学生的学习过程，记录学生的学习状态，并在学生下一次学习的时候给出提示与建议，以便更好地完成课程的学习。

五是学习评价性。好的慕课应该具有学习效果的检测与可评价性，阶段性测验，其中、期末考试，协作学习，多人组成小组做项目等，多种模式检测学习效果。测试由教师评卷改为学生互评给分，各大平台目前均是此模式（学生互评，每人批改五份他人试卷，学生的最终成绩由学生评分平均所得）。

总之，好的慕课是对传统教育的一次强烈冲击，或许慕课还存着各种各样的问题需要深入探讨，如学分认证、学费计算及运行模式，是义务还是商业模式等。但是慕课时代已经来临，且声势浩大，所以必须积极应对，做好制作一门优秀慕课的准备。

四、慕课制作的经验体会

1. 制作团队的组建

“工欲善其事，必先利其器。”任何好的慕课制作，都离不开多方协作，不光有授课教师，还有很多辅助人员，如课程制作主管、助教、视频制作团队、技术支持团队等。所以慕课的制作，首先要组建课程制作团队。如果不用设计与制作慕课平台，仅就课程本身来讲，至少需要课程制作主管、授课教师、助教、视频制作团队。套用电影摄制的词语理解，即“课程制作主管”相当于导演兼制片人，负责整个课程的各方人员的协调与最后成品的技术监控，包括课程的最终呈现形式等；“授课教师”相当于编剧加主演，负责编写演出剧本及前台的演出，通过施展个人魅力，设计各种情境吸引学生喜爱自己的表演，原则是要按剧本演出，也可有自由发挥，但总体要在整个课程规定的框架内发挥；“助教”则是辅助人员，负责帮助主演做些辅助性的工作，包括上传、批改作业，以及与学生的交互等工作；“视频制作团队”负责摄像和后期编辑，负责课程的录制，与后期效果的编辑，音乐、幻灯片的插入等。

总之，如果能像拍摄一部电影一样制作一门慕课，不管是经费、人员、设备的大投入、大制作，还是教师集“演编导”一体的小成本投入，努力追求卓越，一定会制作出一门学生喜爱的好慕课。

2. 课程设计

课程设计是一个有目的、有计划、有结构地产生教学计划、教学大纲及教科书等的系统化活动，在课程制作中起到至关重要的作用，一个好的设计会使学生不觉得学习的枯燥与疲累，反而可以很愉悦，使学生在玩中学，寓教于乐，轻松地掌握需要学习的知识。

在慕课设计中，教师应该首先确定教学目标、教学大纲及教学周历。在这个过程中，新技术、科学教育等学习新领域必须在课程开发中加以考虑。然后根据设计好的学时数，详细设计各知识点，包含每个知识点的引入（是由问题引入，还是从现实中的事例引入，是采用多媒体图片、视频模式引入，还是教师设计学生参与的实验引入，抑或是简单地由上一个知识点的复习开始引入，等等），中间讲授过程中包括学生思考时的提问环节、知识点结束后的总结环节，以及为下一个知识点的顺利讲解提示学生需要预先储备哪些知识的环节等，各知识点的讲座时间虽然只有十几分钟，但每个环节都要认真设计，很辛苦、费时。最后是讲稿编写部分，这部分就相当于电影的脚本撰写，包含教师在讲台上的肢体语言，以及讲解过程中需要插入的素材文档，都要在讲稿中有所标注，并在教师上课前多次演练，以防在正式讲授录制的时候出错，不能完美表达当初的教学设计。

另外需要注意的是，一般而言，慕课的教学安排不会像大学课程安排那么多学时，慕课大约是每周 2 学时，每周课被分成若干个知识点，每个知识点截成一个视频，并控制在 15 分钟以内，根据本门课程的教学计划，通常一门课程要在 4～16 周完成教学计划。

3. 素材采集与视频录制

这部分的内容最好在视频制作技术人员的协助下完成，在上述教学设计环节中，每个知识点均需要准备足够的素材，可以是引用网络的，也可以是自己制作的，教师在教学设计中可以预先选择意思接近的素材或文字表达清楚的素材，然后在技术人员的协助下，完成素材的制作。在素材采集与制作的过程中，尽量坚持原创的原则，以免侵犯他人的知识产权，而且素材一定要清晰，模糊的图像文字会令学生毫不犹豫地放弃学习。

视频录制的过程中，可参考各类视频公开课的拍摄技术标准，尽量采用高清指标，最好与专门的视频制作单位合作，由专业人员负责视频的录制与后期编辑。实在没有专业人士，教师也可自己动手，很多软件都可以进行录制与编辑，比较常见的简单易用的有 Camtasia Studio、会声会影、Windows Media 编码器、录屏大师、屏幕录像专家、KKcapture 等屏幕录制编辑软件，既可以录制屏幕，又可以将 DV 录制的视频和讲课用的 PPT 编辑制作在一起，形成一个教学视频。当然，如果能用专业性更强的非线性编辑软件（Adobe After Effects、Sony Vegas、EDIUS）编辑效果更好。

4. 师生交互

慕课非常重视交互环节，在每个视频结束后，都会有交互，既有师生交互，也有生生交互。但目前的慕课都是基于论坛形式的交互，即网页中的交互，慢慢地会发展出更多形式的交互，包括腾讯 QQ、微信及微博等即时交互，还会有专门针对视频的交互，如弹幕。弹幕作为一项新技术，在慕课视频交互中，可以大有作为。所谓弹幕，是指在弹幕视频中，网友们能让自己的评论出现在视频之中，其他人可以一边看视频，一边同步发表评论，即所谓的“即时吐槽”。视频中评论以飞行形式横穿屏幕，当某部视频有很多评论时就会产生如同无数导弹飞过的效果，这种现象便被称为“弹幕”。这项技术应用于慕课，将大大增强学生的学习兴趣，学生边学习、边交流，所有的交流都会保留在视频上，后续的学生和教师可以在观看视频的同时，看到前边的交流，使课程更具开放性，完全改变了教与学的传统模式，学生和教师将作为课程的共同开发者，可以改进用户体验，从而提高用户黏性（用户黏性就是用户的忠诚度。来过一个网站之后还会再来，这就是用户黏性。如果这个网站体验度做得很好，是用户所需要的，那么该网站用户的忠诚度是非常高的）。当然与学生进行交互这类的任务多由助教们来完成，如何吸引学生，增加用户体验，还需要助教们多从体验者角度出发，多些创意和办法。

5. 教学质量监控与成绩判定

好的课程，一定是教学效果良好的课程。建立合适的质量监控体系，可对完善课程起到必要的监督保障作用。课程在设计的过程中，对于每个知识点都应该增加课后作业题，这些往往是客观题，题量不要太多，最多 10 道，一般在 5 道以内，习题由系统自动判断对错，并给出参考答案，可以帮助学生及时回忆所学的知识，检查学习效果。此类习题可以反复测试，以使学习者完全掌握[16]。

除了上述随堂测试，在课程制作中，还应该加入开放式作业，如布置一些可以小组协作完成，或者独立完成的课程讨论、课程设计、实验方案设计、实验分析等类型的作业，这类作业的评判多采用同伴评估法，因为慕课一般都有大规模的学习人数，往往教师和助教们协力也很难逐一批改作业，而同伴评估法可以弥补这方面的不足，而且学生在批改他人作业的同时，往往会受到同伴的启发，开阔自己的视野。每个学习者评批他人作业的次数一般保持在 5 次，多了会占用学习者太多的时间，少了对学生成绩的评判较难有客观性。教师在这类作业中可以选取完成较好的作业制作成优秀作业集，在网站上展示，给后期学生以参考。

第四节　化 错 教 育

一、化错教育概述

（一）化错教育

化错教育是指充分挖掘并利用学生的差错资源的多方面价值，培养学生直面错误、超越错误，进而获得全面发展的教育。化错教育不是刻意安排，而是自然生成的；不是纠错中之错，而是发现错中之对；不给学生带来消极感受，而使其获得思考之乐；不仅关注认知的发展，而且促进求真人格的形成[17]。

（二）错与融错

化错教育中的错多被理解为差错，即为不正确。如果仅仅这样看待差错，那是不可能化错的。在化错教育中的差错可以理解为差一点错了，学生的差错往往都是如此。这一说法暗含的就是差错中有很多正确、积极的地方。学生在数学课堂上的差错是其关于数学知识的自主的、大胆的、真实的，常常又是独特的建构、创造、迁移。失败是成功之母，我们让差错往前再多走一步就会走向正确。

融错是指把课堂教学中的差错融为一种教学资源，适时融入后续的教学过程中，化腐朽为神奇，变事故为故事。这与我国古代相生相克、相反则成等哲学思想相契合。恩格斯也曾提出最好的学习是从差错中学习的理论。

二、化错教育的必要性

差错不是绝对的，具有相对性，人们判定“错”与“对”受特定的时空、特定价值标准的制约，不同的文化环境有不同的对错观。立场不同，观点不同，方法不同，对同一问题的看法可能就会有所不同。“对”与“错”在一定条件下可以相互转化。

没有化错何来创新？放弃经历错误也就意味着放弃经历复杂性，远离谬误实际上就是远离创造。过度地防错、避错，会使学生的好奇心、求知欲及大胆尝试的探索意识被压抑乃至被扼杀，这与敢于冒险，在失误中开辟新思路的创造型个性和思维品质是背道而驰的。

没有化错如何落实课程标准强调的“自主探究学习”？新课程强调教学的生成性，

教学的生成必然伴随着随机真实有效的互动。没有化错，就没有创造性的生成。新课程倡导“自主、探究、合作”的学习方式，就更加呼唤尊重学生学习过程中的差错，期待教师在课堂上能够温暖地“化错”。

没有化错何来真正的“过程教学”？我们提出“化错教学”主张是破解“标准化”教育模式，培育良性教育生态的需要，是矫正重“结果”、轻“过程”教学弊端的需要。

有差错，才有真正的学习，才有实质性的学习活动发生。有化错，才有我们期待已久的主动学习、独立思考、创新活动的发生；有化错教学，才能使学生快乐健康地成长。

三、化错教育的应用策略

化错包括“容—融—荣”三个阶段，具体地说，第一阶段，错是错，要温暖地容；第二阶段，错不是错，要智慧地融；第三阶段，错还是错，要自豪地荣。这也是化错教学的三重境界。

第一个阶段：容——错是错，温暖地容。

一错当头，能否容纳，取决于一个人的见识和胸怀。

首先，包容、欣赏学生的差错。善待差错，不是鼓励出错，不是要纵容学生不负责任，“草率行事”，而是要鼓励学生探究的勇气，激发学生挑战的精神，保持学生创新的激情。苛求正确与准确，过分讲究“严谨性”，无异于给学生戴上“紧箍咒”，在无形中形成对创新的压力。

其次，让学生悦纳自己和同学的差错。调查表明，绝大多数学生是用二元对立的观点来看待错误的，教师普遍对错误的简单化处理更强化了这种错误的认识。

组织学生利用“课前精彩两分钟”轮流讲数学家、科学家对待差错的故事，帮助学生认识到“错误是创造的开始”。还可以用一堂课的时间，和学生一起研究让大数学家欧拉都犯错的“36 军官问题”。通过一系列活动，让学生们明白：成功人士的高明之处，并不是他们先知先觉，一贯正确，而是他们有一个对待错误的正确态度，有一个肯于思索的头脑，有一双善于发现错误中正确之处的明亮眼睛。

再次，顺其自然，暴露差错。允许差错存在，实际上是学生认知的自然展开，是给予学生自主处理新问题，学会在复杂情境中进行辨析、判断、推理的机会。这是我们过去因为追求“效率”而被压制的空间，也折射出了“堵错教学”的致命缺陷。

第二个阶段：融——错不是错，智慧地融。

把错误化为一种资源，从外在的表现入手，引导其暴露思维过程，分析其内在机制，将教学活动引向深入。

首先，探明差错背后的真正原因。明白人明白的算理是一样的，不明白的人却各有各的困惑。教师必须明白学生的困惑所在，才能有效地帮助学生。“子非鱼安知鱼之乐”，要准确分析差错背后的真正原因，就得倾听学生，望闻问切。

其次，让正确在差错中生长。对待学生的思维成果，不是着眼于对还是不对，而是应着眼于有价值还是没有价值。这一价值判断的标准，一是有利于学生的发展，二是有利于课堂教学目标的达成。

当阳光亲吻乌云，将错误的尝试最终引向正确的结果，使学习像呼吸一样自然，学生体悟到的就是“失败是成功之母”。而“堵错教学”种下的是“成功是失败之母”的种子。

再次，要用好教师自己的差错。华罗庚说：“天下只有哑巴没有说过错话；天下只有白痴没想错过问题；天下没有数学家没算错过题的。”当自身出现失误时，教师要冷静及时地做出分析、判断，调整活动方案，采取补救措施，让失误成为发展学生思维不可多得的契机，让教师处理失误的言行成为学生对待差错的榜样。

第三个阶段：荣——错还是错，自豪地荣。

这是对出错过程的回眸，是对差错的育人价值的欣赏。不是以出错为荣，而是以能包容差错、融化差错为荣。

首先是拾错。爱因斯坦说：“在科学上，每一条道路都应该走一走。发现一条走不通的道路，就是对于科学的一大贡献。我们的科学史，只写某人某人取得成功，在成功者之前探索道路的、发现‘此路不通’的失败者统统不写，这是很不公平的。”一名学生出错，对于整个班级的学习进程来说是很光荣的贡献，对于学生自己来说也是一段很荣幸的经历——“我曾经这样错过”。可以倡导学生写《拾错集》，将自己在课堂学习中的差错记下来，“留得残荷听雨声”。就像是在沙滩边捡起美丽的贝壳，便于自己再听“大海的声音”。

其次是分享。错了又对了。在我们的课堂里，您会听到学生踊跃地介绍与众不同的想法，您也会听到有学生大气地站起来说：“刚才，我是这么错的……”学生直面差错，甘愿分享的场景是多么的美妙。他们不怕失败，敢于创新，因此我们能够“听到学生思维真实的声音”，教学效果令人欣慰，学生喜欢学，不愿意下课，会学，学得棒。

再次是感谢。差错的价值并不在于差错本身，而在于师生从中获得新的启迪。

正确的解答，可能只是模仿；而错误的解答，却可能是创新。因此，可怕的不是学生犯错误，而是教师错误地对待学生的错误。我们用“阳光心态”来观照学生的差错，用放大镜来寻找学生思维的闪光点。对学生有价值的差错，我们会引导教室里响起三四次感谢的掌声——首先为他不盲从的坚持，其次为他有根有据的说理，再次为他接纳他人观点后的修正，最后为他带给我们思考的贡献。

这样旷日持久地做下去，培养的就是做人、做事的良好思维习惯。

烦恼即菩提，差错即觉悟。学习不是为了解对一道题，而是为了做对一个人。“千学万学学做真人”，化错中是在教人求真。

成功是长叶的时候，而失败却是长根的时候。这样“化错”教学生学，帮助学生生长的是学习之根，将来的工作之根，恒久的人生之根。

知识拓展　图形的旋转

（一）课前思考

图形的平移、旋转和轴对称是在三年级上册安排学生初步认识生活中的平移、旋转和轴对称现象的基础上，在四年级下册引导学生通过观察、操作等具体活动，进一步认识图形的平移、旋转和轴对称，体会图形运动的基本方式，积累一些图形变换的经验，发展初步的空间观念。本堂课的教学不仅要学生理解、把握和描述图形旋转的特点，还要能在方格纸上画出简单图形旋转90° 后的位置，为发展学生的空间观念提供了实践和探索的空间。本堂课的教学中体现以下几个特点：

1. 基于已有的知识经验，顺应学生认知规律

虽然图形的平移、旋转和轴对称都是全等变换，图形运动前后的形状、大小都没有发生变化，但由于运动方式不同，构成不同运动方式的要素不同，学生认识和理解的难度也不同。教学中尊重学生已有的知识和经验，调动学生在日常生活中观察一些平移、旋转和轴对称现象，充分考虑学生可能遇到的困难，合理设置学习起点，进而准确把握不同运动方式的本质特征。

2. 丰富学生操作活动，紧扣图形运动的本质特征

与图形的平移相比，图形的旋转对学生的空间想象能力的要求更高一些。同年龄层次的学生在旋转方面的空间观念发展水平要低于平移变换和轴对称变换。教学中借助方格图，引导学生探索图形运动后位置的方法。教学中通过三角形学具操作，让学生感知图形运动特征，根据图形运动前后关键点或线段的对应关系，帮助学生确定运动后图形的位置。方格图上一条条水平和竖直的线，可为学生建立方位感、感受距离提供有力的参照。在方格图大小相同、整齐排列的方格背景下，距离自然而然地被学生接受和认可。借助方格图，尊重了学生的认知基础，顺应了学生的认知需求，可有效帮助学生建立方位感和距离感。

3. 丰富学习过程，加强探索性

教学中不仅让学生观察、思考，还通过摆一摆、看一看、画一画、找一找等活动，让学生经历丰富的学习过程，并在此基础上进行分析、猜测和推理活动，培养学生的空间观念和思维能力。例如，让学生根据操作经验思考“这些旋转运动有哪些相同的地方？”“先画那条边更简便？”等等，要求学生根据已有知识经验不断思考，并合作研讨。

（二）教学过程

1. 教学目标

1）学生通过观察、操作、讨论等活动，认识旋转变换的特点，能概括旋转变换的基本要素，认识顺时针方向和逆时针方向，能在方格纸上画出简单图形旋转90° 后的位置。

2）学生在体验和感悟中掌握简单图形在方格纸上旋转后的位置，进一步发展学生的空间观念和思维能力。

3）学生在认识旋转变换的过程中，对图形与变换产生兴趣，感受旋转变换的数学美，增强学好数学的信心。

2. 教学准备

教具：大三角形、钟面。

学具：方格纸、彩笔、小三角形。

3. 教学步骤

（1）复习回顾，引入新课

1）谈话：同学们，我们在三年级已经认识了生活中的旋转，还记得吗？生活中有

哪些旋转现象？

2）揭示课题：今天这堂课，我们继续来研究图形的旋转。（板书课题）

（2）合作交流，探索新知

1）概括旋转三要素。

① 引入：教师也找到一些旋转现象，请大家拿出手，跟着一起转动。

② 分类：这些旋转有哪些相同的地方？有哪些不同的地方？你能把这些旋转现象分一分类吗？小组内说一说分类的依据。

引导学生随机出示：旋转中心、旋转方向、角度旋转。

2）应用旋转三要素。

① 例题：把三角形绕 A 点逆时针旋转 90°，三角形什么变了？什么没变？（板书）

② 对比：旋转前后，原来的三角形每条边分别旋转到了哪里？

③ 深化认识：

提问 1：如果不借助操作，你能把旋转后的图形画出来吗？在方格纸上画一画。

提问 2：与同桌互相交流画图的过程，并讨论先画哪条边比较简便。

（展示学生作品）追问你是先画哪条边的？

（3）巩固练习

把长方形绕 A 点顺时针旋转 90°，并追问先画哪条边更简便。

（4）利用旋转变换设计图案

引导：我们还可以运用图形的旋转设计出美丽的图案。

此外，还有全景式教育模式和沉浸式教育模式等，都是新的教育模式。

思　考　题

1. 什么是微课？微课的特点有哪些？
2. 微课按照教学方法是如何分类的？
3. 简述翻转课堂的含义和特点。
4. 简述慕课的含义。
5. 简述慕课的特征。

参考文献

[1] 苗凤华. 数学教学论简明教程[M]. 长春：吉林大学出版社，2009.

[2] 中华人民共和国教育部. 义务教育数学课程标准（2011 年版）[M]. 北京：北京师范大学出版社，2012.

[3] 中华人民共和国教育部. 普通高中数学课程标准（实验）[M]. 北京：人民教育出版社，2006.

[4] 十三院校协编组. 中学数学教材教法[M]. 北京：高等教育出版社，2000.

[5] 张月媚. 中学数学思想方法的教学研究与实践[D]. 福建师范大学硕士学位论文，2012.

[6] 吴正宪. 听吴正宪老师评课[M]. 上海：华东师范大学出版社，2012.

[7] 苏鸿. 高效课堂：备课 上课 说课 听课 评课[M]. 上海：华东师范大学出版社，2013.

[8] 何小亚，姚静. 中学数学教学设计[M]. 北京：科学出版社，2008.

[9] 张一春. 微课建设研究与思考[J]. 中国教育网络，2013（10）：28-31.

[10] 胡铁生，黄明燕，李民. 我国微课发展的三个阶段及其启示[J]. 远程教育杂志，2013（4）：36-42.

[11] 苏小兵，管珏琪，钱冬明，等. 微课概念辨析及其教学应用研究[J]. 中国电化教育，2014（7）：94-99.

[12] 何克抗. 从“翻转课堂”的本质，看“翻转课堂”在我国的未来发展[J]. 电化教育研究，2014（7）：5-16.

[13] 宋艳玲，孟昭鹏，闫雅娟. 从认知负荷视角探究翻转课堂*：兼及翻转课堂的典型模式分析[J]. 远程教育杂志，2014（1）：105-112.

[14] 朱剑萍，张苏萍，葛敏敏. 大数据时代高职教学思维的挑战与革新：基于在线课程“慕课”视野的有效教学论[J]. 上海城市管理，2014（1）：81-83.

[15] 杨晓萍，张安琪，张贵学. 慕课的发展特性和建设探析[J]. 黑龙江教育学院学报，2015（2）：61-63.

[16] 单莹. 从慕课、微课看碎片化和娱乐化学习[J]. 中国教育信息化，2014（1）：18-19.

[17] 华应龙. 我就是数学[M]. 上海：华东师范大学出版社，2016.